/ 当代世界农业丛书 /

澳大利亚农业

杨东霞　主编

中国农业出版社
北　京

当代世界农业丛书编委会

主　任：余欣荣

副主任：魏百刚　唐　珂　隋鹏飞　杜志雄　陈邦勋

编　委（按姓氏笔画排序）：

丁士军	刀青云	马学忠	马洪涛	王　晶
王凤忠	王文生	王勇辉	毛世平	尹昌斌
孔祥智	史俊宏	宁启文	朱满德	刘英杰
刘毅群	孙一恒	孙守钧	严东权	芦千文
苏　洋	李　岩	李　婷	李先德	李春顶
李柏军	杨东霞	杨敏丽	吴昌学	何秀荣
张　悦	张广胜	张永霞	张亚辉	张陆彪
苑　荣	周向阳	周应恒	周清波	封　岩
郝卫平	胡乐鸣	胡冰川	柯小华	聂凤英
高　芳	郭翔宇	曹　斌	崔宁波	蒋和平
韩一军	童玉娥	谢建民	潘伟光	魏　凤

澳 大 利 亚 农 业

当代世界农业丛书

本 书 编 写 组

主　　编：杨东霞

编写人员（按姓氏笔画排序）：

叶全宝　刘其正　许　勇　杨翌航　陈　颖

赵　越　郝　蕾　胡　祎　胡　敏　胡元凡

保罗·马丁　曹海军　甄娜辉

序

| *Preface* |

2018 年 6 月，习近平总书记在中央外事工作会议上提出"当前中国处于近代以来最好的发展时期，世界处于百年未有之大变局"的重大战略论断，对包括农业在内的各领域以创新的精神、开放的视野，认识新阶段、坚持新理念、谋划新格局具有重要指导意义。农业是衣食之源、民生之基。中国农业现代化取得举世瞩目的巨大成就，不仅为中国经济社会发展奠定了坚实基础，而且为当代世界农业发展提供了新经验、注入了新动力。与此同时，中国农业现代化的巨大进步，与中国不断学习借鉴世界农业现代化的先进技术和成功经验，与不断融入世界农业现代化的进程是分不开的。今天，在世界处于百年未有之大变局、世界经济全球化进程深入发展、中国农业现代化进入新阶段的重要历史时刻，更加深入、系统、全面地研究和了解世界农业变化及发展规律，同时从当代世界农业发展的角度，诠释中国农业现代化的成就及其经验，是当前我国农业工作重要而紧迫的任务。为贯彻国务院领导同志的要求，2019 年 7 月农业农村部决定组织编著出版"当代世界农业丛书"，专门成立了由部领导牵头的丛书编辑委员会，从全国遴选了相关部门（单位）负责人、对世界农业研究有造诣的权威专家学者和中国驻外使馆工作人员，参与丛书的编著工作。丛书共设 25 卷，包含 1 本总论卷（《当代世界农业》）和 24 本国别卷，国别卷涵盖了除中国外的所有 G20 成员，还有五大洲的其他一些农业重要国家和地区，尤其是发展中国家和地区。

在编写过程中，大家感到，丛书的编写，是一次对国内关于世界农业研究力量的总动员，业界很受鼓舞。编委会以及所有参与者表示一定要尽心尽责，把它编纂成高质量权威读物，使之对于促进中国与世界农业国际交流与合作，推动世界农业科研教学等有重要参考价值。但同时，大家也切实感到，至今我国对世界农业的研究基础薄弱，对发达国家（地区）与发展中国家（地区）的农业研究很不平衡，有关研究国外农业的理论成果少，基础资料少，获取国外资料存在诸多不便。编委会、各卷作者、编审人员本着认真负责、深入研究、质量第一的原则，克服新冠肺炎疫情带来的诸多困难。编委会多次组织召开专家研讨会，拟订丛书编写大纲、制订详细写作指南。各卷作者、编审人员千方百计收集资料，不厌其烦研讨，字斟句酌修改，一丝不苟地推进丛书编著工作。在初稿完成后，丛书编委会还先后组织农业农村部有关领导和专家对书稿进行反复审核，对有些书稿的部分章节做了大幅修改；之后又特别请中国国际问题研究院院长徐步、中国农业大学世界农业问题研究专家樊胜根对丛书进行审改。中国农业出版社高度重视，从领导到职工认真负责、精益求精。历经两年三个月时间，在国务院领导和农业农村部领导的关心、指导下，在所有参与者的无私奉献、辛勤努力下，丛书终于付梓与读者见面。在此，一并表示衷心感谢和敬意！

即便如此，呈现在广大读者面前的成书，也肯定存在许多不足之处，恳请广大读者和行业专家提出宝贵意见，以便修订再版时完善。

唐欣荣

2021 年 10 月

前 言
|*Foreword*|

近半个世纪以来，中国与澳大利亚在农业领域开展广泛而深入的合作，并在一些领域内取得了很好的成效。在农业合作机制方面，1984年，两国农业部签署了《中澳农业合作协定》，并建立了中澳农业联委会，截止到2017年，该联委会共召开13次会议；在农业科技交流与合作方面，1981年以来，中澳双方互派农业科技交流团组200多个，交流人员近1 000人次，合作建设了多个联合实验室；在农产品贸易合作方面，中国是澳大利亚最大的农产品出口国、农业领域最大投资国，澳大利亚是中国农产品第三大进口来源国。澳大利亚出口中国的主要农产品包括羊毛、大麦、棉花、乳制品等，中国是其羊毛、牛羊肉和棉花第一大出口市场；中国出口澳大利亚的主要农产品则以水果、花卉、绿植等劳动密集型产品为主，以及农业生产资料等。尤其是自2015年年底《中澳自由贸易协定》签订后，两国在农业领域的贸易投资和服务都有了跨越式的发展，尽管近期受新冠肺炎疫情和两国经贸关系波折的影响，增长势头有所放缓，但两国在农业领域的互补性决定了双方长期合作发展的基调不变，未来可期。

2021年是中国实施"十四五"规划、开启全面建设社会主义现代化国家新征程的一年。良好的国际合作环境，是实现中华民族伟大复兴的一个必要条件。澳大利亚作为一直以来与中国存在密切合作的国家，且位于南太平洋的枢纽位置，对中国在粮食安全战略及全球供应链保障方面，都有着重要的地位。

为更好挖掘澳大利亚与中国开展在农业领域的合作潜力，本书汇集农业农村部对外经济合作中心和农业贸易促进中心的多名专家学者参与编写，根据澳大利亚国家经济形势、农业、人口、土地、政策等新变化，使用了联合国贸易数据库（UNComtrade）、联合国粮农组织（FAO）、经合组织（OECD）、世界银行（WB）等国际组织，以及澳大利亚农业部、统计局和其他官方网站的数据信息，全方位展现澳大利亚国家农业现状，为中国的农业发展提供相关决策参考。在本书编写过程中，农业农村部领导、部内相关司局和有关专家给予了大力支持和帮助。谨向所有关心本书出版的各界人士表示衷心感谢！

编　者

2021 年 10 月

目　录

| *Contents* |

1

第一章 CHAPTER 1
澳大利亚农业概况 ▶▶▶

澳大利亚位于南太平洋和印度洋之间，是世界第六面积大国。澳大利亚东濒太平洋的珊瑚海和塔斯曼海，西、北、南三面临印度洋及其边缘海，由澳大利亚大陆和塔斯马尼亚等岛屿和海外领土组成，全大陆面积769万平方千米，南北长约3 700千米，东西宽约4 000千米。澳大利亚有六个州和两个自治领地。1901年之前，六个州曾是各自独立的英国殖民区，包括新南威尔士（首府悉尼）、昆士兰（首府布里斯班）、南澳大利亚（首府阿德莱德）、塔斯马尼亚（首府霍巴特）、维多利亚（首府墨尔本）、西澳大利亚（首府珀斯）。而当时没有被殖民管辖的地方，在1901年之后成为被联邦政府直接管辖的两个自治领地，即北领地（首府达尔文）和首都领地（首府堪培拉）。

一、地形

澳大利亚是世界上各大陆中最低、最平坦的一个（除了南极洲），该大陆的大部分地区海拔相对较低，平均300米，海拔1 000米以上的山地面积不到全国的1%，最高峰是新南威尔士州的科休斯科山（2 228米）。澳大利亚大陆可分为三大区域：西部高原、中央低地和东部高地。①西部高原，高原的大部分地区相对平坦，然而，高原的沿海边界附近有许多更加崎岖的地区，包括澳大利亚西部的金伯利地区和哈默斯利山脉，以及澳大利亚中部的一些相对孤立的山脉（如麦当劳和马斯格雷夫山脉）和个别山脉。②中央低地，从Carpen-

1

taria 湾延伸到 Great Artesian 盆地到 Murray‐Darling 平原。大部分地区平坦而低洼，被大自流盆地所占据，该盆地由沉积岩组成，这些沉积岩将水输入潮湿的东部高地。③东部高地，沿着东海岸延伸，大部分高原位于沿海一侧的陡峭悬崖，然后平缓地向内陆倾斜。沿海悬崖在新南威尔士州和昆士兰州南部海岸的大部分地区尤其明显，以及北部更偏僻的山脉，如凯恩斯周围的山脉。在悬崖和海岸之间有一条沿海地带，有时是平坦的，但在许多地方呈丘陵状，很少超过 100 千米宽。[①]

二、水文

澳大利亚的河流分为两大类，即中部平原下落差非常小的河流和沿海边缘落差中等的河流两类。澳大利亚最长的河流墨累—达令河（Murray‐Darling），流经昆士兰州的部分地区，新南威尔士州的大部分地区和维多利亚州北部，以及南澳大利亚的一部分，最后流入南澳大利亚海岸的亚历山大湖（Lake Alexandrina）。墨累—达令河流域构成墨累—达令盆地，该盆地为澳大利亚非常重要的农业生产地。

三、气候

除了南极洲外，澳大利亚是世界上最干旱的大陆，拥有南半球最大的沙漠地区。澳大利亚超过三分之二的国土属于干旱或半干旱地区，面积超过 500 万平方千米。

澳大利亚的降雨和温度的季节性波动很大，在北部靠近赤道方向，全年气候温暖，从 11 月到次年 4 月的夏季，大部分的降雨都发生在这个"湿"季，从 5 月到 10 月是"干"季，也是澳大利亚的冬季。往南一些靠近南极的方向，气温变化在季节变更时更加明显，年降水量分布较均匀。

澳大利亚受厄尔尼诺现象影响很深，有许多极端天气现象，包括干旱、洪

---

① 参见：《Year Book Australia 2012》. www. abs. gov. au/ausstats/abs@. nsf/Lookup/by％20Subject/1301. 0～2012～Main％20Features～Geography％20of％20Australia～12.

水、热带气旋、飓风、森林大火和龙卷风。[①]

澳大利亚的气候对农业的产量影响从长期看有很强的相关性，特别是在澳大利亚的东南部和西南部的远离海岸地区。以小麦为例，在2000—2015年的15年间，恶劣的气候条件使全国小麦产量约降低了11.9%（西澳州地区为16.3%、维多利亚州为14.8%）。

澳大利亚最干旱的地区平均年降水量不到200毫米，大部分地区的年平均蒸发量超过降水量，在热带范围的西澳州大部分地区，南澳州北部，北领地的北部地区和昆士兰州西部地区的蒸发量超过3 000毫米。最低的蒸发量在塔斯马尼亚，从西部每年不到1 000毫米到东部接近1 200毫米，远低于降水量。在澳大利亚大陆上，西澳州的西南部蒸发量在1 200毫米以下，维多利亚州南部的大部分地区、南澳大利亚和新南威尔士州的部分地区蒸发量不到1 400毫米，这些地区天然适合发展农业。

根据水资源丰沛程度，澳大利亚分为3个明显的农业区：集中农业带，又称高雨量区，包括塔斯马尼亚和狭窄的沿海区域，水资源充沛，广泛发展乳制品和牛肉生产；麦—羊区，年降水量400～600毫米，以旱作农业（主要是冬季作物），牧羊（用于生产羊毛、羊羔和羊肉）和肉牛业为主；粗放牧业区，降水量少，土壤贫瘠，只能粗放经营牧牛牧羊业（生产羊毛、羊肉和牛肉）。

第二节 农业概况

一、农业产业结构

澳大利亚农业活动分布受气候、水资源状况、土壤类型和市场邻近程度的影响。畜牧业生产区范围广，分布在澳大利亚的大部分地区，种植业和园艺业普遍集中分布在沿海地带。

澳大利亚农业用地面积为4.27亿公顷，占澳大利亚土地面积的55%（不包括2020年12月的木材生产）；2019年农业用水量为31.13亿立方米，占水利

---

① 参见：《Year Book Australia，2012》. www.abs.gov.au/ausstats/abs @ . nsf/Lookup/by%20Subject/1301.0～2012～Main%20Features～Australia's%20climate～143.

用总量的 25%；2019 年，农业出口占澳大利亚商品和服务总出口的 11%，农业对增加值（GDP）的贡献为 1.9%，对全国就业的贡献为 2.6%（图 1-1）。

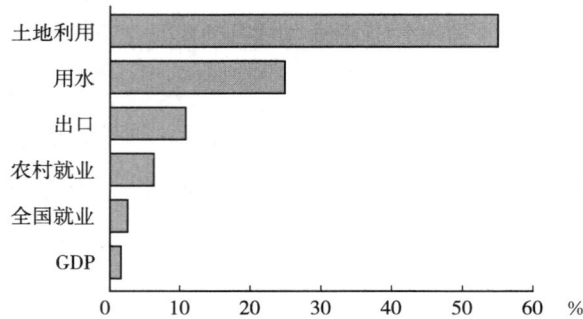

图 1-1　澳大利亚农业在国民经济中的地位

资料来源：ABS Water Account（cat. 4610）；Catchment scale land use of Australia - update December 2020，ABARES；ABS Balance of Payments（cat. 5302）；ABS Labour Survey（cat. 6291）；ABS National Accounts（cat. 5206）。

澳大利亚拥有多样化的农业、渔业和林业部门，生产多种多样的农作物和牲畜产品。2019 年，粮食作物、园艺作物、畜产品、林木和水产品之和分别占农业、渔业、林业部门总产值的 23%、18%、51%、8%。

2001 年到 2019 年，农业、渔业和林业生产总值实际增长了 7%（根据消费价格通胀调整），从 2001 年的约 620 亿澳元增长到 2019 年的 670 亿澳元（图 1-2）。产量增长的驱动力因部门而异：在种植业，由于生产者通过采用新技术和管理实践提高了生产率，实际价格的长期下跌被产量增长所抵消。在

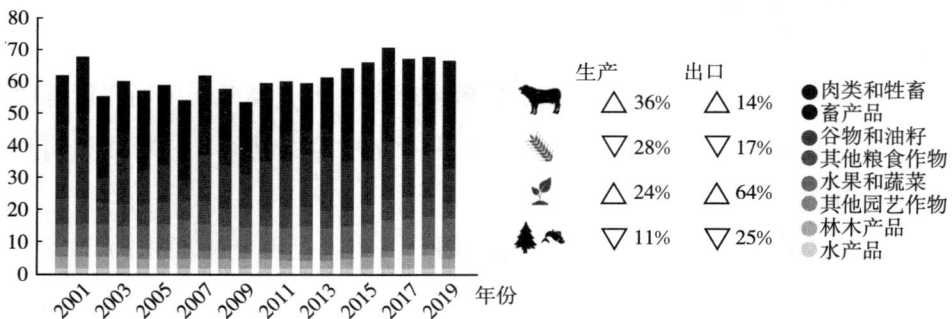

图 1-2　2001—2019 年澳大利亚农业、渔业和林业生产

资料来源：澳大利亚农业资源经济科学局（以下简写为 ABARES）。

牲畜方面，价格上涨是增长的主要驱动力（图 1-3）。这反映了新兴国家对蛋白质的需求不断增长，也反映了一些暂时性因素，如非洲猪瘟等疾病的暴发。

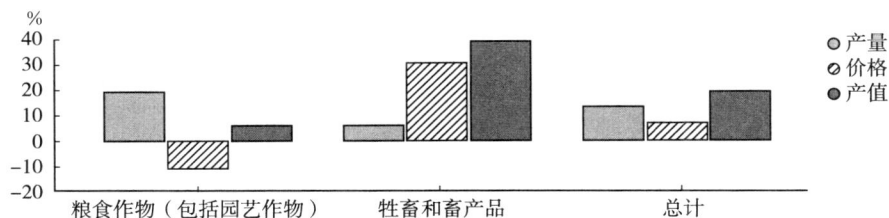

图 1-3　2001—2019 年澳大利亚粮食作物、牲畜和畜产品的产量、价格及产值

资料来源：ABARES。

二、农业产业用地

澳大利亚 2018 年的农用地规模为 3.78 亿公顷（比 2017 年下降 4%），其中 3.28 亿公顷用于放牧、3 100 万公顷用于农作物、73.1 万公顷用于林业种植。根据由美国不动产投资信托委员会（NCREIF）提供的澳大利亚农地指数显示，截至 2018 年 12 月底，澳大利亚农地回报（包括园艺、畜牧业、集约化畜牧业和种植业）与上一年同比增加 13.84%。由于农业综合企业的资本密集性，升值回报率为 8.10%，加上营业收入回报率为 5.49%，回报表现优异。澳大利亚农业具体用地、牲畜数量及林业面积见表 1-1。

表 1-1　澳大利亚农作物、牲畜数量及林业面积

年份	2010	2011	2012	2013	2014	2015	2016	2017	2018
作物面积（千公顷）									
谷物									
大麦	3 681	3 718	3 644	3 814	4 078	4 108	4 834	4 124	4 437
玉米	62	69	78	52	60	53	68	53	59
高粱	633	658	647	532	733	521	368	462	550
燕麦	826	731	729	715	854	821	1 028	874	938
大米	76	103	114	75	70	27	82	61	8
小黑麦	187	145	99	80	82	78	62	55	48
小麦	13 502	13 902	12 979	12 613	12 384	11 282	12 191	10 919	10 402

（续）

年份	2010	2011	2012	2013	2014	2015	2016	2017	2018
油料									
油菜籽	2 078	2 461	3 271	2 721	2 897	2 091	2 681	3 171	2 120
大豆	17	33	48	25	20	21	17	32	13
葵花籽	37	25	33	17	25	23	16	14	11
其他油料	18	26	33	21	13	13	14	13	12
豆类									
鹰嘴豆	653	456	574	508	425	677	1 069	1 075	294
豌豆	318	249	281	245	237	238	230	291	230
羽扇豆	756	689	450	387	443	534	515	612	661
总谷物、油料和豆类	23 906	24 249	23 832	22 558	22 910	21 337	24 373	23 144	20 865
经济作物									
棉花	590	600	442	392	197	270	557	526	343
糖	308	339	329	375	377	377	402	389	395
葡萄	155	145	133	127	132	118	116	116	116
牲畜数量（百万头）									
牛	26	26	26	26	25	22	24	24	22
奶牛	3	3	3	3	3	3	3	3	2
挤奶牛群	2	2	2	2	2	2	2	2	1
总牛数	29	28	29	29	27	25	26	26	25
绵羊	73	75	76	73	71	68	72	71	66
猪	2	2	2	2	2	2	2	3	2
母猪	295	267	260	266	271	240	278	274	269
林木种植面积（千公顷）									
硬木	980	977	976	963	928	928	909	896	884
软木	1 025	1 024	1 024	1 024	1 035	1 037	1 037	1 037	1 040
总种植面积	2 017	2 013	2 013	2 000	1 973	1 975	1 955	1 943	1 933

资料来源：ABARES。

三、农业出口

澳大利亚农业属于出口导向型。1991—2018 年，农业生产不断发展，出口值也随之增加，农场出口对农业产值的贡献尽管不同年份有所波动，但长期平均在 70% 以上（图 1-4）。

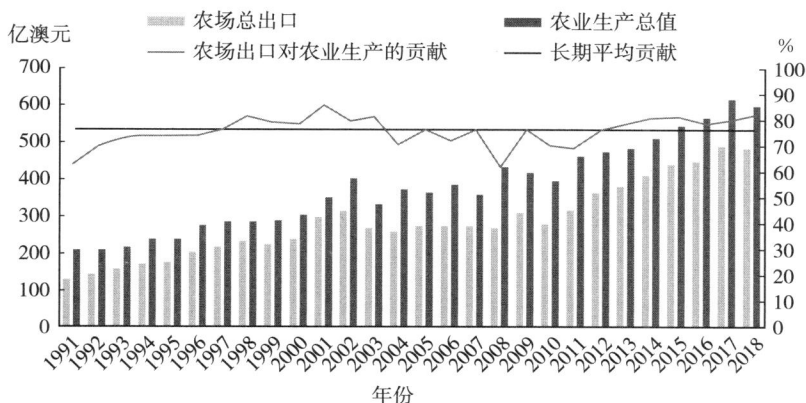

图 1 - 4　1991—2018 年农业产值及出口额

资料来源：《Agribusiness Research and Forecast Report｜2019》．www. colliers. com. au/find _research/agribusiness/2019_agribusiness_rfr/．

　　每个行业的出口强度因商品类型而异。小麦和牛肉是一个较大的行业，它们比乳制品、园艺和猪肉更注重出口（图 1 - 5）。从 2000 年到 2018 年，农产品出口的实际价值在 400 亿澳元到 600 亿澳元之间波动。肉类和活畜出口增长最快，在此期间增长了 86%，其次是园艺和林木，分别增长了 64% 和 16%。

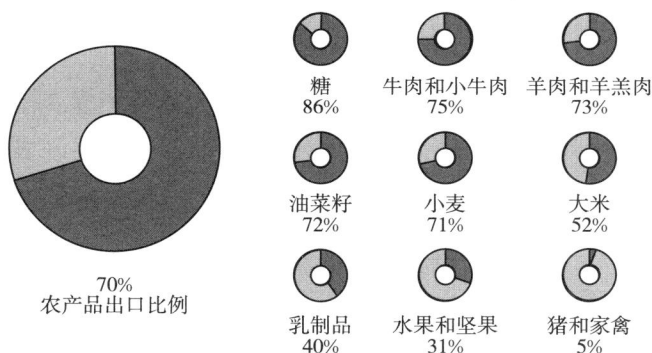

图 1 - 5　农产品出口结构

资料来源：ABARES，following method outlined in Cameron（2017）．

　　随着人均收入和人口的增长，全球农业需求增长强劲，但出口竞争也在加剧。亚洲是澳大利亚农业、渔业和林业部门出口增长最快的地区。1990—2020 年的 20 年间，澳大利亚对亚洲市场的出口额增长了 62%，达到 330 亿澳元，占农业、渔业和林业出口总值的 62%。中国是澳大利亚最大的农产品、渔业和林业产品出口市场，2019 年对华出口额为 160 亿澳元，是 2000 年的 5 倍。亚洲的需求预计在 2007—2050 年翻一番，这为高价值、高质量的农产品和服务的出口商提供了机会。

四、基础设施

随着人口的不断增长和国内外贸易的增加，澳大利亚的基础设施投资出现了显著增长。据统计，2019 年澳大利亚基础设施行业占 GDP 的比重为 9.1%。

尽管基础设施建设近年来得到了升级改造，但是很大一部分设施陈旧老化，甚至已经丧失了利用价值[①]。与其他产品竞争使用港口成为农产品进出澳大利亚的主要限制因素。一方面，糟糕的公路和铁路质量增加了运输、法规合规性、健康和安全成本，减慢了某些产品的上市速度；另一方面，由于需要与非食品类货物竞争港口的使用权，延长了农产品装货时间，增加了运输和仓储成本。由于运输设施由包括政府和私营部门的多个运营者共同维护和管理，不同的维护管理策略延长了运输时间，增加了企业成本。例如，维多利亚州的铁路由 Metro Trains、V/Line 和澳大利亚铁路轨道公司（ARTC）共同维护，它们各自有不同的责任和维护时间。不定期的"临时铁路维护"或者"交通线路封闭"等增加了农产品的运输成本。

农业产业的持续发展离不开可靠的基础设施的支持。澳大利亚联邦政府基础设施、运输、区域发展和通信部与各个州和领地合作通过许多单独的资助计划支持急需的基础设施建设，以促进与农业有关的包括内陆铁路、电信和物流等基础设施的发展。澳大利亚 2015 年发布的农业竞争力白皮书（Agricultural Competitiveness White Paper）中宣布，政府将继续投资建设更加可靠、高效、具有经济效益的水利、运输以及通信基础设施来支持农业的发展。具体措施包括：①联邦政府与州和领地合作支持发展高效的水市场和可行的水利设施，确保澳大利亚农业发展的水资源供应（图 1-6）。政府将以墨累—达令流域以及塔斯马尼亚现有的水利设施为基础，承诺再投资 5 亿澳元发展澳大利亚的水利设施；建立 5 000 万澳元的国家水利基础设施发展基金支持未来的水利设施投

---

① CSIRO，2017. TraNSIT：Unlocking options for the efficient logistics infrastructure in Australian agriculture，Canberra：CSIRO.

资决策。②发展更高效的农业运输基础设施。运输基础设施对于澳大利亚的区域性和出口型农业产业发展至关重要。澳大利亚政府承诺投资 500 亿澳元来满足当下和未来的运输基础设施需求，其中 420 亿澳元作为基础设施投资计划建设 21 世纪的公路和铁路设施，其中包括升级连接农业地区和市场的国家级高速公路，以及安全升级并拓宽从凯恩斯到墨尔本的澳大利亚南北货运走廊。另外，从 2020 年起的未来十年间，澳大利亚政府将通过滚动基础设施计划在全国范围的交通基础设施上投入 1 100 亿澳元。③发展更好的手机和互联网覆盖网络。当今的交易环境要求实时访问和信息共享，手机和互联网对于未来澳大利亚农业产业的发展极为重要。然而，目前澳大利亚的许多农村地区依然无法使用手机和互联网服务。澳大利亚政府投资了 1 亿澳元用于解决移动信号覆盖问题，并专门针对偏远社区和农村地区投资 6 000 万澳元，用以改善这些地方的高质量移动语音和无线宽带服务。另外，澳大利亚政府还投资 295 亿澳元建设国家宽带网络，以提高网络访问速度和网络覆盖范围，提升农村和偏远地区的网络服务水平。

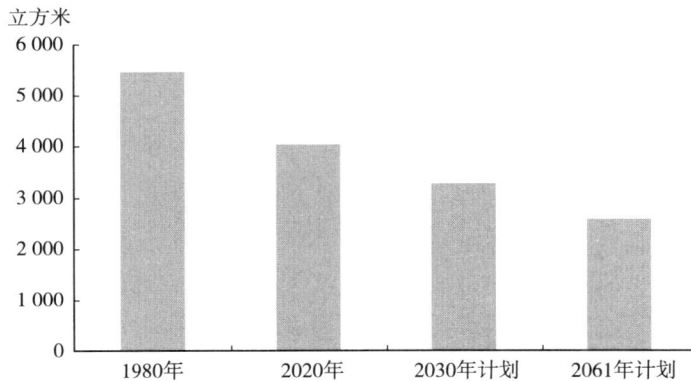

图 1-6　澳大利亚水基础设施能力

第三节　农业发展特征

一、农业生产高度依赖于国际市场

农业在澳大利亚经济中占有重要的地位。澳大利亚是世界上主要的农产品生产国和出口国。20 世纪上半叶，农业贡献了澳大利亚经济总值的 25%，农业出口额占全国总出口额的 70％～80％。同时，畜牧业在澳大利亚农业中占有明显优势地位。

二、农业在国民经济中的比重逐渐下降

随着国民收入的提高，消费者在服务业的支出逐渐增加，农产品的价格相对其他产品价格逐渐降低，以及农业生产效率逐步提高，农业在澳大利亚国民经济中所占份额逐渐下降：从 20 世纪 60 年代的 14％降到 2000 年以后的 4％～6％，到 2018 年，农业仅占澳大利亚经济的 2.2％。农产品出口额在全国总出口额中所占比例也一直缩减，从 20 世纪 60 年代 67％下降至 2003 年的略高于 20％，2018 年农产品出口额占总出口额的 11％[①]。农业就业比例从 20 世纪 60 年代的 9％下降到 2018 年的 2.6％，截至 2019 年 8 月，农业、林业和渔业的从业人数为 31.8 万，约占全国劳动力的 2.5％。这种变化趋势与其他发达国家是一致的，即农业就业份额与国民收入和 GDP 之间呈负相关关系。这反映出农业生产效率的提高促进了资源向其他经济领域的释放。因此，尽管农业在澳大利亚经济中所占份额越来越低，但在过去半个世纪，农业产出的绝对量保持增长趋势（图 1-7）。

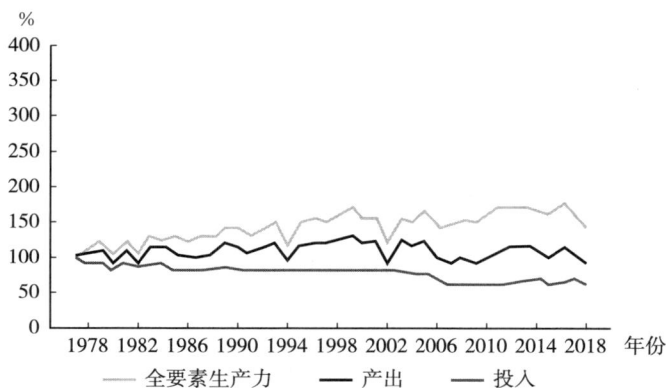

图 1-7　澳大利亚农业投入产出与全要素生产率随时间的变化

资料来源：澳大利亚农水环境部。

注：以 1977 年为 100％。

---

① https：//www. agriculture. gov. au/abares/products/insights/snapshot - of - australian - agriculture - 2020.

三、农业结构越来越多元化

澳大利亚的农业、渔业和林业实际的生产价值（经过通货膨胀调整），从1999年的580亿澳元增加到2018年的约690亿澳元，增长了19％。不过造成各个产业产值增加的驱动力却各不相同。例如，对于种植业而言，尽管产品价格下跌，由于生产者使用新技术提高了生产效率，并且扩大了种植面积，从而增加了产量，抵消了价格下跌造成的损失。与种植业不同的是，较高的产品价格一直是畜牧业产值增加的主要驱动因素。澳大利亚已从小麦和羊占有绝对优势发展成渔业、林业、种植业、畜牧业并举的多样化农业产业。

四、农场数量减少，农场规模扩大

过去二十年间，澳大利亚的农场数量显著下降，从1982年到2002年减少约四分之一，数量从17.8万个下降至13.2万个。2000年以后，农场数量下降速度更快，尽管近几年又有少量增加。根据澳大利亚统计局数据，2018年，澳大利亚共有89 400个农场[①]，比2002年减少约三分之一。并且，超过99％的农场属于澳大利亚所有，这些农场占有澳大利亚88％（3.433亿公顷）的农业用地，还控制着全国87％的农业用水权。

伴随着农场数量的下降，农场的实际规模却在逐渐扩大。农场平均规模从1982年的2 720公顷，增加至2002年的3 340公顷，2015年的4 331公顷，增加了将近60％。农场规模的扩大包括农场的实际占地面积和收入的增加。在不同的地区和各个农业产业领域，大型农场普遍拥有更高的生产效率和利润。肉牛产业是最集中的农业产业领域，在截至2018年的近三年里，实际农场面积排名前10％的农场提供了整个行业超过一半的牛肉产出。这在澳大利亚北部的肉牛农场表现尤为明显。实际面积在前10％的肉牛农场数量北方是南方的两倍，而产值却是南方肉牛农场的7倍左右。蔬菜产业领域的农场规模差异是最大的。实际农场面积前10％的蔬菜农场产出比农场面积倒数10％的农

---

① https：//www.abs.gov.au/statistics/industry/agriculture/agricultural-commodities-australia/latest-release.

场高出 150 倍。相对而言，乳制品行业的农场规模分布比较平均，但是规模前 10% 的农场与规模末 10% 的农场相比，使用了 5 倍多的资本却提供了 13 倍多的产出[①]。规模最大、生产力最高的大型农场逐渐成为了各个农业部门绩效的驱动者。在过去四十年，大型农场（实际年收入超过 100 万澳元）的农业人口比例从大约 3% 增长到 15%，而它们的产值份额从 25% 增加到 58%。

大型农场可以通过多种渠道促进了农场生产力的提高。例如大型农场通常可以获得更好的技术，更加灵活的劳动管理方式（支持更高的劳动生产率），更好的技术，农场管理规范以及规模经济效应。这些和澳大利亚宽松的农业市场管理和微观经济调整是分不开的。虽然小型农场的平均利润比大型农场低，但是与澳大利亚整体人口相比，小型农场的经营者在家庭收入、债务和净财富方面仍然具有优势（有关农场介绍详见第六章）。

五、农业生产和食品链上的相关活动结合紧密

过去的二十年，澳大利亚的农业市场化程度不断提高，这主要表现在卖给加工者和主要零售者的农产品比例逐渐增加。例如在水果蔬菜、酿酒葡萄、家禽和牛肉领域常见的合同农业。许多柑橘种植者与加工方签订了榨汁橙子的供应合同，这种合同一般会标明一定的年限、价格和商品量。许多农业产业都逐步取消了法定营销计划（Statutory Marketing Arrangements，SMAs，负责农场和消费者/市场之间的所有营销程序），农民因此对于自己农产品的产出和销售有了更多的控制权。例如，乳制品行业的农民可以根据自己对市场的判断建立本地的加工企业，生产高品质的有机牛奶。

第四节 农业发展趋势

一、建立更加公平的农产品市场竞争秩序

政府希望为农民带来公平的回报。公平回报是指反映消费者对产品的价

---

① https：//www. agriculture. gov. au/abares/research - topics/surveys/disaggregating - farm - size.

值，以及农民在生产、加工、运输和销售产品中的投入成本以及农民在供应链中投入的回报。长期以来，农产品价格相对于农民支付的投入成本没有相应上升。尽管这在一定程度上是农民在提高生产力方面取得成功的结果，但这也对农民造成了更大的压力。

政府应在确保拥有健全的法律，解决不当使用市场支配力和填补信息空白方面发挥重要作用。政府应致力于推进供应链参与者遵守竞争法。确保市场具有竞争性运营，要禁止具有较大市场力量的公司滥用力量，这是竞争法的重要原则，可确保即使存在大量竞争者，市场仍可有序竞争。

二、提升农业智能化

农业是一项具有广泛国际联系的高度技术型和创新型业务。澳大利亚农民正在迅速采用新技术，这项技术的采用正在改变澳大利亚的农业。澳大利亚农业的未来成功取决于智能化的耕作方式。技术创新和农场研发的采用对于生产力的增长至关重要。近年来，广义农业总产值的近三分之二可归因于生产力的提高。据估计，生产力增长的近三分之二是由研究、开发和推广（RD&E）三方面的公共投资贡献的。澳大利亚人以其创新的研发而闻名，但真正重要的是需要确保这些技术能够从实验室顺利进入到农业实践中。

澳大利亚工业与政府在农业研究与开发方面的独特合作关系为其提供了世界上最强大的农村研究、开发与推广系统之一。预计澳大利亚政府和工业界将在未来十年通过农村研究与开发公司（RDC）系统提供约55亿美元。这将为农民、产业和社区带来真正和切实的利益。该系统每投入1美元，平均回报就超过10美元。

研究、开发和推广还帮助生产商在整个供应链中进行创新。例如，牲畜电子识别，研究国内市场上的消费者偏好，海外市场和产品测试，延长出口产品的保质期或开发创新包装材料以提高食品安全性并降低成本。澳大利亚农业创新和成功的研究合作能力将继续支持澳大利亚经济发展。但是政府认识到需要在跨领域应用中进行投资，例如数字技术、传感器技术、机器人技术、通信和自然资源管理。政府对国家宽带网络（NBN）的投资将意味着所有农民都可以使用数字技术。

Sense－T项目是先进通信技术优势的一个很好的例子。Sense－T正在帮助在塔斯马尼亚州建立经济范围内的传感器网络和数据资源，创建州的数字视图，并为行业、政府和社区提供解决实际问题和做出更好决策的工具。在农业中，商业传感器系统可帮助每个农场通过 NBN 或 3G 内的无线网络将实时数据绘制到"云"中，以与历史和空间数据进行汇总。这将创建一个实时的数字视图，可帮助塔斯马尼亚州的农民管理农场，最大程度地减少环境的影响并最大程度地进入市场。

三、开拓国际市场

澳大利亚所有农产品中约有三分之二用于出口，其中大部分是针对竞争激烈的大宗商品市场。为了保持竞争力并增加出口价值，澳大利亚政府希望，帮助农民开拓高价值的国际市场。

据测算，到 2060 年，仅在亚洲发展中地区，就会有超过 10 亿人进入中产阶级。随着发展中国家人口和收入的增加，全球需求的未来增长为澳大利亚农业提供了巨大的机遇。尽管澳大利亚不能指望成为亚洲的"饭碗"，但其生产的食物和纤维远远超出了澳大利亚本国的消费量。作为农业和粮食净出口国，澳大利亚希望能够在不断增长的需求中占据更大的份额，补充其现有的贸易，生产出越来越多的海外消费者想要的优质农产品。

为此，澳大利亚希望通过生产以安全性和质量声誉为基础的差异化产品，来瞄准高端食品领域。在国内市场拥有海外替代品也可以帮助生产商获得更高的利润。当农民可以在更大范围的市场上出售产品时，在国内外市场则有更多的话语权。多样化的客户基础将帮助生产商和出口商管理风险。政府的工作是帮助打开这些市场，并使出口商能够将其产品出售到海外。这包括消除不必要的贸易壁垒，包括高关税（关税）、补贴和税金以及本地和国际交易的费用。澳大利亚政府努力就双边和区域自由贸易协定（FTA）中可能的最佳商业交易进行谈判，以提供帮助。澳大利亚政府在世界贸易组织（WTO）中开展全球工作，以加强和改革农业贸易和降低贸易壁垒的全球规则。政府不断推进WTO 的争端解决机制以及在澳大利亚的 FTA 中使用争端解决机制，从而更好地保护本国的农产品出口。凡此种种，都将有助于提高澳大利亚农业的国际竞争力，进一步开拓国际市场。

第五节 农业国际竞争力

由于人口的增长和人均收入水平的提高，全球农产品需求不断增加。在1996—2004年的近20年时间里，全球农业贸易额以年均7%的速度（复合增长率，Compound Annual Growth Rate，CAGR）增长，而来自中亚、南亚、非洲和中东国家的农业进口年增长率甚至超过14%。亚洲国家的发展和崛起为澳大利亚的农产品出口带来了很大的机遇[①]。近年来，澳大利亚非常重视开拓亚洲市场，亚洲已成为了澳大利亚农产品出口增长最快的地区。在截至2019年的二十年间，澳大利亚对亚洲最大的市场——新加坡、韩国、印度尼西亚、越南、日本、印度和中国的出口额增长了86%，出口额为330亿澳元。这相当于2018年澳大利亚农、林、渔业总出口的62%。中国是澳大利亚最大的农产品出口市场。2019年澳大利亚出口到中国的农产品总价值约为160亿澳元，相当于其当年农产品总出口额的近30%，大约是1999年的6倍[②]。

在全球范围来看，澳大利亚是一个相对较小的农业生产国，但其生产能力已经能够满足国内的消费需求（澳大利亚本土生产的食物约占澳大利亚消费总量的93%），并且超过70%的农、林、渔业产品用于国际出口，因此澳大利亚的农业属于典型的外向型农业，生产和出口高度依赖于国际市场，以市场需求为导向，以商品化生产为目的（图1-8）。相反，由于澳大利亚的农业生产仅占世界总产量的1%，因此全球对澳大利亚农产品的依赖性非常低。尽管在某些出口产品方面（比如羊毛）具有优势，但澳大利亚在大多数农业领域都面临着激烈的国际竞争。与美国和欧盟等传统竞争对手相比，澳大利亚的初级农产品出口所占的比例更高。而从1900年到2000年，农场销售的农产品增加值从15%增加到了85%；印度在棉花、牛奶等农产品的国际出口中占有相当的份额；同时，澳大利亚与俄罗斯、乌克兰等竞争对手在小麦的出口方面竞争日趋激烈；巴西和阿根廷等南美国家在糖、牛肉等其他农产品出口上都是澳大利亚潜在的强有力的竞争对手（图1-9）。

澳大利亚发展具有国际竞争力的农业有诸多的优势。澳大利亚拥有丰富的

---

① 2020 State of the Industry Implications for the Australian Agriculture Sector，Agribusiness Australia.

② Jackson，T.，Zammit，K.，& Hatfield-Dodds，S.（2020）. Snapshot of Australian agriculture 2020. Department of Agriculture，Water and the Environment website.

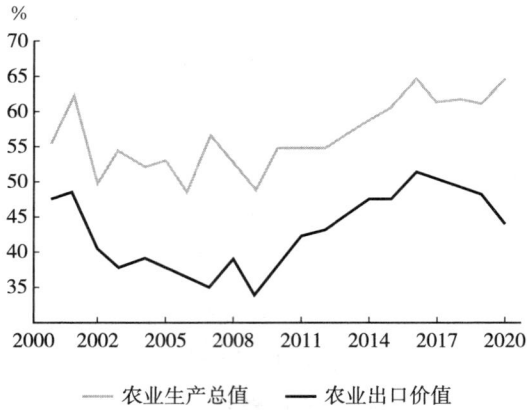

图 1-8 2000—2020 年农业生产和出口价值占比

资料来源：ABARES，https：//www.agriculture.gov.au/abares/research - top-ics/agricultural - outlook/agriculture - overview.

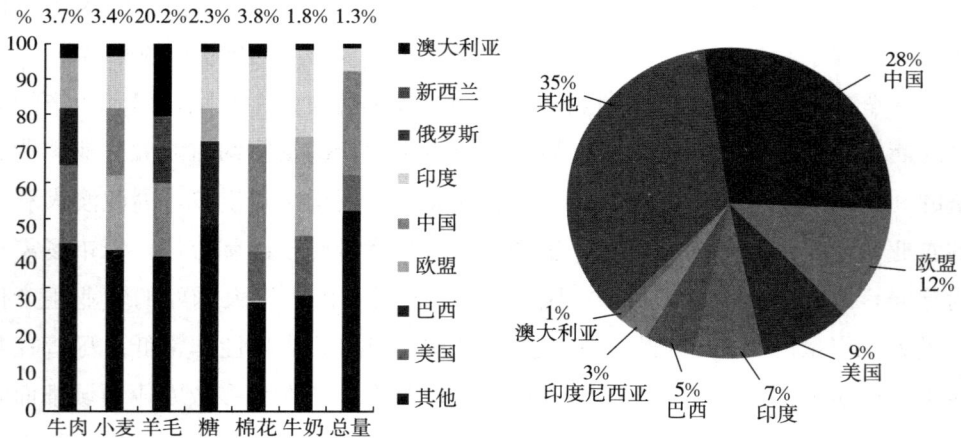

图 1-9 澳大利亚和其他最大的生产者在全球农业中所占份额

资料来源：ABARES 2013a and FAOSTAT 2014，Licensed from the Commonwealth of Australia under a Creative Commons Attribution 3.0 Australia Licence.

注：左图按产品类别划分，右图按产值划分。

资源，比如广阔的草场牧场、温和的气候条件，对环境污染的有效控制，高质量的研究与开发，与北半球相反的季节，邻近亚洲市场和靠近的时区等。温和的气候条件使得澳大利亚一年四季都可以进行放牧，而不用像北美和欧洲许多国家那样需要在冬天对牲畜进行喂养和圈养。由于产品出口价格很大程度上由全球市场决定，所以必须以具有国际竞争力的成本进行生产才有可能获利。澳大利亚的农业土地平均质量比较低，降水量少且分布不均，水资源也有限，农作物的单产是发达国家中最低的，仅相当于欧洲和北美农作物单产的三分之一。为了控制成本，澳大利亚农民尽量减少化肥、农药的使用，并广泛采用最小耕作方法。土地资源和水资源条件的制约反而促使澳大利亚每单位降水量（生长季节）或每单位化肥的粮食产量居于世界领先水平。

除了控制成本，要想在国际上与其他竞争对手（通常是有补贴的竞争对手）保持足够的国际竞争力还需要不断提高生产效率。澳大利亚的农业生产效率处于或接近于世界前沿水平。澳大利亚的农业生产效率增速要高于大多数其他经济部门（仅次于电信部门，居于第二位），甚至可以和其他高收入国家的农业增速表现相媲美。从 1977 年至 2018 年，澳大利亚农业产业的生产率年均增长 1%。不同产业部门的生产率增速不同，例如，乳制品产业生产率年均增长 1.3%，种植业增速最快，年均增长 1.5%，而绵羊产业的年均增速仅有 0.3%[①]。澳大利亚农业生产效率持续增长的驱动因素主要包括技术的进步、政策调整带来的农业结构的改变以及在研究、开发和推广方面的投入。澳大利亚政府取消了几乎所有 20 世纪 90 年代以前对农业产业的管制，营造了宽松的经营环境。另外，澳大利亚农业部门获得的纳税人的补贴是世界范围内最低的（按照占 GDP 的比例来说），尽管农民呼吁增加补贴，尤其在干旱或洪水时会抱怨补贴不足，这种商业环境反而催生了激烈的产业竞争和创新。

澳大利亚有完善的农业创新系统，其组成包括联邦和州政府的研究和推广机构，研究开发公司，大学，私营的农药、种子和机械公司，以及私营的农业顾问等。在过去的几十年间，澳大利亚的农民积极采取各种创新技术，例如最小耕作技术、数字农业技术、先进的牲畜遗传育种技术、精准灌溉系统、牲畜电子识别技术、遥感系统和计算机决策支持工具等提高生产率。通过牧场改良、轮牧、谷饲等方式提高了绵羊和牛的生产效率并维持较高的成本竞争力。能够高效率地生产草饲牛肉、羊肉和羊毛，并且具有世界先进水平的生物安全和动物健康标准，使澳大利亚成为全球牲畜出口市场非常有竞争力的国家。目前，澳大利亚是世界肉牛、奶牛、羊的最大出口国之一。而得益于与美国、中国和东南亚国家的自由贸易协定，澳大利亚的农产品可以顺利地出口到主要市场。

---

① https：//www.agriculture.gov.au/abares/research‐topics/productivity/agricultural‐productivity‐estimates.

第二章 CHAPTER 2
澳大利亚的畜牧业 ▶▶▶

澳大利亚畜牧业包括红肉、羊毛、乳制品、白肉产业，其中红肉产业包括牛、羊、猪等产业，白肉包括鸡、鸭、蛋等产业。澳大利亚畜牧业主要以肉牛、绵羊和奶牛养殖为主。目前，肉牛产业是澳大利亚第一大红肉产业，其生产、经营和管理等方面在很大程度上代表着澳大利亚畜牧业的发展状况。

第一节　畜牧业发展

一、肉牛

澳大利亚的肉牛养殖为澳大利亚在地域上分布最为广泛的农业生产活动，肉牛产业分布在澳大利亚的所有州。总体上澳大利亚的肉牛养殖可以划分为两种不同的生产体系，即北部肉牛生产体系和南部肉牛生产体系。澳大利亚北部肉牛生产体系主要位于热带和亚热带，夏季炎热多雨，冬季漫长干旱。因此，饲养肉牛品种为那些适合热带极端气候的热带品种，牧场主要为原生自然草场，单个农场面积少则数千公顷，多则数万公顷，很多大型企业的面积达到几百万公顷，肉牛养殖通常作为农业企业的主业。澳大利亚的南部肉牛生产体系分布于气候温和的温带地区，农场规模较小，面积多为几百公顷到几千公顷，但是牧草多经过人工改良，因而牧草营养高，单位面积牛群密度大，并实行集约化管理。

（一）产业发展

澳大利亚的第一批肉牛是随着英国殖民者在舰队司令菲利浦率领的船队于

1788 年抵达悉尼附近，之后，牲畜数量不断增长，1900 年，肉牛已攀升至 860 万头。在 20 世纪的前 50 年里，尽管受到两次世界大战和经济大萧条的影响，但肉牛产业发展相对稳定，1950 年肉牛的数量达到 970 万头（图 2 - 1）。

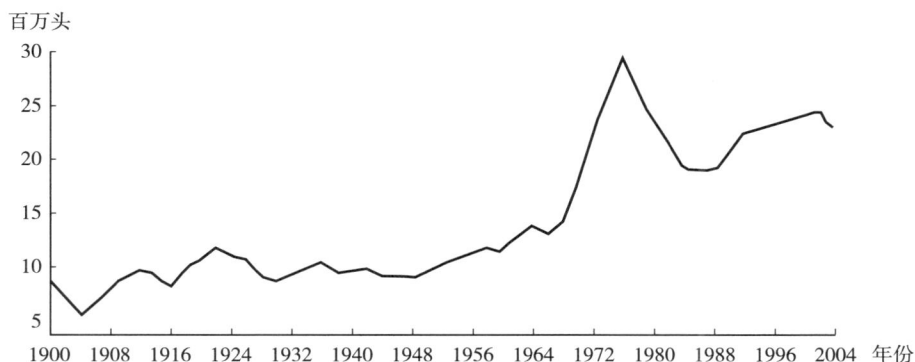

图 2 - 1　1900—2004 年澳大利亚肉牛数量的变化

资料来源：《Australia's beef cattle industry》. www. abs. gov. au/ausstats/abs@. nsf/Previ-ousproducts/1301. 0Feature％20Article 232005？ opendocument.

19 世纪，澳大利亚陆续引进原产于英国的海福特和安格斯两个肉牛品种，20 世纪 30 年代之后，仍不断引入新品种肉牛，包括原产美国的婆罗门牛（Brahman），印度的瘤牛（又称肩峰牛，Bos indicus），欧洲的夏洛莱、西门塔尔、利木赞等，并与本地的英国品种杂交。随着新的品种组合，澳大利亚的肉牛数量在 20 世纪 60—70 年代迅速增加，到 1976 年达到 2 980 万头的峰值。这个时期，在全球的牛肉产量趋高时，主要国际买家开始对进口实行数量限制，导致 1974—1975 年间，全球牛肉价格暴跌。20 世纪 80 年代初，澳大利亚的干旱天气和持续的低价导致牛群数量在 1984 年 3 月下降到 1 940 万头的低谷，然后在接下来的五年中，牛群的规模保持相对稳定。从 1989 年开始恢复存栏数量，至 2002 年，澳大利亚肉牛数量逐渐增加到 2 470 万头。

1997 年亚洲金融危机导致澳大利亚活牛贸易价值在截至 1998 年 6 月前的一年中下降了 22％，次年的销售情况并没有好转。然而，亚洲活牛贸易的下降部分被出口至北非的活牛贸易增加所抵消，这是因为牛海绵状脑病（BSE 或"疯牛病"）和口蹄疫（FMD）的暴发使北非的传统欧洲供应商无法提供货源。自 2000 年以来，澳大利亚肉牛数量较稳定地在一定范围内波动，影响牛肉和活牛贸易的因素主要有：日本、加拿大和美国的疯牛病检测以及相关的消费下降，澳元的汇率变化，美国餐饮服务行业的下滑（影响牛肉的进口），其他市场对牛肉消费态度的改变（例如菲律宾和埃及），美国的肉牛畜群重建，2003 年年底开始的美国和亚洲的经济增长等因素（图 2-2）。

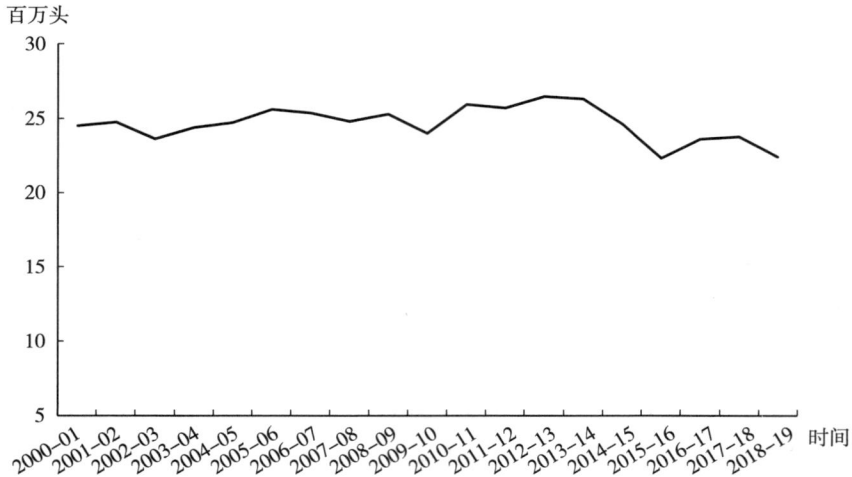

图 2-2　2000—2018 年澳大利亚肉牛数量的变化

资料来源：ABS, Agricultural Commodities, Australia, cat. no. 7121. 0, Canberra.

（二）产业现状

澳大利亚肉牛产业为澳大利亚的经济做出了重要贡献，全国农场中约有 49％的农场是与肉牛产业有关的，这使肉牛产业成为澳大利亚最常见且分布最广的农业活动。在澳大利亚几乎所有地区，肉牛养殖场都是农村经济的重要组成部分，肉牛产业经营所占的土地面积占澳大利亚农业用地总面积的 79％以上。

2017 年澳大利亚肉牛产业的产量达 224 万吨，产值约有 114 亿美元，占全国农业生产总值约 20％，出口额 60.5 亿美元，约占农业产品出口收入总值的 19％。截至 2017 年 6 月 30 日，澳大利亚肉牛企业有 47 776 家，包括肉牛在内的畜禽行业直接雇佣员工达 19.18 万人，屠宰场大约 300 家，雇佣 29 800 名员工；共有 2 620 万头牛，较上一年同期增长 4.8％，其中 90％为肉牛，其余 10％为奶牛。牛群数量在全国的分布为：昆士兰州的牛群数量占全国的 43％，新南威尔士州的牛群数量占全国的 20％，维多利亚州的牛群数量占全国的 14％，西澳州和北领地的牛群各占 8％，南澳州的牛群数量占全国的

4%，塔斯马尼亚州牛群数量占 3%（图 2-3）。

百万头

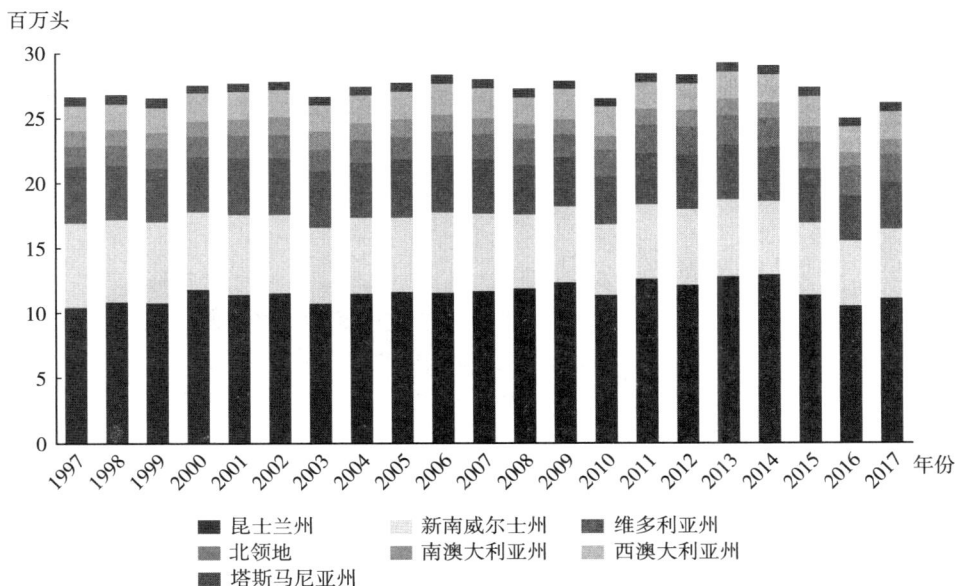

图 2-3 1997—2017 年澳大利亚牛群的数量在各州的分布和变化

资料来源：《STATE OF THE INDUSTRY REPORT 2018》. http：//rmac. com. au/wp - content/uploads/2018/09/SOTI18. pdf.

（三）牛肉出口

澳大利亚牛肉出口经历了四个主要时期：①1973 年之前的英国时期；②从 1973 年到 1987 年的美国时期，在此期间，澳大利亚牛肉出口大幅增加；③从 1987 年至 2009 年的日本和韩国的北亚时期，在此期间，由于国际贸易自由化的发展，澳大利亚对日本和韩国的牛肉出口大幅增加；④自 2009 年以来的亚洲发展中国家时期，特别是对中国和印度尼西亚的出口增长迅速，中国更是在 2019 年进入澳大利亚出口牛肉市场的前三位。目前，澳大利亚出口的牛肉数量占全国总产量的 71%，使澳大利亚成为世界第三大牛肉出口国，仅排在印度和巴西之后（图 2-4）。

二、绵羊

澳大利亚曾一度被称为"骑在羊背上的国家"，当今澳大利亚的绵羊养殖

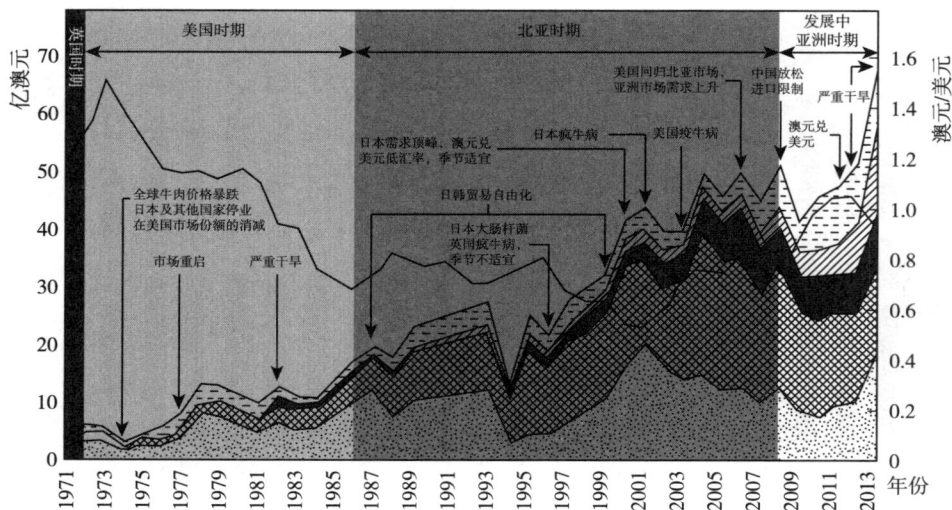

图 2-4 1971—2014 年澳大利亚牛肉对各国出口金额及澳元兑美元汇率

资料来源：《Current situation and future prospects for the Australian beef industry—A review》. https://www.ncbi.nlm.nih.gov/pmc/articles/PMC6039327/.

仍在畜牧业中占有极为重要的地位。澳大利亚是世界上最大的羊毛生产国之一，在世界市场上销售的原羊毛中，澳大利亚生产的羊毛约占 25%。据估计，2016 年澳大利亚羊毛出口价值约为 36.15 亿美元，这反映出全球对被视为世界最佳羊毛之一的澳大利亚羊毛需求强劲（表 2-1）。

表 2-1 澳大利亚羊毛生产基本统计信息

年份	绵羊数量 （百万只）	原羊毛总产量 （万吨）	原毛及毛皮产量 （万吨）	净毛产出率 （%）	平均价格 （澳分/千克）
1990	163	91.2	98.9	65.6	414
1991	148	80.1	87.4	65.1	359
1992	138	81.5	86.9	66.0	314
1993	133	77.5	82.8	65.8	330
1994	121	68.2	73.1	64.6	504
1995	121	65.5	69.9	65.7	387
1996	120.2	66.1	70.7	65.9	403
1997	117.5	63.3	68.3	65.6	444
1998	115.5	66.5	71.2	65.5	323

（续）

年份	绵羊数量（百万只）	原羊毛总产量（万吨）	原毛及毛皮产量（万吨）	净毛产出率（%）	平均价格（澳分/千克）
1999	118.6	61.9	64.3	65.6	357
2000	110.9	60.2	65.7	65.8	512
2001	106.2	55.5	60.5	66.1	527
2002	99.3	49.9	54.7	64.2	680
2003	101.3	47.5	51.6	64.2	528
2004	101.1	47.5	52.9	63.9	492
2005	91.0	46.1	50.9	64.1	457
2006	85.7	43.0	48.2	62.9	544
2007	76.9	39.9	45.0	62.6	578
2008	72.7	35.8	40.8	62.8	488
2009	68.1	34.2	41.1	63.2	538
2010	73.1	34.5	40.6	64.9	713
2011	74.7	34.2	40.4	65.5	788
2012	75.5	35.2	42.7	65.1	674
2013	72.6	34.1	41.9	64.9	695
2014	70.9	34.6	42.7	64.9	718
2015	67.5	32.5	40.4	64.4	807
2016	72.1	34.0	41.4	65.1	915
2017	70.6	34.1	42.2	64.6	1 119
2018	65.8	30.0	37.9	63.1	1 224
2019	62.7	28.3	35.5	62.2	900

资料来源：ABARES.

　　除北领地外，澳大利亚所有州都生产羊毛。新南威尔士产毛量最大，其次是维多利亚、西澳大利亚和南澳大利亚。据估计，2016 年，澳大利亚有超过7 430 万只绵羊用于生产羊毛。

　　在最近二十多年里，澳大利亚的绵羊养殖业发生了重大的转型，由过去的以生产羊毛为主要目标，发展到现今的以生产羊肉为主要目标。澳大利亚是当今国际仅次于新西兰的第二大羊肉出口国，同时也是世界第二大羔羊肉出口国，澳大利亚的成年绵羊肉出口量为全球第一。绵羊养殖在澳大利亚的分布见表 2－2。

表 2-2 澳大利亚各州、地区的绵羊数量

单位：百万只

年份	新南威尔士	维多利亚	昆士兰	南澳大利亚	西澳大利亚	塔斯马尼亚	首都领地	澳大利亚
1990	59.763	27.494	17.44	17.153	36.465	4.804	0.118	163.238
1991	53.612	24.782	15.273	16.072	34.061	4.295	0.109	148.203
1992	48.112	23.552	13.407	15.702	32.962	4.264	0.101	138.099
1993	46.532	23.439	11.547	14.679	31.952	4.324	0.097	132.569
1994	40.516	21.371	11.577	13.249	30.218	3.853	0.078	120.862
1995	41.09	21.974	10.707	13.576	29.834	3.862	0.073	121.116
1996	42.388	22.325	10.528	13.106	27.821	3.977	0.084	120.228
1997	40.821	21.122	10.992	13.136	27.476	3.869	0.076	117.492
1998	40.583	20.994	10.556	13.065	26.378	3.801	0.08	115.456
1999	43.405	22.664	9.195	13.759	26.109	3.341	0.08	118.552
2000	40.887	22.272	8.66	12.585	23.129	3.284	0.11	110.928
2001	38.491	21.35	6.752	13.043	23.063	3.38	0.088	106.166
2002	33.706	20.388	4.815	13.06	23.887	3.299	0.098	99.252
2003	35.227	19.978	4.824	12.917	25.063	3.183	0.095	101.287
2004	34.341	20.575	4.949	12.476	25.592	3.105	0.087	101.125
2005	32.146	17.908	4.466	11.331	22.129	2.963	0.084	91.028
2006	28.607	17.174	4.378	11.641	21.136	2.717	0.059	85.711
2007	26.378	16.765	3.96	9.983	17.654	2.137	0.061	76.938
2008	25.546	15.082	4.285	9.955	15.719	2.092	0.061	72.74
2009	24.366	14.378	3.622	8.989	14.692	1.991	0.047	68.085
2010	26.825	15.212	3.653	11.009	14	2.344	0.054	73.099
2011	26.353	14.754	3.263	10.57	14.064	2.385	0.055	74.722
2012	26.542	15.046	2.825	10.519	15.161	2.4	0.046	75.548
2013	25.428	14.374	2.222	10.611	14.026	2.777	0.041	72.612
2014	25.708	13.746	2.035	10.855	13.553	2.203	0.046	70.91
2015	25.968	13.065	1.815	10.744	13.862	2.044	0.045	67.543
2016	26.929	15.203	2.108	11.506	14.222	2.082	0.053	72.125
2017	25.222	14.673	2.178	11.789	14.5	2.205	0.038	70.607
2018	22.366	13.948	2.101	10.65	14.305	2.352	0.033	65.755

资料来源：ABARES；ABS, Historical Selected Agriculture Commodities, by state (1861 to present), 2010 - 11, cat. no. 7124.0, Canberra；ABS, Agricultural Commodities, Australia, cat. no. 7121.0, Canberra.

三、奶牛

奶牛养殖是澳大利亚最重要的农业产业之一，2018 年，乳制品产量约为 88 亿升，直接从事奶牛养殖的农场大约为 6 700 家，直接就业人数约为 4.62 万，与奶牛养殖相关的从业人员高达 14 万人，2018 年的农场产值为 44 亿澳元（表 2-3）。

表 2-3　澳大利亚奶牛养殖基本统计信息

年份	奶牛数量（万头）	平均单产奶量（升）	牛奶产量（百万升）	奶油产量（万吨）	奶酪产量（万吨）
1990	168.2	3 807	6 403	10.6	17.9
1991	169.9	3 963	6 732	11.4	19.8
1992	171.6	4 268	7 325	13.3	21.1
1993	178.6	4 523	8 079	14.9	23.3
1994	182.1	4 506	8 206	14.1	23.7
1995	188.4	4 627	8 718	15.4	26.8
1996	197.7	4 571	9 036	15.8	28.5
1997	206.0	4 582	9 439	16.3	31.0
1998	215.5	4 723	10 178	18.9	32.8
1999	217.1	4 996	10 847	18.2	37.3
2000	217.6	4 847	10 547	17.2	37.6
2001	212.3	5 309	11 271	17.8	41.2
2002	205.0	5 038	10 328	16.4	37.9
2003	203.8	4 944	10 076	14.9	38.4
2004	194.2	5 215	10 127	14.9	38.8
2005	188.0	5 367	10 089	14.6	37.3
2006	179.6	5 336	9 583	13.3	36.4
2007	164.0	5 624	9 223	12.8	36.1
2008	167.6	5 602	9 388	14.8	34.3
2009	159.6	5 692	9 084	12.8	35.0
2010	158.9	5 777	9 180	12.2	33.9
2011	170.0	5 640	9 589	12.0	34.7
2012	168.8	5 529	9 334	11.8	33.8
2013	164.7	5 721	9 421	11.6	31.1
2014	168.9	5 805	9 806	11.9	34.4

（续）

年份	奶牛数量（万头）	平均单产奶量（升）	牛奶产量（百万升）	奶油产量（万吨）	奶酪产量（万吨）
2015	156.2	6 199	9 681	11.9	34.4
2016	152.0	5 930	9 016	10.0	34.9
2017	154.7	6 029	9 325	9.3	37.8
2018	137.6	6 389	8 793	7.3	38.1
2019	137.0	6 406	8 776	6.5	39.0

资料来源 ABARES；ABS.

澳大利亚的奶牛养殖业生产效率不断提高，这体现在每头奶牛的产奶量上。澳大利亚出产的乳品除鲜奶外，还包括加工产品如黄油、奶酪、干酪、全脂奶粉、脱脂奶粉等。澳大利亚出口牛奶量约占其牛奶产量的35％，2018年出口总值为32亿美元。出口的很大一部分是增值产品，如奶酪、黄油、高温消毒奶和奶粉。澳大利亚乳品出口世界各地。大部分牛奶产于维多利亚州、新南威尔士州和塔斯马尼亚州的东南海岸。澳大利亚奶牛养殖在各州分布见表2-4。

表2-4 澳大利亚各州、领地的奶牛数量

单位：百万头

年份	新南威尔士	维多利亚	昆士兰	南澳大利亚	西澳大利亚	塔斯马尼亚	首都领地
1990	230	1 000	199	89	66	97	1 682
1991	222	1 026	188	90	68	103	1 699
1992	222	1 033	189	93	70	107	1 716
1993	232	1 085	189	94	74	113	1 786
1994	230	1 113	189	97	73	119	1 821
1995	235	1 161	189	97	71	130	1 884
1996	245	1 229	194	101	71	137	1 977
1997	266	1 268	203	107	73	143	2 060
1998	282	1 340	196	117	65	154	2 155
1999	289	1 377	194	105	65	139	2 171
2000	270	1 360	187	132	72	155	2 176
2001	264	1 363	174	110	75	134	2 123
2002	250	1 303	159	117	77	142	2 050
2003	236	1 322	169	106	74	127	2 038
2004	240	1 319	139	93	62	132	1 942
2005	222	1 217	127	104	67	143	1 880
2006	210	1 150	121	114	60	140	1 796

（续）

年份	新南威尔士	维多利亚	昆士兰	南澳大利亚	西澳大利亚	塔斯马尼亚	首都领地
2007	195	1 055	100	103	54	134	1 640
2008	201	1 061	107	106	52	149	1 676
2009	203	1 028	88	87	65	124	1 596
2010	194	1 019	99.0	91	63	138	1 589
2011	204	1 115	101	76	57	148	1 700
2012	213	1 106	101	72	65	149	1 688
2013	181	1 093	98	73	66	137	1 647
2014	177	1 147	91	68	59	147	1 689
2015	182	1 005	89	78	60	149	1 562
2016	164	975	86	71	64	160	1 520
2017	166	1 023	85	67	56	149	1 547
2018	149	898	78	57	56	139	1 376

资料来源：ABS. Agricultural Commodities，Australia. cat. no. 7121.0，Canberra；DA，Web statistics，Melbourne.

第二节　畜牧业的特点

一、国内消费

在 20 世纪的下半叶，澳大利亚人的饮食习惯发生了很多变化，这些变化的原因包括新的文化影响、健康因素、不同食品和替代品的相对价格变化、产品营销等。虽然牛肉仍然是澳大利亚人最受欢迎的肉类之一，但也受到这些变化的影响，人均每年牛肉消费量从 1976 年的 70 千克的顶峰，在 10 年内下降到 39 千克，之后这种下降趋势开始缓和，到了 1995 年，澳大利亚人均年牛肉消费量降至每人 36 千克，并上下浮动（图 2-5），这反映了牛肉价格、人群健康态度和经济状况的变化。特别是消费者对替代蛋白质来源的偏好发生了变化，主要是鸡肉的消费量增加了，人均鸡肉年消费量由 1988 年的 24 千克在 10 年内增加了 28%，在 1998 年达到了 31 千克，2002 年人均年鸡肉消费量达到 35 千克，并随后超过了牛肉的人均年消费量。羊肉的人均年消费量在 1988—1998 年的 10 年期间，从人均 22 千克降至 16 千克，并在 2003 年进一步下降至 14 千克。相比之下，在 20 世纪 90 年代，澳大利亚猪肉人均年消费量保持相对稳定，人均约 19 千克，一直到 21 世纪初也维持在人均 20 千克左右。澳大利亚的海鲜人均年消费量在 20 世纪 90 年代保持在 11 千克左右，进入 21 世纪后与羊肉消费量相仿。

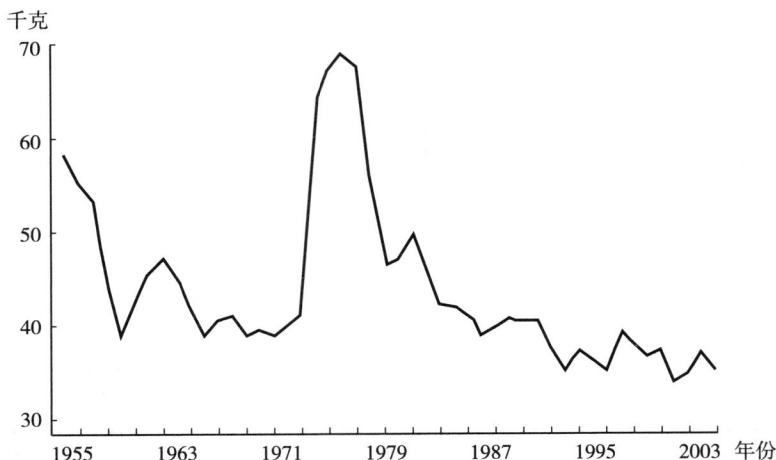

图 2-5　1955—2003 年澳大利亚牛肉人均年消费量变化

资料来源：《Australia's beef cattle industry》. www. abs. gov. au/ausstats/abs@. nsf/Previous-products/1301. 0Feature％20Article 232005？opendocument.

尽管澳大利亚肉类消费逐渐多样化，但仍以牛肉消费为主。在 2019 年，澳大利亚国内人均牛肉消费额占肉类消费额的 35％（图 2-6），澳大利亚人均牛肉消费量为 26 千克，澳大利亚成为世界上人均牛肉消费量最大的国家之一。[①]

二、出口配额

澳大利亚的肉类出口面临许多国家的贸易壁垒，这种边境保护通常采取关税和关税配额的形式。关税是对从一个海关区域运输到另一个海关区域的货物征收的税金；配额是对进口的数量限制，低于该数量限制的进口产品将减少或按比例征收关税，如果进口量超过关税配额，则超过限额的商品将被收取更高的配额关税。

澳大利亚通过与贸易伙伴谈判双边和多边协定，争取更多出口配额安排，

---

① 引自《Fast Facts Australia's beef industry》. https：//www. mla. com. au/globalassets/mla－corporate/prices－markets/documents/trends－analysis/fast－facts－maps/mla_beef－fast－facts－2018. pdf.

其他肉类-3%

海鲜-9%

牛肉-35%

猪-12%

2019

羊-12%

鸡-30%

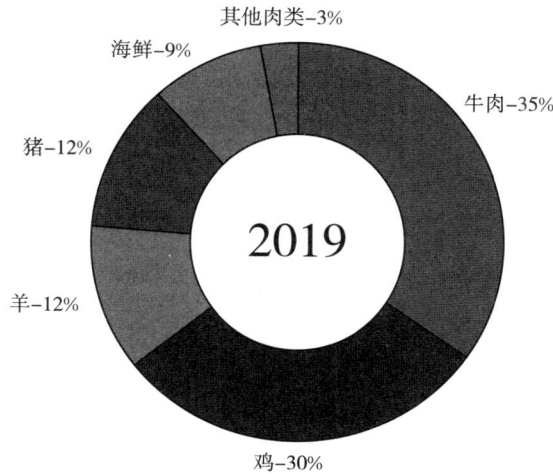

资料来源：尼尔森公司。

图2-6　2019年澳大利亚国内鲜肉零售额中各类别占比

资料来源：《MARKET SNAPSHOT》. https://www.mla.com.au/globalassets/mla-corporate/prices-markets/documents/os-markets/red-meat-market-snapshots/2019/mla-ms-australia-beef-sheep-2019.pdf.

增强澳大利亚企业出口产品的价格优势。配额可由进口国或出口国的当局管理。澳大利亚农业、水和环境部管理40个出口配额。对于已指定分配的配额，政府根据产品和出口市场对出口商发放配额证书，证书涵盖配额申请的数量（以千克、吨、升或件为单位）。对于没有指定分配的配额，按先到先得的原则，对提出出口申请的澳大利亚公司颁发证书。可以申请的出口配额主要包括：出口欧盟的奶制品、优质牛肉和谷饲牛肉、羊肉和山羊肉；出口印度尼西亚的柑橘、饲料谷物、活公牛、蔬菜；出口日本的苹果汁、牛内脏、蜂蜜、橙汁、猪肉、家禽、腌肉；出口美国的牛肉、奶制品。以牛肉出口为例，具体出口国家和出口配额如表2-5。

表2-5　2019年澳大利亚对世界各国出口牛肉适用的关税和配额列表

目的地	2019年适用的关税/配额（如适用）	评论
加拿大	35 000吨配额 配额关税：0 配额外关税：17.6%	根据CPTPP，在2023年1月1日前，超过配额的部分减少26.5%的基本关税
智利	0	根据澳大利亚—智利自由贸易协定的基本关税减少了6%

（续）

目的地	2019 年适用的关税/配额（如适用）	评论
中国	174 454 吨配额关税为 6％，配额外按 12％征收关税	根据 CHAFTA，基本关税将在 2024 年 1 月 1 日前减少 12％～25％
欧洲联盟	7 150 吨"希尔顿"配额关税为 20％，共享的 45 000 吨谷饲牛肉配额关税为 0。超出"希尔顿"配额和共享配额的按 12.8％＋(141.4～304.1 欧元)/100 千克收取关税	A－EUFTA 谈判正在进行中
中国香港	0	根据香港—澳大利亚自由贸易协定基准关税为 0
印度尼西亚	0～5％	根据 AANZFTA，大多数关税在 2020 年 1 月 1 日之前最多减少 5％。另外 IA－CE-PA 尚待批准
日本	在 JAEPA 项下：2019 年 4 月 1 日起，冷藏肉 28.8％、冷冻肉 26.7％。在 CPTPP 项下：2019 年 4 月 1 日起，配额 60.18 万吨，配额外的冷藏肉和冷冻肉关税均为 39％	在 JAEPA 项下，冷藏和冷冻牛肉的 38.5％的基本关税分别在 2028 年的 4 月 1 日降至 23.5％和 2031 年 4 月 1 日前降至 19.5％。在 CPTPP 项下，冷藏和冷冻牛肉基础关税在 2033 年 4 月 1 日前降至 9％
韩国	170 673 吨配额内关税为 24％，配额外适用 30％的税率	根据 KAFTA，2028 年 1 月 1 日前消除 40％的基本关税
马来西亚	0	根据 AANZFTA 和 MAFTA 基本关税为 0
墨西哥	冷藏肉 16％关税、冷冻肉 20％关税。与 CPTPP 其他国家共享 20 万吨配额，配额内 0 关税（直到 2019 年底）	根据 CPTPP，2027 年 1 月 1 日前消除了冷藏 20％关税和冷冻肉 25％基本关税
新西兰	0	根据 CER 基本关税限制在 0
秘鲁	11％～17％	根据 CPTPP，在 10 年内取消 11％～17％的基本关税（等待批准）。PAFTA 尚待批准
菲律宾	0	根据 AANZFTA，基本关税限制为 0
俄国	共享 11 000 吨冷藏肉和 407 000 吨冷冻肉配额，配额内关税为 15％，配额外关税为 50％。优质牛肉免配额，关税为 15％	出口到俄罗斯目前暂停
新加坡	0	根据 SAFTA 基本关税限制为 0
中国台湾	按 10 元/千克（新台币）收取	
泰国	1 536.43 吨配额关税 2.67％，配额外关税为 50％	根据 TAFTA，在 2020 年 1 月 1 日之前取消 50％的基本关税，并取消配额限制

（续）

目的地	2019 年适用的关税/配额（如适用）	评论
美国	428 241 吨配额关税为 0，配额外关税为 10.56%	根据 AUSFTA，在 2022 年 1 月 1 日之前，取消配额内的 4.4 美元/千克关税，配额增加到 4 422 214 吨
越南	0	根据 AANZFTA，取消了之前的 10% 的基本关税

资料来源：引自 www.mla.com.au/prices - markets/overseas - markets/market - access/beef/.

注：AANZFTA：东盟—澳大利亚—新西兰自由贸易区，A - EUFTA：澳大利亚—欧盟自由贸易协定，AUSFTA：澳大利亚—美国自由贸易协定，CER：澳大利亚—新西兰更紧密经济关系，CPTPP：全面与进步的跨太平洋合作伙伴关系协定，CHAFTA：中澳自由贸易协定，IA - CEPA：印尼—澳大利亚全面经济伙伴关系协定，KAFTA：韩国—澳大利亚自由贸易协定。

三、肉牛产业

（一）肉牛品种和养殖模式

澳大利亚的肉牛品种可以划分为北部热带品种和南部温带品种。澳大利亚热带品种以瘤牛（Bos Indicus）品种为主，包括婆罗门（Brahman）和抗旱王（Droughtmaster），肉质一般，用于亚洲市场出口活牛，或者在屠宰前被送去南方喂食谷物；温带品种以特洛斯（Bos Taurus）品种为主，包括欧洲海福特（Hereford）和安格斯（Angus）等衍生品种，能够生产出优质的牛肉，价格高，主要出口到日本、美国、韩国。此外，还包括肉奶牛，即奶牛畜群里选择适合的小牛作为肉牛养殖，比产奶更有经济效益，也有利于节省饲料。

澳大利亚牛肉的品质具有天然优势，截至 2019 年 6 月，全国有近 2 900 万头牛，其中大约三分之二是草饲品种，一生都在牧场上吃草，被视为健康饮食的重要组成部分。剩下的三分之一是谷饲品种，它们大部分时间都在牧场放牧，然后用谷物饲料和激素生长促进剂（HGP）催肥。

这种将肉牛圈养在一个有限的院落区域，集中饲喂以便催肥生长的方式被称为"饲养场模式"。它起源于美国，在 20 世纪 50 年代被引入澳大利亚，主要是为了满足海外客户对牛肉脂肪的专门定制要求和国内不断增长的需求。在屠宰或活体出口之前，肉牛要完成饲养场模式的高营养粮食饲料催肥程序，大麦和高粱是最常用的催肥饲料用的谷物。根据特定客户所需的大理石花纹和重量水平，牛的催肥程序上停留的时间从大约 30 天到大约 300 天不等。目前，澳大利亚的饲养场企业逐渐向大规模农场发展，55％的肉牛由 23 个养殖大户持有，每个育肥场的许可容量为 1 万头或更多，剩下大约 481 个养殖户持有 17％的肉牛数量，每个育肥场的许可容量小于 1 000 头。

澳大利亚通过"国家育肥场认证计划"（National Feedlot Accreditation Scheme，NFAS）对谷饲牛肉进行质量管理，支持和保障生产出安全的牛肉产品。要获得 NFAS 认证，需满足：①企业要有完善的规章制度，特别是符合育肥场行业标准要求的流程；②所有育肥牛养殖都遵守相关流程并保持完整记录；③由独立的第三方对育肥场的流程、记录和设施进行审核。

（二）肉牛产业生产系统

澳大利亚牛肉生产系统包括：①生产前的准备阶段，包括遗传育种优化，购买牛犊充实库存；②生产阶段，主要在牧场里完成；③饲养阶段，主要是在育肥场用谷物饲料喂养、催肥；④屠宰加工阶段。澳大利亚肉牛具体生产流程如图 2-7。

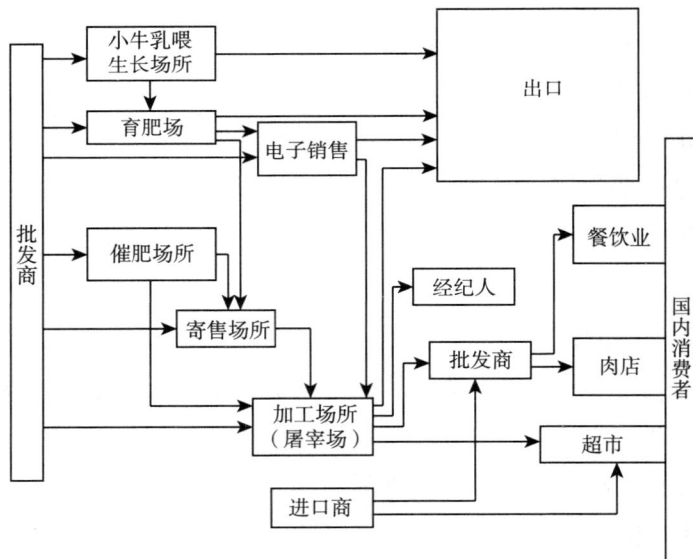

图 2-7 澳大利亚肉牛生产流程

资料来源：《Current situation and future prospects for the Australian beef industry - A review》. https：//www. ncbi. nlm. nih. gov/pmc/articles/PMC6039327/.

牧场是生产系统的起点。肉牛产业的从业者首先要根据所在地区自然资源来决定选择适合哪类市场的品种的牛，通常肉牛牧场只会从事整个生产系统的一部分，而不会从头到尾经营，它们的目标市场包括：小牛市场（收购 9 个月的小牛）、一岁市场（收购 12 个月大的牛）、饲养场市场（收购 18 个月以上的牛）或草饲市场。一旦做出市场选择，肉牛牧场就会在专业机构的帮助下选择合适的肉牛品种。专业服务机构帮助牧场寻找合适的遗传资源，这涉及选择用来繁殖的雄性公牛。在生长阶段（2 个月），牛奶供应是保持小牛按计划生长的重要基础。当牛在 4～9 个月体重长到 200～300 千克时，南方的肉牛牧场便会将其出售，北方的肉牛牧场会定期将牛集合起来并将其中状态较佳的出售。进入育肥场的牛将按照市场需求倒推出的重量来确定，例如目标市场为日本的通常以 380～480 千克的重量进入育肥场，然后以特殊配方饲料进行最大化催肥，同时进行疫苗接种。

第三节 畜牧业管理

一、管理结构

澳大利亚肉类产业的管理依据《1997 年澳大利亚肉类和畜牧业法案》（Australian Meat and Live stock Industry Act 1997）[1] 的规定展开，在该法案项下，与畜牧业相关的各方，包括政府和行业组织及企业代表一起签署谅解备忘录（MOU），签署方有：澳大利亚政府、澳大利亚牛肉理事会（CCA）、澳大利亚羊肉委员会（SCA）、澳大利亚育肥者协会（ALFA）、澳大利亚肉类工业委员会（AMIC）、澳大利亚畜牧出口商理事会（ALEC）、澳大利亚肉类和畜牧业协会（MLA）、澳大利亚肉类加工协会（公司）（AMPC）、澳大利亚活畜出口协会（公司）（Live Corp）等。

该备忘录规定了各方之间的行业合作关系，包含：①参与各方的角色和责任的定义；②资金、计划和服务的安排；③肉类产业战略计划（Meat Industry Strategic Plan，MISP）；④行业储备；⑤研究与开发；⑥执行时间表；⑦资金

---

① 引自《Australian Meat and Livestock Industry Act 1997》. www. legislation. gov. au/Details/ C2017C00013.

流和危机问题管理；⑧知识产权保护等基础性的安排；⑨发起设立红肉咨询委员会（Red Meat Advisory Council，RMAC）并确定其核心职能；⑩设立 AUS-MEAT 有限公司、肉品安全组织。

（1）澳大利亚政府负责提供配套的研究和开发资金，征收税费，并促进对国家有重要意义问题的管控，此外，政府要在市场准入和发展机会方面与业界密切合作，并在与海外政府打交道和多边谈判中维护行业利益。

（2）红肉顾问委员会（RMAC），负责领导跨部门的事务，与联邦农业部长商议行业的全部事宜。RMAC 是谅解备忘录（MOU）和肉类产业战略计划（MISP）的管理人并负责行业储备。RMAC 还负责管理和使用储备金，用以支付最高级别会员参与的费用、协调 MISP 的实施、审查并为行业发展提供支持。RMAC 会员仅限于代表征税费者（CCA、SCA、ALFA、AMIC 和 ALEC）最高机构的主席，澳大利亚政府在 RMAC 会议上具有观察员地位。RMAC 作为会员的最高机构的职责包括：①提供领导、制定战略方向、制定政策；②就整个行业问题及其所代表的行业向联邦农业部长提供政策建议；③通过 RMAC 与其他最高行业理事会合作制定 MISP 愿景和要求；④与行业服务协会（公司）共同制定实现 MISP 战略要求的目标；⑤咨询其他最高行业理事会以确保制定 MISP 方法的一致性；⑥评估行业服务协会（公司）在服务提供和目标实现方面的表现；⑦广泛征询意见，并在服务协会（公司）会议上提出收费动议，供会员考虑并向联邦部长提出建议。

（3）MLA，是由 CCA、SCA、ALFA 和 GICA 发起成立的，为所有畜禽肉品生产商提供服务的协会（公司），负责整个行业的营销、推广、研发。澳大利亚政府不是 MLA 的股东，也没有 MLA 董事会成员席位。MLA 的会员资格对畜牧行业中的生产者和交易者开放。MLA 的资金来自：生产者的法定税费、牲畜出口商和加工者的法定征费、独立参与者。MLA 依据与政府之间的法定资助协议，将政府收取上来的资金和税费用于整个行业的研究和开发。

（4）AMPC 和 Live Corp，分别是为肉品加工商和牲畜出口商服务的公司，都实行独立运作，但会与 MLA 配合开展相关合作。这两个公司均由本行业成员拥有和控制，其主要职能是管理各自行业的资助计划及服务。资金来源都是政府征税或行业收费（AMPC 征收屠宰税费、Live Corp 征收动物出口税费）；AMPC 和 Live Corp 都是依据《2001 年公司法》注册成立的有限公司，作为所在行业的公认服务机构运作，它们与 MLA 一起开展的研发项目有资格获得澳大利亚政府的研发资金。两家公司都是由董事会控制和指导，而董事会是由行业内的代表和特殊资格成员组成的。

（5）AUS-MEAT Ltd，是由 MLA 和 AMPC 资助成立的有限公司，职责是维护肉类生产和加工的国家行业标准，包括行业规定、规范及术语，并提供商业培训和审计服务。

（6）ALEC 是代表畜牧业出口行业的全国最高理事会机构，Live Corp 通过该机构与行业和出口商进行磋商。ALEC 负责制定行业政策，由畜牧出口商、供应链参与者（包括生产商、注册的场地运营商、船东和其他贸易供应商）组成，其成员直接参与澳大利亚牲畜出口。ALEC 的经费来自会费和RMAC 管理的资金。

（7）LEP 计划（畜牧出口计划）是由 Live Corp 和 MLA 合作推出的动物福利提升资助计划，包括：①畜禽的管理、健康和福利；②市场准入和发展；③供应链改良；④沟通及维护利益相关者关系；⑤研究与开发。LEP 被广为推崇，是为畜牧出口行业提供 RD&E 和市场技术支持最有效的机制。

（8）SAFEMEAT 是澳大利亚政府、州/地区政府和行业之间建立的合作组织，旨在通过监督和促进管理来确保澳大利亚红肉产业链的完整性，从而提供安全卫生的产品。SAFEMEAT 还确保充分实施与肉类安全和卫生相关的法规和国家级的政府标准，并制定有效的危机管理战略。

（9）动物健康协会（Animal Health Australia，AHA），由澳大利亚联邦政府、州/地区政府、主要畜牧业和其他利益相关者共同发起设立的合作组织，是一家非营利性上市公司，致力于促进政府与利益相关方之间的创新合作，以保护动物健康和澳大利亚畜牧业的可持续发展，使澳大利亚增强疾病防护、改善动物健康、增加市场准入、促进澳大利亚动物卫生系统的改进和提升。AHA 的一项重要职能就是促进行业和政府之间在动物健康问题上建立信任与合作，旨在加强澳大利亚的国家动物卫生系统，并最大限度地提高国内外市场对澳大利亚畜产品安全和质量的信心。

此外，澳大利亚羊毛业的行业服务机构是澳大利亚羊毛创新公司（Australian Wool Innovation，AWI），这是一家非营利性公司，致力于羊毛行业的研究、开发、营销和推广，以提高澳大利亚羊毛生产者的长期盈利能力。AWI 资金来自农民税收和澳大利亚政府的研发资金。羊毛税和出口费用于资助 AWI 的研发工作。在澳大利亚生产并出售或用于生产其他商品的所有剪羊毛均应缴纳税费。生产者（羊毛从绵羊或羔羊身上剪下后立即拥有羊毛的人）有责任支付税费。代表澳大利亚羊毛行业利益的其他组织包括：澳大利亚超细羊毛生产者（ASWGA）、澳大利亚羊毛生产商协会（WPA）、澳大利亚羊毛生产者协会（AWGA）、澳大利亚羊毛交易所（AWEX）、澳大利亚羊毛检测局（AWTA）。

澳大利亚乳制品行业的管理主要依据《乳品行为准则》（Dairy Code of Conduct）。该准则于 2020 年 1 月 1 日生效，用以规范奶农和牛奶加工商在交易过程中的交易行为，旨在提高奶农和牛奶加工商之间贸易的公平性和透明度，平衡了奶农和加工商之间的议价能力，并将取代以前的自愿性行业守则，包括争端解决和调解程序。该准则是结合乳制品行业守则和食品及杂货行为守则（Food and Grocery Code of Conduct）制定的，上述行为准则包括了乳制品加工商和零售商之间的关系。澳大利亚竞争与消费者委员会（The Australian Competition and Consumer Commission，ACCC）负责执行该准则，并调查涉嫌的违规行为。澳大利亚小企业和家庭企业监察专员（The Australian Small Business and Family Enterprise Ombudsman，ASBFEO）可以提供关于解决争端的各种选择的信息，并提供调解和仲裁服务。

澳大利亚的牛奶生产商必须根据牛奶产量缴纳乳制品服务税。这项税收为乳制品行业服务机构即澳大利亚乳业局（Dairy Australia）提供资金，并投资于研发和行业服务，旨在提高农场生产力，维持和发展增值市场和产品，促进行业发展。澳大利亚乳制品行业组织主要有：澳大利亚乳业局是用奶农税费资助的国家行业服务组织，由澳大利亚政府提供相应的配套研发资金。澳大利亚乳业局有八个地方乳业管理机构，即吉普斯兰乳业局（Gipps Dairy）、亚热带乳业局（Subtropical Dairy）、西维多利亚乳业局（WestVic Dairy）、新南威尔士乳业局（Dairy NSW）、默里地区乳业局（Murray Dairy）、南澳大利亚乳业局（Dairy SA）、塔斯马尼亚乳业局（Dairy Tas）和西澳大利亚乳业局（Western Dairy）。澳大利亚奶农协会（ADF）是代表澳大利亚各地奶农的国家倡导机构。澳大利亚乳制品联合会（ADPF）是澳大利亚乳制品商业/非奶农成员（乳品加工商、贸易商、营销商）的国家最高政策机构。澳大利亚乳品工业委员会（ADIC）是澳大利亚乳制品业的国家最高代表机构，通过其两个组成机构 ADF 和 ADPF，致力于提高澳大利亚乳制品整个价值链的可持续性和盈利能力。

二、生产标准

由澳大利亚肉类行业资助成立的"AUS - MEAT"是一个负责制定、维护肉类规格和标准的组织，包括规范术语、颜色、部位、品级、标签等，指导行业内各方、买卖双方及其他利益相关者能够准确地使用规范语言、快速认定相应的肉品。为此，AUS - MEAT 制订了《澳大利亚肉类手册》（Handbook of Australian Meat，HAM）。该手册旨在使澳大利亚肉类产品出口商和进口商能够使用相同的通用语言传达红肉产品的详细规格和描述。AUS - MEAT 为每个源自牛肉、小牛肉、绵羊和山羊的原始切割和内脏产品分配了一个不同的四位数编码。原始切口是一块肌肉或一组肌肉（有骨或无骨），由使用客观测量（例如肋骨编码）、标准描述和方向的详细切割线定义。AUS - MEAT 规格基于产品描述和各种胴体特征的客观测量，例如胴体重、脂肪深度、性别和年龄，并对原始切割部位和内脏都做了四位数的编码，以便买家在下单时引用这些代码。另外，"冷却评估"机制使得肉类加工厂能保证肉的品质，AUS - MEAT 机构会定期对加工商进行审计，以评估其加工、保鲜的工艺和流程对应肉类能达到的品级，方便买家订购时有依据可循，包括：肋骨脂肪、肉色、大理石花纹、脂肪颜色、肉眼区域等，此外，还有专门的评估标准依据花纹分布的密度、数量及大小评估牛肉大理石花纹。

对肉类订购，AUS - MEAT 也有规范的操作标准。所有澳大利亚肉类的包装都必须有标签，标明关于产品的详细信息，其中强制性的信息受澳大利亚联邦政府监管，肉类加工商还可以在标签上标明用于贸易目的的描述性信息。

三、活畜出口监管

澳大利亚是活畜出口的世界领先者，其出口商的动物福利表现成为全球的标杆。活畜出口行业是澳大利亚农业部门的重要组成部分，每年为澳大利亚带来 10 亿澳元的出口收入。该行业还雇佣了大约 1.3 万名员工，主要在澳大利亚的城市郊区和农村地区，为澳大利亚北部的居民提供了就业机会。

澳大利亚活畜出口监管的法律框架有：《1982 年出口管制法》（Export Control Act 1982）；《2004 年出口管制（动物）令》〔Export Control（Animals）

Order 2004〕；《1997 年澳大利亚肉类和畜牧业法案》（Australian Meat and Live－stock Industry Act 1997）；《1998 年澳大利亚肉类和畜牧业（出口许可）条例》〔Australian Meat and Live－stock Industry （Export Licensing） Regulations 1998〕；《1998 年澳大利亚肉类和畜牧业条例》（Australian Meat and Live－stock Industry Regulations 1998）；《2012 年澳大利亚肉类和畜牧业（活畜出口许可证条件）令》〔Australian Meat and Live－stock Industry （Conditions on live－stock export licences） Order 2012〕。

整个活畜出口过程（从农场到屠宰点）由澳大利亚政府根据两个主要监管系统进行监管，即澳大利亚活畜出口标准（Australian Standards for the Export of Livestock，ASEL）和出口商供应链保证计划体系（Exporter Supply Chain Assurance Scheme，ESCAS）。此外，所有运输活畜的船只必须持有澳大利亚海事安全局（Australian Maritime Safety Authority，AMSA）颁发的许可证，并遵守"《航海法》第 43 号海事法令"（Marine Order 43 of the Navigation Act）的规定。

在活畜出口监管框架下，澳大利亚畜牧出口商和供应链参与者必须遵守一系列严格的要求，包括：①出口商必须获得澳大利亚政府的许可；②必须根据法定的动物福利标准选择、准备和照顾牲畜；③只能在澳大利亚政府批准的检疫场所里准备牲畜；④技术人员（包括行业认可的押运人员，以及在某些情况下由政府批准的兽医）必须在航行中（通过海运或空运）陪伴和照顾牲畜；⑤牲畜出口船舶必须持有澳大利亚海事安全局（AMSA）颁发的澳大利亚牲畜运输许可证书；⑥出口商必须保持控制和可追溯性，并确保从出口到海外市场屠宰的牲畜的动物福利；⑦出口商必须报告每次航行的结果，包括死亡情况，然后每六个月向澳大利亚议会报告。如果牲畜死亡率超过法定水平，则会进行全面调查，并可能对未来的货运设置条件以降低风险；⑧出口商必须向澳大利亚政府提供处理结果报告（End of Processing Report，EOP）（在屠宰完成后的 10 天内）。出口商还必须提交独立的绩效审计报告（Independent Performance Audit Report，IPAR），IPAR 可供公众使用。上述监管措施，具体按照 ASEL 标准和 ESCAS 体系实施。

ASEL，澳大利亚畜牧业出口标准[①]。该标准是澳大利亚政府响应牲畜出

[①] 引自《Australian Standards for the Export of Livestock》. www. agriculture. gov. au/export/controlled－goods/live－animals/livestock/australian－standards－livestock.

口审查制定的，自 2004 年 12 月 1 日起生效。ASEL 明确了从澳大利亚农场到目的地国家的基本动物健康和福利要求，ASEL 还对澳大利亚出口商提出了严格的报告要求，以确保澳大利亚政府能够在整个航程监控动物健康和福利，并在出现紧急情况时作出反应。在所有航行期间，由经过培训和认可的库存人员饲养牲畜；在长途航行期间，还需有一名澳大利亚政府认可的兽医。Live Corp 负责为行业提供船上储存器的培训和认证。ASEL 的要求是在航行结束时报告所有牲畜死亡事件，这些统计数据每六个月提交议会一次。

ESCAS，出口商供应链保障体系[①]。该保障体系框架于 2011 年 7 月实施，适用于饲养或屠宰为目的的澳大利亚出口牲畜。ESCAS 旨在改善澳大利亚出口牲畜的福利，并在该行业内实现了重大而广泛的变革。ESCAS 框架要求经营者须持有出口商执照和饲养或屠宰出口牲畜的许可证，而要获得执照和许可证，出口商必须证明在整个海外市场的供应链中做到：①符合世界动物卫生组织（OIE）制定的国际公认的动物福利要求，动物将通过指定的供应链进行处理和加工；②出口商可以控制牲畜运输、管理和屠宰等所有供应链安排；③出口商可以通过供应链跟踪所有牲畜；④在牲畜装运前和到达后的管理期间对供应链进行了独立审核；⑤作为 ESCAS 的一部分，出口商须根据设施的风险评级每年提交独立绩效审计报告，以证明对 ESCAS 要求的持续遵守，包括对供应链的控制、追溯系统，以及是否符合 OIE 动物福利建议。独立绩效审计报告的副本在澳大利亚农业部网站上发布，以供查阅；⑥不遵守 ESCAS 体系要求的出口商，可能会导致澳大利亚政府吊销其出口执照、不批准其未来申请，甚至进行刑事制裁。

第四节 动物福利制度

一、动物福利的理念

动物福利（Animal Welfare）是 1976 年由美国人休斯（Barry O. Hughes）

---

① 引自《Independent audit summary reports of an Exporter Supply Chain Assurance System》。www. agriculture. gov. au/export/controlled - goods/live - animals/livestock/regulatory - framework/escas - audit - reports＃table - 1 - number - of - ipars - received.

正式提出的，主要是指动物与其环境协调一致的精神和生理完全健康的状态。动物福利论强调，人类不是不能利用动物，而是应该怎样合理、人道地利用动物，要尽量保证那些为人类做出贡献和牺牲的动物，享有最基本的权利。在澳大利亚，动物的所有者和使用者有对动物照顾的义务，以维护和促进动物福利和福祉，否则将根据相应的法律法规受到罚款或刑事处罚等。澳大利亚致力于促进对动物的尊重和保护，主要基于普遍接受的当代对动物福利标准和约定的科学理念，如世界动物卫生组织（OIE）的动物卫生法典，涵盖陆生和水生动物；以及涉及保护畜牧业中的动物福利的国际公约，包括与国际贸易有关的野生动物和任何其他濒危物种动物的运输和贸易；相关的联邦和地方（州/领地）法规、标准所涵盖的农业、体育、娱乐休闲、科研、教学、文化仪式等方面的动物使用与福利。

二、动物福利的基本原则

动物福利的基本原则包括：使动物适应其所处的环境，满足其基本的自然需求，也就是说满足以下动物福利：健康、感觉舒适、营养充足、安全、能够自由表达天性并且不受痛苦、恐惧和压力威胁等。高水平的动物福利则包括免疫和兽医服务、适宜的居所、管理、营养、人道对待和人道屠宰。动物福利要以相关法律、行业法规、标准框架、最佳实践等作保障。采用行业最佳实践标准，实施认证和质量保证计划，并根据动物福利的最佳实践行事，满足与动物福利有关的社会期望，为农业综合企业的可持续发展做出贡献。

动物福利的内容包括：一是营养：提供身体所需的适当饮水和营养食物，以保持健康并减少口渴和饥饿；二是环境：提供遮阴或遮蔽建筑，以及通风和温度适合的良好畜舍以满足舒适的休息；三是健康：预防和快速诊断与治疗动物疾病，使动物免受伤害，确保健康；四是日常活动：提供足够的空间、适当的设施，以及适当陪伴；五是精神状态：改善安全条件以使动物在心理上感到安全可靠，同时禁止虐待动物使其免遭精神痛苦。

良好的动物福利标准和规范包括：一是当地资源供应对动物福利的影响以及农场的可持续发展（土地、水、资本、劳动力、知识和技术、气候和极端天气等），包括在干旱等紧急情况的预案；二是最佳的饲养方式，包括提供足够的饲料、水和适当的畜舍；三是动物运输所带来影响（成本、污染和动物福利）；四是健康，包括动物疾病管理和疫苗接种计划，包括负责任地使用兽医、医药及医疗设备；五是物流储运、屠宰、淘汰和安乐死等最佳做法；六是遗传学和选种实践；七是符合道德的农业和畜牧业创新。利用动物进行科研测试应遵守相关法规，如澳大利亚制定的相关法规及动物伦理委员会（AEC）制定的准则，并尽可能利用替代技术来取代对动物的使用或避免动物被同时使用，将使用动物的数量降至最低，从更少的动物中获取更多信息，避免痛苦和折磨，改善动物福利。

抵制破坏动物福利的行为和活动包括：一是基于美容目的的动物试验；二是涉及濒危物种的动物贸易，除非出于保护目的；三是使用濒危或受威胁物种或灵长类动物进行研究测试（出于保护目的的科研除外）；四是为娱乐或赌博而举行的斗兽活动；五是涉及不人道杀戮或捕猎活动；六是获取鲨鱼鳍或商业捕鲸；七是破坏性捕鱼行为，包括使用毒药和炸药；八是经营皮草养殖场以及濒危物种皮草产品的制造和贸易等。

三、动物福利的内容

澳大利亚各州/领地政府与皇家动物保护协会（RSPCA）合作对各自的辖区进行动物福利管理。联邦政府负责与动物福利有关的贸易和国际协议，包括活畜出口和出口屠宰场的管理工作。联邦动物卫生局（AHA）对动物福利总体上没有监管责任（出口屠宰场的动物福利除外），只负责配合其他机构改善牲畜福利并确保国际牲畜市场准入。为有效改善动物福利，促进各州/领地动物福利法律的协调一致，符合国际贸易市场准入制度，提高民众的动物福利意识，联邦政府于 2004 年制定并实施本国动物福利战略（AAWS），并负责该战略的领导、协调和资金保障。

AAWS 的主要工作是将之前的操作规范转化为标准，便于与各州/领地的相关法律法规对接。主要目的是提高动物福利措施标准，并通过教育、培训等手段增强相关人员的动物福利意识。AAWS 陆续推出涉及牛、羊、马、猪、家禽、展出动物的《动物福利标准和准则》，并从 2016 年开始成为各州/领地的动物福利法律规范。

各地现行的动物福利法律法规包括，新南威尔士州的《1979 年防止虐待动物法》、维多利亚州的《1986 年防止虐待动物法》、首都领地的《1992 年动物福利法》、塔斯马尼亚州的《1993 年动物福利法》、南澳州的《1995 年动物福利法》、北领地的《1999 年动物福利法》和《2000 年动物福利法规》、昆士兰州的《2001 年动物保育和保护法》、西澳州的《2002 年动物福利法》，其中规定的违法判刑监禁时间最高为 5 年，个人的罚款额从 1.37 万至 23.56 万澳元不等，单位的罚款额从 11 万至 117.8 万澳元不等。

AAWS 设咨询委员会（Advisory Committee），下设家畜、工作娱乐动物、伴侣动物、野生动物、水生动物、实验用动物等六部分。每个部分均设有科研、交流、教育培训等工作组。各工作组均由联邦政府人员、兽医、农场主和非政府组织人员组成。AAWS 已取得的阶段性成果包括：一是大部分的国家（联邦）标准已由各州/领地转化为当地法律法规的一部分，促进了地方动物福利法律法规的进一步完善；二是确保国际贸易顺利进行。AAWS 被欧盟认可，有效促进了本国动物及动物产品的出口；三是澳大利亚成为国际动物福利的重要推手。联邦政府参与制定了 OIE 的中东、亚太地区动物福利战略计划，并与新西兰的 OIE 动物福利协作中心联合，使联邦科学与工业研究组织（CSIRO）等单位成为 OIE 动物福利协作中心，在 OIE 动物福利规则制定修订过程中发挥了重要作用。2008 年，联邦政府举办了动物福利国际研讨会，有效宣传本国成功的经验和做法，扩大了本国在国际动物福利方面的影响力。目前，AAWS 在过去评估和适度调整的基础上，仍在继续实施。

有关牛羊、猪、家禽、袋鼠及屠宰场的动物福利标准和准则具体说明如下：

——牛和羊的动物福利。根据《澳大利亚牛的动物福利标准和准则》和《澳大利亚羊的动物福利标准和准则》及各州/领地的相关法律法规，来确保在全国广泛的牧场到集约化养殖系统中的牛羊动物福利，最大程度地降低风险，实现该标准所设想的牛羊动物福利水平。良好的饲养原则还可满足牛羊的基本生理和行为需求，具体包括：维持良好健康和福祉的营养水平；符合质量标准且充足的饮水以满足生理需求；与其他牛羊的社会接触；有足够的活动空间；拥有减少牛羊所受压力的程序和设施；设计缓解疼痛并使受伤或患病的风险最小化的程序；提供适当的治疗，包括在必要时的人道宰杀；减少被捕食的风险；提供合理的预防措施，以抵御极端恶劣天气等自然灾害的影响；进行科学选育及有计划的畜群管理；评估长期替代方案可能给牲畜带来的巨大痛苦等。

——猪的动物福利。根据《澳大利亚猪的动物福利标准和准则》及各州/

领地的相关法律法规，来确保猪的动物福利。猪的动物福利标准法规包括自愿和强制性准则。当前法规没有禁止使用单一妊娠猪圈来饲养受孕母猪，但是将其最长使用期限限制为六周。从产前几天，母猪通常要被养在分娩圈中，以降低母猪翻滚压死仔猪而造成高死亡率。分娩圈须有母猪站立、躺卧伸展，以及仔猪的活动空间。仔猪三周断奶后方可与母猪分圈。该行业的最高机构——澳大利亚猪肉协会宣布，其会员单位在 2017 年前已自愿停止使用单一母猪妊娠圈的做法。

——家禽的动物福利。根据《澳大利亚家禽的动物福利标准和准则》及各州/领地的相关法律法规，来确保家禽的动物福利。涉及家禽福利的标准行为守则包括禽舍、谷仓和自由放养等养殖生产系统的定义。根据该法规，只允许在鸡舍、谷仓或自由放养区域内养殖蛋鸡；只允许在鸡舍或自由放养区养殖肉鸡。只要养殖户遵守该规定，政府部门则不会干涉其鸡蛋或鸡肉的具体养殖方法。鸡蛋和鸡肉的商品标签须标注养殖方式（如自由放养）。2016 年 3 月 31 日，澳大利亚消费管理机构同意引入一项信息标准，要求有自由放养商标的蛋鸡须标明室外自由放养时间及每公顷养殖密度（标准是每公顷不超过 1 万只）。该信息标准使消费者轻松对不同品牌的鸡蛋进行比较和挑选。《澳大利亚消费者法》的修正案还为遵守法规的鸡蛋生产者提供一个安全港，以规避因自由放养问题导致的误导和欺骗指控。

——袋鼠的动物福利。澳大利亚各州/领地政府对管理袋鼠种群负有主要责任。一些司法管辖区可根据可持续管理的原则来猎杀袋鼠以控制种群规模。联邦政府参与袋鼠产品出口管理，根据《1999 年环境保护和生物多样性保护法案》的要求，在袋鼠产品出口前制定商业出口管理计划。该计划详细规定州/领地政府以及联邦政府将如何确保以可持续和人道的方式进行袋鼠猎杀。2008 年 11 月 7 日，澳大利亚自然资源管理部批准商业袋鼠猎人许可制度，即按照国家商业袋鼠猎杀操作规程以人道的方式来实施猎杀。除特定的非商业目的外，上述法案禁止活袋鼠的商业出口。

——屠宰场的动物福利。屠宰场必须遵守州/领地政府机构制定的动物福利法规。根据人类食用肉类和肉类产品卫生、生产和运输的联邦、州/领地的法规标准，全国所有屠宰厂要防止对待屠宰用于制备人类食用肉类的动物造成不必要的伤害和痛苦。根据州/领地法规获得许可的屠宰场，其动物福利的具体规定和细则由州/领地相关机构制定和监管。如果屠宰场被批准为出口市场提供肉类产品，动物福利则由联邦农业部负责。根据《1982 年出口控制法》，农业部雇用的监管兽医官负责严格监督出口屠宰厂的屠宰行为，核实其是否符合动物福利的规定和要求，以确保可靠地实现被屠宰牲畜和家禽的动物福利。

四、动物福利与农产品贸易

活畜出口业是澳大利亚年产值超过 8 亿澳元的重要行业。该国在动物福利实践方面居世界领先地位，联邦政府不容忍虐待动物，也不会在动物福利标准上妥协。该国持续的活畜出口贸易为改善进口国的动物福利条件提供了机会。联邦政府和活畜出口行业正在与贸易伙伴合作，解决运抵后的动物福利问题，并改善海外市场的活畜储运和屠宰行为。该部门与活畜出口行业共同资助了多个项目，来改善基础设施和提供相关培训，以提高动物处理及屠宰水平。澳大利亚是唯一对牲畜出口提出特定动物福利要求的国家。

联邦政府还为此进行立法，对活畜出口业遵守本国活畜出口标准进行严格监管。此项立法是联邦政府改革畜牧业出口贸易的重要举措之一。为满足活畜出口标准，运输活畜的货轮必须遵守有关通风、排水、特殊围栏、供水和食物、活动和躺卧空间以及患病牲畜的兽医护理等方面的严格规定。根据《1997 年澳大利亚肉类和畜牧业法》，每 6 个月必须向联邦众议院提交一份关于出口活畜海运情况报告，其中涉及基于总航程的死亡率。

联邦政府已与中东和非洲地区的十个国家签署了谅解备忘录（MOU），并继续与该地区的其他贸易伙伴进行谈判，以确保到港的活畜全部卸下及贸易伙伴改善运抵牲畜在当地储运和屠宰过程中的动物福利水平。

澳大利亚每年出口近 90 万头牛和 190 万只羊。活牛的出口运输死亡率不超过 0.43%，活羊的死亡率不超过 2%。澳大利亚动物保护协会 2006 年在中东展开调查，导致本国活畜出口贸易首次遭暂停，活畜出口公司因动物虐待罪而面临起诉。此外，动物保护协会对 2011 年澳出口到印度尼西亚的活牛展开调查，导致对印度尼西亚活牛贸易被暂停。因高温、饥渴、拥挤、极差的卫生条件、疫病及动物运输管理不到位等因素，2018 年该国对中东的活羊出口运输死亡率竟高达 4.36%，远超上述标准水平，引发了该国上下，特别是动物福利保护组织的哗然和公愤。为保证本国出口活畜的动物福利不再遭到出口商的践踏，联邦农业部长于 2019 年 7 月 5 日修订了《2004 年动物出口管制法令》。修订后的法令允许联邦政府认可的兽医官根据最新程序对活畜出口申请进行审批。新规要求在每艘活畜出口货轮上配备一位独立观察员（IO），记录活畜在运输过程中的每日状况及出口商遵守活畜出口规定的相关情况。IO 在返回国内后公布记录的摘要报告，以用作动物福利评估。该部强调，IO 的配备有利于各主要活畜进口国的利益，并请各相关国家本着互惠共赢的精神为 IO 的长期、多次公务签证申请提供便利。

第三章 CHAPTER 3
澳大利亚的种植业 ▶▶▶

　　澳大利亚种植业为国民经济以及许多地区的社区发展做出了重大贡献。例如，谷物和油籽每年从 2 000 多万公顷的土地上生产大约 3 500 万～4 500 万吨粮食，年总产值约为 90 亿～130 亿澳元。糖业和棉花业也是主要贡献者，总产值分别超过 10 亿澳元和 20 亿澳元。2020 年种植业产值约 280 亿澳元，占农业总产值 46％。

一、种植业生产

　　澳大利亚种植业生产分为冬季和夏季两茬，冬季作物在秋季种植，春季收获；夏季作物在春季种植，秋季收获。冬季作物包括小麦、大麦、燕麦、黑麦以及与谷物混作或轮作的油菜籽、鹰嘴豆、蚕豆、豌豆、扁豆、亚麻籽、羽扇豆、红花等。夏季作物包括棉花、高粱、玉米、水稻、绿豆、豇豆、大豆、花生和葵花等。

　　西澳大利亚州、新南威尔士州、南澳大利亚州及维多利亚州为冬季作物主产区，夏季作物主要集中在昆士兰州和新南威尔士州。澳大利亚以冬季作物生产为主，占 83％～94％，夏季作物生产比重比较小，仅为 6％～17％。相对于夏季作物，冬季作物播种面积大得多。自 1987 年以来，冬季作物播种面积总体呈增长趋势，夏季作物播种面积变化较小。1999—2018 年，冬季播种面积在 1 900 万～2 300 万公顷之间波动，而夏季作物播种面积在 100 万～160 万公顷之间波动。图 3－1 和图 3－2 分别列出了澳大利亚作物产量和播种面积变化情况。

万吨

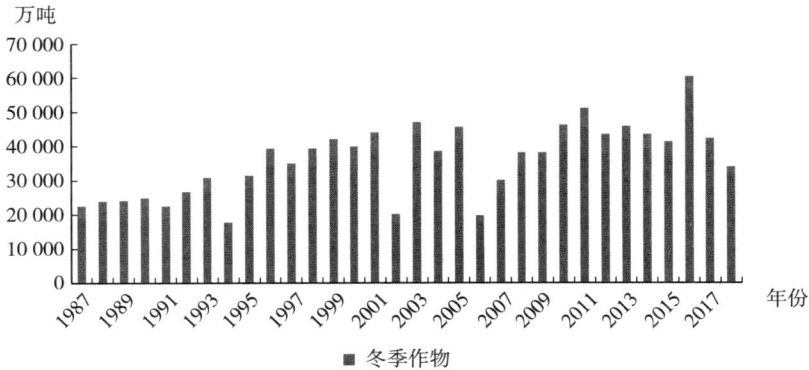

图 3-1 澳大利亚作物产量

万公顷

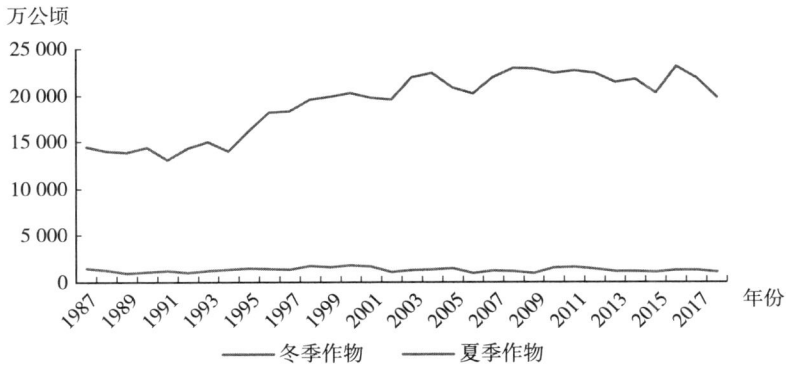

图 3-2 澳大利亚作物播种面积

二、主要种植业产品

(一) 小麦

小麦是澳大利亚主要的冬季作物，秋季播种，春季和夏季收获，视季节情况而定。主要生产州是西澳大利亚州、新南威尔士州、南澳大利亚州、维多利亚州和昆士兰州，其中西澳大利亚州的小麦产量占全国小麦产量的 1/3 以上（表 3-1）。澳大利亚小麦大部分销往海外，其中西澳大利亚州是最大的出口州。主要出口市场在亚洲和中东地区，包括印度尼西亚、日本、韩国、马来西亚、越南和苏丹。为国内消费和饲料而种植的小麦主要产于东海岸。

澳大利亚小麦生产大部分地区缺少灌溉，完全依赖降雨。因此，干旱条件对澳大利亚小麦生产影响最为严重。澳大利亚干旱发生较为频繁，一般7～11年就会发生一次。由于没有充足的水源保证灌溉，小麦产量完全依赖于当年的降雨情况，单产较低且变化幅度大。尽管澳大利亚小麦单产很低，但机械化程度高，人力投入低，往往一个人能管理上千公顷小麦农场。此外，得益于农业专家对小麦抗旱品种的培育，澳大利亚小麦产出十分高效。

表3-1 澳大利亚小麦播种面积、单产、产量在各州的分布

年份	新州	维州	昆州	南澳	西州	塔州	全国
播种面积（千公顷）							
2000	3 670.8	1 142.6	884.9	1 975.6	4 460.3	6.6	12 141.3
2001	3 446	1 136.4	604.4	1 986.6	4 349.9	5.9	11 529.3
2002	2 994.8	1 238.9	514.4	1 956.5	4 457.7	7.4	11 170.3
2003	3 983.4	1 409.2	789.7	1 959.5	4 917	7.7	13 067.1
2004	4 256.3	1 327	711	1 979.2	5 118.3	7.4	13 399.4
2005	3 554.1	1 314.6	778.3	2 034.9	4 752.7	7.9	12 442.6
2006	3 595.8	1 347.3	638	2 172.5	4 037	7.2	11 797.9
2007	4 008.9	1 514	668.9	2 120.8	4 258.2	7.1	12 578.2
2008	4 322.2	1 533.6	1 019.9	2 103.9	4 541.9	8.6	13 530.2
2009	3 982.6	1 801.1	961.7	2 122.4	5 005.9	7.2	13 881.1
2010	3 814.7	1 793.1	905.5	2 340.6	4 639.5	8.1	13 501.8
2011	3 868.354	1 668.929	953.201	2 249.066	5 155.761	6.617	13 902.141
2012	3 487.448	1 591.922	865.923	2 118.739	4 909.209	5.99	12 979.232
2013	3 269.386	1 535.818	757.955	1 926.85	5 114.891	8.176	12 613.076
2014	3 166.039	1 492.657	633.508	2 045.009	5 038.134	8.326	12 383.673
2015	2 932.741	1 341.512	611.093	1 769.7	4 615.761	10.545	11 282.202
2016	3 248.417	1 454.196	622.197	2 178.255	4 677.774	10.303	12 191.153
2017	2 793.456	1 446.793	639.189	1 975.81	4 056.574	7.358	10 919.18
2018	2 381.953	1 402.863	419.697	1 820.819	4 369.2	7.6	10 402.271
单产（吨/公顷）							
2000	2.143	2.695	1.307	2.107	1.304	3.879	1.821
2001	2.334	2.456	1.491	2.405	1.784	4.288	2.108
2002	0.833	0.719	1.168	1.059	0.908	3.419	0.907
2003	1.83	2.232	1.405	1.781	2.251	3.39	2.000
2004	1.771	1.452	1.646	1.324	1.684	4.122	1.635

（续）

年份	新州	维州	昆州	南澳	西州	塔州	全国
2005	2.265	2.213	1.564	1.893	1.912	4.304	2.021
2006	0.714	0.653	1.217	0.666	1.272	2.458	0.917
2007	0.618	1.318	1.426	1.083	1.367	3.775	1.079
2008	1.611	1.145	1.977	1.129	1.822	4.058	1.583
2009	1.343	1.663	1.4	1.885	1.621	3.792	1.573
2010	2.749	2.461	1.683	2.542	1.079	3.938	2.03
2011	2.19	2.363	1.979	2.012	2.142	4.874	2.151
2012	2.112	2.15	1.864	1.736	1.374	5.082	1.761
2013	2.017	2.211	1.367	2.208	1.951	5.318	2.006
2014	2.102	1.763	1.558	2.25	1.752	5.313	1.917
2015	2.352	1.353	2.153	2.079	1.844	5.06	1.974
2016	3.023	3.208	2.413	2.815	2.062	5.414	2.61
2017	1.684	2.545	1.197	2.051	1.898	5.476	1.918
2018	0.777	1.623	1	1.661	2.284	5.276	1.692
产量（千吨）							
2000	7 867.3	3 079.7	1 157	4 162.4	5 814.4	25.6	22 108.2
2001	8 042.8	2 791.4	901.4	4 778.5	7 759.9	25.3	24 299.4
2002	2 494.9	890.2	600.9	2 071.8	4 046.9	25.3	10 131.8
2003	7 288.2	3 145.5	1 109.7	3 490.4	11 070	26.1	26 131.8
2004	7 537.4	1 927.1	1 170.4	2 620.8	8 618.9	30.5	21 905.1
2005	8 049	2 908.9	1 217.6	3 852.8	9 088.1	34	25 150.4
2006	2 567.7	879.3	776.7	1 446	5 134.3	17.7	10 821.7
2007	2 477.1	1 995.3	953.9	2 296	5 820.2	26.8	13 569.4
2008	6 963.3	1 755.7	2 016	2 376.1	8 274	34.9	21 420.1
2009	5 349.8	2 994.9	1 346.3	4 001.3	8 114.1	27.3	21 834
2010	10 488.4	4 412.4	1 523.6	5 948.7	5 004.6	31.9	27 410
2011	8 472.914	3 943.311	1 886.303	4 524.803	11 045.107	32.252	29 905.009
2012	7 364.882	3 422.865	1 613.964	3 678.962	6 744.055	30.44	22 855.166
2013	6 595.626	3 395.892	1 036.45	4 254.313	9 976.941	43.484	25 302.707
2014	6 653.67	2 631.301	986.855	4 602.087	8 824.41	44.237	23 742.56
2015	6 897.527	1 814.868	1 315.912	3 679.342	8 510.577	53.361	22 274.514
2016	9 819.12	4 664.824	1 501.6	6 132.504	9 644.881	55.78	31 818.744
2017	4 702.842	3 682.083	765.413	4 051.954	7 698.552	40.289	20 941.133
2018	1 850.335	2 276.598	419.675	3 024.524	9 979.22	40.1	17 597.561

资料来源：ABARSS 2020.

（二）甘蔗

澳大利亚约 95％的糖产自昆士兰州，约 5％的糖产自新南威尔士州北部，位于昆士兰州北部莫斯曼和新南威尔士州北部格拉夫顿之间 2 100 千米的海岸线上。昆士兰州生产的原糖约 85％用于出口，出口收入超过 20 亿澳元，国内糖业市场的大部分由新南威尔士州种植的甘蔗供应。澳大利亚制糖业用甘蔗生产原糖和精制糖。澳大利亚生产的糖 80％以上作为散装原糖出口，因此澳大利亚是世界第二大原糖出口国。近年来，亚洲成为主要的出口市场，主要包括韩国、印度尼西亚、日本和马来西亚等。

（三）水稻

澳大利亚水稻主产区集中在新南威尔士州的马兰比吉山谷（Murrumbidgee valleys）以及新南威尔士州和维多利亚州的墨累山谷（Murray valleys）。水稻的生长完全依赖于灌溉用水。如果降雨较少或者降雨不及时，就会造成产量骤降。如 2007—2008 年以及 2018—2019 年，发生特大干旱，全国产量 5 万吨左右。雨水充裕时，水稻产量增加显著。2012 年，水稻总产量高达 116.1 万吨（表 3 - 2）。

表 3 - 2　澳大利亚水稻生产

年份	播种面积（千公顷）	总产（千吨）	单价（澳元/吨）
2000	177	1 643	213
2001	144	1 192	274
2002	47	438	348
2003	66	553	325
2004	51	339	297
2005	102	1 003	273
2006	20	163	337
2007	2	18	415
2008	7	61	566
2009	19	197	457
2010	76	723	240
2011	103	919	270
2012	114	1 161	260

（续）

年份	播种面积（千公顷）	总产（千吨）	单价（澳元/吨）
2013	75	819	340
2014	70	690	395
2015	27	274	419
2016	82	807	313
2017	61	635	387
2018	8	67	513
2019	6	53	750

资料来源：ABARES，2020.

澳大利亚稻米行业在水资源利用效率方面居世界领先地位，种植的水稻用水量比全球平均水平少50%。由于不断开发用水较少的高产水稻品种，并不断改进管理方法，澳大利亚水稻每公顷的用水量持续降低。

澳大利亚80%的水稻是中粒粳稻品种。这些通常被称为温带品种，即适合在世界各地类似于澳大利亚的气候中生长。澳大利亚还种植长粒籼稻品种，包括香稻。阿玛鲁（Amaroo）和米林（Millin）是最受欢迎的中粒品种，兰吉（Langi）是销量最大的长粒品种。澳大利亚也生产短粒的品种，如专门面向日本市场的越光米（koshikari）。

（四）棉花

澳大利亚棉花的主要生产区是新南威尔士州和昆士兰州。新南威尔士州的主要生产区从昆士兰州边界的麦金太尔河向南延伸，覆盖格温迪尔、纳莫伊和麦格理山谷。在昆士兰州，棉花主要种植在达令唐斯、圣乔治、迪兰班迪和麦金太尔山谷地区的南部及中部的祖母绿、西奥多和比洛拉附近。

澳大利亚的棉花生长季节大约持续6个月，从9月/10月开始（种植），到3月/4月结束（采摘）。灌溉水有效性是棉花生产的一个限制因素。自20世纪70年代以来，用水效率提高了约240%，澳大利亚被公认为世界上棉花种植用水效率最高的国家，其用水效率是全球平均水平的3倍。此外，在2000—2010年，最佳管理方案、虫害综合管理战略和生物技术的使用使农药用量减少了85%以上。澳大利亚是世界上最大的原棉出口国之一，其产量的90%以上出口给亚洲纺纱厂。中国、印度尼西亚和泰国是主要买家，其次是韩国、日本、巴基斯坦和意大利。

（五）园艺作物

澳大利亚的园艺作物包括水果、蔬菜、坚果、花卉、草坪和苗圃产品。该行业是劳动密集型行业，而且大多是季节性行业。2012 年，澳大利亚约有56 700 人就业，为国内和出口市场种植水果、蔬菜和坚果。澳大利亚园艺业主要由小型家庭农场组成，但近年来转向中等规模经营的趋势逐渐明显。

澳大利亚主要的园艺种植区包括：维多利亚古尔本谷（Goulburn Valley）、新南威尔士州马兰比季灌溉区（Murrumbidgee）、维多利亚州和新南威尔士州桑雷西亚区（Sunraysia）、南澳大利亚州河滩地区、塔斯马尼亚州北部、西澳大利亚州西南部、新南威尔士州北部和昆士兰州的沿海地带。香蕉、菠萝、柑橘、鳄梨、芒果、新鲜番茄、辣椒和西葫芦的生产主要集中在昆士兰州；核果、橙子和葡萄生产集中在新南威尔士州、维多利亚州和南澳大利亚州；土豆生产集中在塔斯马尼亚州；鲜梨、罐装水果和番茄集中在维多利亚州加工；苹果和新鲜蔬菜生产分布在全国所有州。

澳大利亚还拥有重要的热带园艺产业，包括西澳大利亚州的奥德河（Ord River）和昆士兰州的伯德金河（Burdekin River）大型灌溉区，主要生产香蕉、芒果、鳄梨、木瓜、荔枝、瓜类（甜瓜、西瓜、南瓜）以及热带苗木和蔬菜；还包括一个产量不断增长的"稀有和异国情调的水果"计划，主要生产杨桃、榴莲、菠萝蜜、山竹、火龙果、红毛丹和柽柳。

澳大利亚各地种植的坚果作物包括杏仁、腰果、栗子、榛子、花生、山核桃、开心果和核桃。新南威尔士州的里维拉（Riverina）和北方河流地区是杏仁、栗子、榛子、澳大利亚坚果、山核桃和核桃的主要产地。在维多利亚州，桑雷西亚、天鹅山、维多利亚州中西部和东北部地区生产杏仁、栗子、榛子和开心果。维多利亚州的霍特姆山出产少量松子。南澳大利亚州的河岸地区和阿德莱德山地区生产栗子、核桃，皮纳罗地区还种植了少量开心果。昆士兰州生产澳大利亚坚果、山核桃和腰果。西澳大利亚州的天鹅谷地区生产杏仁、栗子和榛子。塔斯马尼亚州生产少量榛子和核桃。

（六）葡萄及葡萄酒

澳大利亚葡萄种植区域主要分布在南部气温凉爽的温带地区。澳大利亚葡萄酒主要由南澳大利亚州、维多利亚州和新南威尔士州生产，其余由塔斯马尼亚州、昆士兰州和西澳大利亚州生产。澳大利亚生产的葡萄酒品种多样，包括红葡萄酒、白葡萄酒以及各类香槟，并因其质量优良在全球享有盛誉。澳大利亚是全球葡萄酒主要生产国，也是全球葡萄酒主要出口国。澳大利亚葡萄酒出口到世界 100 多个国家，其中对美、英出口量位居世界前两位。近年来，澳大利亚出口到亚洲的葡萄酒数量迅速上升，尤其是出口到中国的葡萄酒，增长速度最快。

第二节　产业监管

一、小麦

澳大利亚曾经因为历史上的战争和经济萧条对小麦行业实施长达近 100 年的管控，包括对国内种植者的财政补贴、营销系统安排、出口许可等，直到 2008 年才完全取消管制。现行相关法律有《2007 年小麦营销修正法案》（Wheat Marketing Amendment Act 2007）[①]、《2012 年小麦出口营销修正法案》（Wheat Export Marketing Amendment Act 2012）[②]、《2014 年竞争和消费者（行业守则—港口终端接入〈散装小麦〉）规例》（Competition and Consumer (Industry Code—Port Terminal Access 〈Bulk Wheat〉) Regulation 2014）[③]。

1915 年，第一次世界大战期间，澳大利亚小麦委员会成立，旨在帮助小麦种植者，对小麦出口业务实行垄断经营，并确保在第一次世界大战期间对重要食品进行适当管理。第二次世界大战结束后，通过《1948 年小麦产业稳定法案》（Wheat Industry Stabilization Act 1948）创建了澳大利亚小麦局，该局被授权对全国小麦进行独家营销，旨在使种植者免受小麦价格波动的影响，其中包括：给种植者保证价格、强制统筹和协调营销，由小麦局统一收购全国小麦，并享有在澳大利亚和海外销售小麦的唯一权利。澳大利亚小麦局不仅仅是一个大销售商，更是一个依靠行政身份的垄断营销机构，独占了澳大利亚的小

---

① 引自《Wheat Marketing Amendment Act 2007》. https://www.legislation.gov.au/Details/C2007A00108.

② 引自《Wheat Export Marketing Amendment Act 2012》. https://www.legislation.gov.au/Details/C2012A00170.

③ 引自《Competition and Consumer（Industry Code—Port Terminal Access〈Bulk Wheat〉）Regulation 2014》. https://www.legislation.gov.au/Details/F2014L01250.

麦内外贸易市场，并享受着政府出口信贷支持政策。随着时间的推移，小麦局垄断经营的弊端日益暴露出来，国内和国际经济环境和政策趋势也越来越不利于小麦局。1989 年，政府出台《1989 年小麦营销法案》（Wheat Marketing Act 1989），由此开启了小麦局的市场化进程。同时，政府推出《1989 年小麦产业基金征税法案》（Wheat Industry Fund Levy Act 1989，WIF），除对小麦强制性征收税费外，还建立了农民自筹的小麦产业基金，政府免于为澳大利亚小麦局的贷款提供直接担保，并允许澳大利亚小麦局为其商业借贷安排筹措资金。

20 世纪 80 年代后，澳大利亚政府进行农业改革，取消包括小麦行业在内的管制措施。1999 年，澳大利亚小麦局接管了小麦产业基金并发行股票。2001 年澳大利亚小麦局改名为澳大利亚小麦局有限公司（AWB Ltd），从政府的法定机构转为由农场主拥有并控制的公司并上市。其子公司澳大利亚小麦局国际有限公司（AWBI）继续通过"单一平台营销系统"成为澳大利亚散装小麦的唯一出口商。联邦政府又设立了小麦出口管理局（Wheat Export Authority，WEA），以接管 AWB 的监管权力；通过签发出口许可，控制非 AWBI 出口商的集装箱袋装小麦出口；颁发大宗小麦出口许可证。

2003 年，澳大利亚修订了《1989 年小麦营销法》，通过小麦出口税费（对所有小麦出口每吨征收 22 澳分的税费）为小麦出口管理局（WEA）募集资金。2005 年 2 月，澳大利亚政府发布了生产力委员会对国家竞争政策改革的审查报告，建议在可行的情况下尽快根据国家竞争政策原则对"单一平台营销系统"的未来进行独立审查。2007 年 8 月，随着立法的变化，解除了对袋装和集装箱装小麦的出口管制，出口商不再需要向小麦出口管理局申请出口许可，但要求所有出口小麦都必须符合非散装小麦质量保证计划的要求。2007年 10 月，澳大利亚成立了出口小麦委员会（Export Wheat Commission，EWC）以取代小麦出口管理局。2008 年 6 月，《2008 年小麦出口营销法案》（Wheat Export Marketing Bill 2008）获得批准，废除了《1989 年小麦营销法案》（Wheat Export Marketing Bill 2008），取消了 AWBI 公司对散装小麦出口"单一平台营销系统"的垄断，并为小麦出口认证计划提供支持。至此，历时70 年的小麦"单一平台营销系统"垄断体制结束了。

2010 年 12 月，澳大利亚小麦局有限公司被来自加拿大的艾格瑞公司（Agrium）收购。2010 年 12 月艾格瑞公司宣布将澳大利亚小麦局商品管理业务（谷物贸易部）卖给世界最大谷物贸易商嘉吉公司（Cargill）。随着澳大利亚生产力委员会的放松管制报告出台，澳大利亚小麦行业进入放松管制的实质性阶段。2014 年，竞争与消费者委员会推出了小麦出口行为准则（The Code of Conduct），使得小麦出口自由竞争进入有序阶段。2019 年 8 月，澳大利亚小麦局有限公司（AWB）宣告终止运营，澳大利亚小麦行业的传统管制画上了句号。①

二、糖业

20 世纪 90 年代中期，澳大利亚西部的奥德河灌溉区建立了一个糖厂，但于 2007 年停止运营。1995 年，澳大利亚对糖业进行监管调整，昆士兰州政府废除了《1915 年甘蔗价格监管法》和《1915 年食糖收购法》，根据 1999 年《糖业法》以新的监管框架取而代之。该法案延续了"单一平台营销系统政策"，根据该政策，所有生产用于出口的原糖归昆士兰糖业公司所有，由昆士兰糖业公司安排出口营销。

2006 年 1 月 1 日，在 2004 年澳大利亚政府实施了 3.34 亿澳元的糖业改革计划后，昆士兰州政府修订了《糖业法》，解除了对糖业的管制，其中两项重要的调整措施是：取消对出口原糖销售的限制；参与者有权对合同条款包括价格进行谈判。此时昆士兰糖业公司转型为昆士兰糖业有限公司（QSL）。QSL 继续在自愿的基础上运行单一平台营销系统政策，与昆士兰大多数糖厂签订了自愿协议，销售糖厂的出口原糖，这使得澳大利亚出口的原糖中有 90％以上来自 QSL。QSL 直接向许多国家的原糖精炼厂进行出口销售，其营销的收益集中用于糖料支付，并在扣除营销成本后回馈给工厂和种植者。随着销售收入的集中，糖业生产者能够获得全年销售价格的平均价格。没有与 QSL 签订合同的工厂独立销售自己的原糖和糖制品。2014 年，昆士兰州三家最大的制糖厂宣布，从 2017 年 7 月起，它们将不再通过 QSL 参与自愿销售安排。

由于种植者们担心新管理方案将失去糖业集中营销的好处，并使制糖厂获得不同形式的营销溢价，澳大利亚联邦政府于 2014 年成立了食糖营销行为准

---

① 引自《AWB pool fades into history》. https：//www.farmonline.com.au/story/6337065/awb－pool－fades－into－history/？cs＝4714.

则特别工作组，负责促进食糖营销竞争，并发布了强制性行为准则草案。2015年5月19日，昆士兰州议会通过了一项私人议员法案——《2015年糖业（市场营销的真实选择）修正法案》，于2015年12月17日生效，该修正案规定甘蔗种植者有权要求制糖厂将蔗糖（对种植者具有价格风险）直接交给第三方销售商，如QSL。通常，种植者会将糖产量的三分之二直接交付销售商，这部分被称为种植者经济利益（GEI）糖。

在供应协议进行了旷日持久的谈判之后，2017年4月5日，澳大利亚政府出台了《2017年制糖行业强制性行为准则（竞争与消费者行业准则）》，以规范甘蔗种植者、制糖厂和销售者（产生GEI糖）之间的合同或协议行为，包括对当事各方未能就合同或协议的条款达成一致意见的情况提供合同前仲裁程序。[①]

三、水稻

在新南威尔士州的马兰比吉山谷以及新南威尔士州和维多利亚州的墨累山谷，大约有2 000家家庭经营的农场企业种植水稻。在新南威尔士州，所有种植者都是大米种植者有限公司（Ricegrowers Limited）的股东，该公司负责在澳大利亚和国际上生产和销售稻米和大米食品。澳大利亚稻田的平均面积约为400公顷。

水资源利用率低或为零的地区不能种植水稻。水稻只能在政府批准的土壤上种植，并受各灌溉公司的水稻用水政策的管制，如马兰比吉灌溉有限公司（Murrumbidgee Irrigation Limited）、墨累灌溉有限公司（Murray Irrigation Limited）和克里姆宝利灌溉合作社有限公司（Coleambally Irrigation Cooperative Limited）等。

20世纪20年代，新南威尔士州水稻种植者要求该州政府根据1927年《初级产品营销法》成立一个水稻营销委员会。新南威尔士州稻米营销委员会于1928年11月9日通过公告成立，其职责是"为种植者获得与维持有序营销一致的最佳货币回报"。新南威尔士州的所有出口水稻都从生产商手中出售，并成为委员会的财产。1951年，新南威尔士州的水稻种植者成立了水稻种植

---

① 引自 https：//www.agriculture.gov.au/ag - farm - food/crops/sugar。

合作社。之后，该合作社从委员会获得越来越多的水稻份额。1956年开始实行种植者权益赎回计划。

1985年，新南威尔士州稻米营销委员会于1986年2月1日任命种植者拥有的稻米厂和销售商——稻米种植者合作社有限公司（Ricegrowers Cooperative Limited，RCL）为其代理人，并将委员会的职能和运营有效地承包给了合作社，同时委员会保留其储存资产和1983年《大米营销法》规定的权利。

自2006年7月1日起，国内大米市场放松管制。需要参与国内大米市场的各方必须向委员会申请成为授权买方。根据1983年《大米销售法》，委员会已任命RCL为唯一和独家出口许可证持有人，负责接收、储存、加工和销售澳大利亚99%的大米。RCL将约85%的大米出口到70多个目的地，而国内市场则接收剩余的15%。国内大米市场按照"授权买家计划"运作。根据该计划，委员会批准希望在国内买卖大米的各方为"授权买家"。①

四、棉花

尽管澳大利亚不是最大的棉花出口国，只占世界棉花出口率的2.1%，但是它以种植高产优质的棉花而闻名，这种棉花可以获得很高的销售价格。

澳大利亚棉花的发展历史可以追溯到19世纪，但发展历程并不顺利。早期的棉花种植发展缓慢。1788年，欧洲殖民者在来澳大利亚定居时将第一批棉籽运到澳大利亚，到1830年，澳大利亚仅生产了三袋棉花。在19世纪后期，昆士兰州的旱地棉花种植规模才得到扩大。1926年，昆士兰棉花销售委员会成立，旨在改善这种状况。然而，由于干旱气候和专业知识有限，该产业到1954年大为衰退，并且全球棉花价格的波动也阻碍了棉花产业发展。20世界50年代后，由于灌溉设施的建立，棉花种植规模不断扩大。在1958年基坑大坝建成后，匈牙利棉花研究所所长尼克·德雷拉把他的经验用于新南威尔士州农业部棉花品种种植试验中。1962年，美国加州棉花种植者卡尔、哈德利和德里拉三人合作在澳大利亚种植了第一公顷棉花，并取得了成功。之后，澳大利亚棉花不断发展并逐渐成为一定规模的产业。1966年伯伦东大坝的修建促进了麦格理棉花生产繁荣。1971年澳大利亚棉花产量达到87 000包，1975

---

① 引自 https://www.agriculture.gov.au/ag-farm-food/crops/rice。

年增至 110 000 包。到 1977 年，平达里和格伦里昂大坝的修建进一步提高了昆士兰州的棉花生产能力。到 21 世纪初，棉花种植规模比 20 世纪 60 年代初增长了 30 多倍。

如今，澳大利亚大部分棉花种植在新南威尔士州和昆士兰州南部。在澳大利亚棉花产业中，种植者经营的农场大部分是家庭所有的，总共约占 90%。值得一提的是，由于农业研究和开发，棉花产业的用水效率自 20 世纪 70 年代以来提高了约 2.4 倍，这使得澳大利亚棉花产业成为世界上最节水的产业之一。目前，澳大利亚棉花的产业管理主要依靠市场运作，而不受政府的干预。棉花种植者可以选择直接将棉花交给加工公司，也可以选择由独立的销售商销售。此外，种植者还可以选择多种价格支付方式，包括：①现金销售，即收获后立即付款；②季节性库存池，即种植者收到由库存池给出的平均"变现价格"，该价格适用于本季节内所有交付的棉花，并根据棉花质量而调整；③调用池，类似于季节性库存池，不同之处在于运营商帮助种植者使用期货和期权对棉花和货币进行对冲；④最低价格池，即运营商通过选择来保证最低回报，同时允许种植者在收获时从任何价格提升中受益；⑤远期合同，是一种有约束力的合同，规定了在指定日期交付的棉花的价格、质量和数量。

第三节　产业组织

澳大利亚放松对产业行政管制后，主要依靠行业组织管理和发展，包括研究机构、技术支持机构、标准制定机构、行业自律组织等。同时，澳大利亚的种植业在不同作物产业领域里有众多的实体和服务组织。

一、农作物研发公司

农作物研发公司负责农作物在生产、实践和育种前等方面的研发。澳大利亚谷物、糖、棉花、水稻和牧草种子行业的研发和植物健康完整性研究资金主要来自政府税收。澳大利亚政府以 1∶1 的方式，为农作物研发公司提供有上限的匹配基金。各州和北领地、农村研发公司、联邦科学与产业研究组织（Commonwealth Scientific and Industrial Research Organisation，CSIRO）和大学，通过初级产业部长理事会（Primary Industries Ministerial Council，

PIMC），合作开展了国家初级产业研究、开发和推广（RD&E）框架，以鼓励加强合作，促进国家研发和推广资源及投资的持续改善。

主要相关机构有：谷物研发公司（Grains Research and Development Corporation，GRDC）、棉花研发公司（Cotton Research and Development Corporation，CRDC）、澳大利亚农业期货公司（Agricultures Australia）［前身为农村工业研究与发展公司（RIRDC）］。谷物、糖和棉花研发公司是根据1989年《初级产业和能源研发法案》设立的机构，负责管理研发和推广，旨在服务于各行业和更广泛的澳大利亚社区。水稻和牧草种子研究项目由农村产业研究与发展公司管理。[①]

二、主要产业组织

（一）谷物

澳大利亚谷物贸易组织（Grain Trade Australia，GTA），成立于1991年，旨在规范商品贸易标准、制定和发布贸易规则，规范澳大利亚粮食行业的合同标准化。GTA现在的作用是确保整个谷物供应链中商业活动的高效化和便利化。

澳大利亚谷物生产商协会（Grain Producers Australia，GPA），是代表全国范围的大规模农场、谷物、豆类和油籽的生产商，帮助种植者处理产业问题，保护种植者权益，对促进澳大利亚谷物产业的壮大、创新、盈利、全球竞争力提升和环境可持续发展有重要作用。

谷物种植者有限公司（Grain Growers Ltd），是澳大利亚种粮农民的主要代言人，代表农民主张在国家和国际层面的权益。主要职能：①参与国家政策制定；②贸易和市场准入方面；③与政府部门合作，积极推动谷物行业变革；④支持行业创新，促进未来产能提高。

澳大利亚小麦品质公司（Wheat Quality Australia，WQA），主要职能是对小麦品种进行分类，以满足加工者和最终用户的不同质量属性，如碾磨提取、面团稳定性、烘焙性能、面条颜色和质地等质量要求；并通过负责、透明和可持续的小麦分类系统，维护和提高澳大利亚小麦作为优质产品的声誉。

---

① 引自 https：//www. agriculture. gov. au/ag－farm－food/crops/research－development。

澳大利亚大麦协会（Barley Australia），是澳大利亚大麦产业的最高级机构，成立于 2005 年年初，旨在代表澳大利亚大麦行业所有利益相关者的利益。该协会在提高澳大利亚大麦产业的价值和可持续发展方面发挥了领导作用。其主要活动包括：①提供及时可靠的行业特定信息；②管理麦芽大麦认证流程；③为大麦分类系统提供管理；④提供大麦产业相关的交流和教育；⑤与行业机构就贸易问题进行联系；⑥指导研发投资者和研究机构确定优先事项。

澳大利亚豆业协会（Pulse Australia），是澳大利亚豆类行业的最高机构，代表澳大利亚豆类行业的所有相关参与者，包括种植者、农学家以及研究人员、国内贸易商和出口商。涉及的领域包括豆类生产、豆类研究、种子销售、营销和出口。该组织通过对豆类行业的作物支持、行业支持、市场支持 3 种方式，为澳大利亚豆业提供方向和愿景，并促进提高行业各部门盈利能力。

澳大利亚油籽联合会（Australian Oilseeds Federation，AOF），成立于 1970 年，旨在代表澳大利亚所有油籽行业参与者的共同利益，促进澳大利亚油籽生产的发展、扩大和改进。AOF 提供农业服务，鼓励在研究、开发和推广方面的创新和投资，以推动澳大利亚油籽业发展成为负责任的、可行的、世界级的优质油籽生产商、加工商和销售商。其农业服务范围包括：①行业宣传和代表；②促进改善市场准入和出口；③行业培训、教育；④制定油籽和油籽产品交易和处理的标准和协议；⑤战略计划和行业目标的确定与实施；⑥提高行业对创新和潜在机会的认识；⑦与主要利益集团之间的信息沟通；⑧推广澳大利亚种植和澳大利亚制造的油籽和油籽产品；⑨与政府、行业和研发机构进行油籽相关的研发，促进油籽行业的可持续发展。

（二）糖业

昆士兰糖业有限公司（Queensland Sugar Limited，QSL）是昆士兰糖业成立的非营利组织。作为原糖市场的领导者，QSL 在国际食糖市场上以卓越的质量、服务和创新而享有盛誉。其服务范围包括定价、融资、营销和运营服务，所有的净利润都回馈给所服务的行业参与者。①定价：QSL 通过专业市场知识和对食糖期货和外汇市场的监控，为加工厂和种植者提供一系列针对不同风险偏好的定价产品。②融资：QSL 通过预付款计划在整个季节为参与的加工厂和种植者提供持续的成本效益融资。③营销：QSL 是澳大利亚最大的原糖销售商，将昆士兰州大部分出口原糖销往亚洲市场。④运营服务：QSL

管理昆士兰州六个散装糖码头散装原糖的高效储存、处理和运输。

甘蔗种植者（Canegrowers），正式名称是昆士兰甘蔗种植者组织有限公司（Queensland Cane Growers Organisation Ltd，QCGO），成立于1925年，代表昆士兰州所有甘蔗种植家庭的利益，为成员提供专业指导和服务，并促进其成员的团结。其目标是最大限度地提高种植者的效率和盈利能力，长期提高行业效率和组织效率，为甘蔗种植者创造良好的外部环境，认识和管理不同种植者的需求，为未来的产业发展和规划提供帮助。

澳大利亚制糖委员会（The Australian Sugar Milling Council，ASMC），是澳大利亚原糖制造行业的最高行业组织，其代表五家制糖公司，这些公司在昆士兰州的16家糖厂总共生产澳大利亚90%的原糖，其会员销售澳大利亚50%以上的原糖。ASMC重点领域包括：①加强贸易政策和市场准入；②加强社会经营许可；③倡导响应行业的政府政策；④确保实施具有产出成果的研究策略；⑤促进行业振兴；⑥保持糖业的经济和社会贡献。

澳大利亚甘蔗农民协会（Australian Cane Farmers Association，ACFA），成立于1907年，主要为其成员提供农业信息和指导。

新南威尔士制糖合作社有限公司（New South Wales Sugar Milling Co-operative Limited）和澳大利亚家族企业Manildra Group共同创立了新南威尔士州糖业的零售品牌Sunshine Sugar，公司成为唯一一家拥有原糖和精制糖产品的100%澳资生产商。

（三）水稻

澳大利亚水稻种植者协会（The Ricegrowers' Association of Australia，RGA），代表了1 000多名会员。RGA成立于1930年，当时正值水稻产业发展的初期，它将一小批具有开拓性的水稻种植者转变为一支有效的团体。最初，RGA专注于基础设施建设，使种植者能够加工和销售自己的大米。当前RGA主要为会员提供服务，创造就业机会并种植优质水稻等，为水稻产业提供了强有力支持。

新南威尔士州大米营销委员会（Rice Marketing Board for the State of NSW），是根据1927年《初级产品营销法》在新南威尔士州设立的第一个商品营销委员会，并于1928年11月9日通过公告正式成立。该委员会的主要职能是根据《1983年稻米营销法》的授权和规定，向稻米种植者提供与维持有序营销相一致的最佳货币回报。

太阳大米（Sunrice），是一家价值 11 亿澳元的全球食品企业，也是澳大利亚领先的品牌食品出口商之一。它成立于 1950 年，当时早稻种植者集资建立了合作社，并建立米厂。1955 年，合作社推出了自己的品牌零售包装"太阳白"大米，这是澳大利亚首次在大米市场上强调营养价值、产品质量和一致性。随着数十年的研究和新技术的采用，Sunrice 从大米和大米加工品中制造了一系列不断增长的创新型产品。20 世纪 70 年代以来，由于亚洲移民数量的增加促使大量亚洲特色餐馆出现，带动了大米的消费。随着国家变得更加国际化，澳大利亚人对亚洲和其他民族食物越来越感兴趣，也扩大了大米的消费。

（四）棉花

澳大利亚棉花协会（Cotton Australia，CA），是澳大利亚棉花种植者的最高代表机构，代表着多达 1 500 个棉花农场，主要分布在新南威尔士州、昆士兰州及维多利亚州北部。澳大利亚棉花协会在研发、管理、自然资源管理和棉花生产问题上为棉花种植者提供支持，确保澳大利亚棉花产业保持活力、价值和先进性。它致力于推动该行业的战略方向，支持研究和开发，提升行业实力，报告其环境认证，代表种植者利益，促进政策实施。

（五）种子

澳大利亚种子管理局（Australian Seeds Authority，ASA）于 2002 年由种子行业代表组织联合成立，并获得澳大利亚政府的许可，在澳大利亚建立、开发和管理种子认证。目标是为澳大利亚种子行业提供统一的国际质量标准和流程。

澳大利亚种子联合会（Australian Seeds Federation，ASF），是澳大利亚种子行业在地方、州、国家和国际层面的最高行业机构。ASF 作为国际种子联合会（ISF）和亚太种子协会（APSA）的成员，致力于通过向澳大利亚提供和供应新的和改进的商品和服务，在关键问题上提高行业的可持续性、领导能力、整体性和协作能力，关键问题包括气候变化适应、世界粮食安全、技术发展、贸易以及澳大利亚和国际农业生产力的增长。[①]

---

① 引自 https：//www. agriculture. gov. au/ag - farm - food/crops/key - cropping - industry - orgs。

　　除了上述主要种植业组织之外，澳大利亚还是很多国际农作物组织的成员，如国际谷物理事会、国际棉花咨询委员会、国际糖业组织和国际种子检验协会，这些组织旨在改善全球谷物、棉花和糖的全球贸易环境，而这些行业也是澳大利亚非常注重出口的行业。此外，澳大利亚也是国际种子检验协会（ISTA）和经济合作与发展组织（OECD）种子计划的成员。经合组织的种子计划（OECD Seeds Schemes）规定了在国际贸易中鉴定种子流通的通用规则，目的是使国际种子购买者能够确信该品种已获得一致和已知标准的认证。澳大利亚种子管理局被指定为 ISTA 和 OECD 种子计划管理机构。①

---

　　① 引自 https：//www. agriculture. gov. au/ag‐farm‐food/crops/international_crops_organisations。

第四章 CHAPTER 4
澳大利亚的渔业 ▶▶▶

第一节 渔业概况

澳大利亚的渔业跨越太平洋和印度洋两大洋，海岸线长达 59 681 千米（包括所属岛屿），拥有世界第三大专属经济区（Exclusive Economic Zone，EEZ），面积超过 820 万平方千米，大于其国土面积。[①] 澳大利亚的海洋环境包括了世界上五大气候区：赤道气候、热带气候、亚热带气候、温带气候以及极地和副极地气候。澳大利亚渔业资源非常丰富，海域中生活着 3 000 多种已知的鱼类以及类似数量的甲壳动物和软体动物。这些鱼类只有 10％用于商业捕捞。允许捕获的鱼类多种多样，主要有金枪鱼、鲑鱼、龙虾、对虾、鲍鱼、扇贝、海胆和鱿鱼以及一些沿海鱼类，如石首鱼和赤梢鱼；还有珊瑚鱼，如石斑鱼、美露鳕鱼和长嘴鱼等。澳大利亚是全世界野生鲍鱼和龙虾的主要产地之一。日本、美国和中国是澳大利亚海鲜出口的主要市场。尽管澳大利亚拥有世界上较大的捕鱼区，但它不是渔业产品的主要生产国，这主要是因为其海洋环境的生物生产力相对较低，而且管理精细，难以确保长期可持续开发的海产品。

2020 年，澳大利亚渔业和水产养殖生产总值（GVP）增长 1％，至 31.5 亿澳元。其中野生捕捞产品占澳大利亚渔业和水产养殖生产总值的 49.0％（15.8 亿澳元），野生渔获量为 179 261 吨[②]。

澳大利亚农业资源经济科学局（ABARES）发布的 2020 年《渔业状况

---

① 引自 www.ga.gov.au/scientific‑topics/national‑location‑information/dimensions.

② 引自 https：//www.awe.gov.au/abares/research‑topic/fisheries/fisheries‑and‑aquaculture‑statistics.

报告》，评估了澳大利亚 22 个渔业的 96 种鱼类种群，对澳大利亚渔业管理局（Australia Fisheries Management Authority，AFMA）代表澳大利亚政府单独管理的 9 个渔区中评估了 65 种库存，并对与其他澳大利亚管辖区或其他国家共同管理的 13 个渔区评估了 31 种库存。评估显示，未遭受过度捕捞的种群数量下降至 78 种（2018 年为 79 种）；没有过度捕捞的种群数量为 70 种，正在遭受过度捕捞的种群数量上升至 4 种（2018 年为 2 种）；已经过度捕捞的种群数量增长至 12 种（2018 年为 11 种）。

一、水产养殖

澳大利亚的水产养殖历史可以追溯到数千年以前，当时的澳大利亚土著在水坑之间运送螯虾或淡水泥河螯虾。直到 20 世纪 60 年代，才开始在农场水坝和自然水道试验性地养殖螯虾，螯虾养殖者目前正在朝着修建专用水坝、利用谷物进行补充投饲和对水质进行管理的方向发展。最早的商业化水产养殖产品是 1872 年来自新南威尔士州的悉尼岩牡蛎（生蚝），新南威尔士州的牡蛎养殖者协会成立于 1928 年，目的是处理新南威尔士州出现的大型牡蛎产业相关问题，该协会现有大约 200 家公司会员，是代表新南威尔士州牡蛎养殖者和加工者利益的主要组织。水产养殖是澳大利亚增长最快的农业细分产业，2006—2017 年的 11 年间，水产养殖产品的数量增长了 53%，其中养殖鲑鱼带动了这一增长的大部分，尤其是塔斯马尼亚州的养殖业发展，已占到全国产量的近 60%。[1]

澳大利亚水产养殖产品的 95% 以上来自海水，淡水养殖的很少。水产养殖部门价值的增加主要是源于塔斯马尼亚三文鱼产量的增加，其他大型水产养殖品种包括南方蓝鳍金枪鱼、食用牡蛎、对虾和珍珠牡蛎。水产养殖在澳大利亚海产品供应中所占的比重不断上升，符合全球海产品需求不断增长的趋势（图 4 - 1）。[2]

---

[1] 引自 http：//www.fao.org/fishery/countrysector/naso_australia/zh.

[2] 引自 www.agriculture.gov.au/SiteCollectionDocuments/abares/publications/AustFishAquacStats_2017_v 1.2.0.pdf.

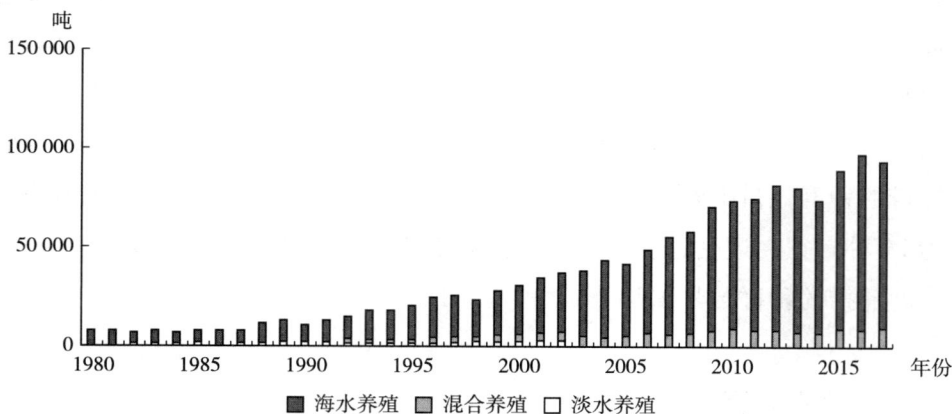

图 4-1 澳大利亚水产养殖不同类型的占比[①]

二、渔业国际贸易

澳大利亚渔业和水产养殖业产量约占全球渔业和水产养殖业供应量的0.15%，产值不到世界贸易的1%。然而，澳大利亚渔业专长于出口一系列高单位价值的渔业和水产养殖产品，是日本南部蓝鳍金枪鱼的主要供应商，也是中国和越南活龙虾和鲍鱼产品的主要供应商。

澳大利亚渔业和水产养殖部门的贸易受到几个因素的推动，包括澳大利亚接近亚洲不断增长的海鲜市场，以及澳大利亚作为单位高价值渔业和水产养殖产品的可靠和高质量供应商的声誉。人口、收入水平、城市化趋势和主要出口市场偏好的变化是重要因素。此外，澳大利亚与其贸易伙伴之间的贸易协定以及相互竞争的出口国家的宏观经济因素，也在一定程度提升了澳大利亚在全球市场上的竞争力。

2010—2020年澳大利亚渔业出口情况见图4-2。

中国和日本是澳大利亚渔业产品的主要出口目的地。2020年，澳大利亚渔业和水产品出口额为14.1亿澳元，渔业和水产品（食用和非食用）的主要出口市场包括中国（7.7亿澳元）、日本（2.15亿澳元）、中国香港（1.36亿澳元）、美国（7 500万澳元）和新加坡（4 080万澳元），合计占出口

---

① 引自 http：//www.fao.org/fishery/facp/AUS/en#CountrySector-Overview.

总额的 87%。[①]

主要出口市场		
	2018—2019	2019—2020
中国	8.89亿澳元	7.7亿澳元
日本	2.13亿澳元	2.15亿澳元
中国香港	1.75亿澳元	1.36亿澳元
美国	0.561亿澳元	0.705亿澳元
新加坡	0.433亿澳元	0.408亿澳元

主要产品		
岩龙虾　金枪鱼　鲍鱼　三文鱼		
	2018—2019	2019—2020
岩龙虾	7.52亿澳元	5.43亿澳元
金枪鱼	1.52亿澳元	1.65亿澳元
三文鱼	1.18亿澳元	1.91亿澳元
其他	5.08亿澳元	5.11亿澳元
总计	15.3亿澳元	14.1亿澳元

出口额	
2009—2010	2019—2020
15.21亿澳元	14.11亿澳元

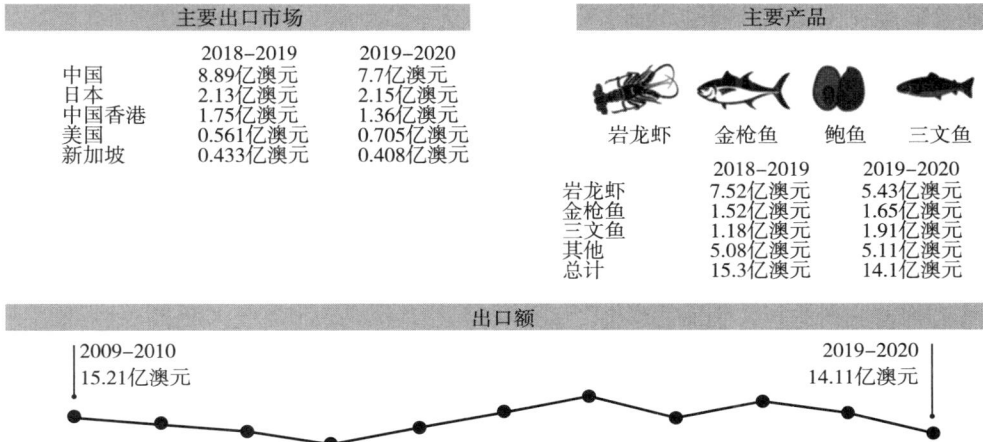

图 4 - 2　2010—2020 年澳大利亚渔业出口额[②]

第二节　渔业法律和政策规定

澳大利亚政府倡导以生态环境保护和持续发展为基础的渔业管理方法。自 2012 年以来，澳大利亚开始建立新的联邦海洋保护区，以履行国际和国家承诺。澳大利亚是 1982 年"联合国海洋法公约"（United Nations Convention on the Law of the Sea）、1995 年"联合国鱼类种群协定"（United Nations Fish Stocks Agreement）、1995 年"粮农组织负责任渔业行为守则"（FAO of United Nations' Code of Conduct for Responsible Fisheries）的缔约国，也是粮农组织"关于预防、制止和消除非法和未报告及不受管制捕捞的港口国措施协定"（FAO Agreement on Port State Measures to Prevent，Deter and Eliminate Illegal、Unreported and Unregulated，IUU）的签署国。澳大利亚制定了"鲨鱼和海鸟养护和管理国家行动计划"（National Plan of Action for the Conservation and Management of Sharks and of Seabirds），以及"防止、制止和消除非法、不报告和不受管制捕捞的国家行动计划"（NPOA - IUU）。注重通过国际合作的区域行动有效管理其渔业资源。[③]

---

① 引自 http：//www. agriculture. gov. au/SiteCollectionDocuments/abares/publications/AustFishAquacStats_2017_v1. 2. 0. pdf.

② 引自 https：//daff. ent. sirsidynix. net. au/client/en_AU/search/asset/1032481/0.

③ 引自 http：//www. fao. org/fishery/facp/AUS/en♯CountrySector - Overview.

在澳大利亚国内，联邦政府侧重渔业的管理，而州政府侧重水产养殖的管理。联邦和州的立法和政策如有交叉重叠，以联合管理局确定的方案决定适用哪些法律，而不是简单地以联邦的法律优先。在相关的法律领域里，不仅有直接针对渔业和水产养殖的法律法规和政策，还涉及其他领域的法律法规，包括环境保护、生物多样性保护、水生害虫和疾病防控、土地规划、食品安全等相关的法律法规。

一、联邦的法律和政策

（一）主要法律

联邦层面的法律主要有：《1991 年渔业管理法》（Fisheries Management Act 1991）、《1991 年渔业行政法》（Fisheries Administration Act 1991）、《1991 年渔业立法（相应规定）法》（Fisheries Legislation（Consequential Provisions）Act 1991）、《1991 年法定捕鱼权收费法案》（Statutory Fishing Rights Charge Act 1991）、《1991 年渔业协定（付款）法》（Fisheries Agreements（Payments）Act 1991）、《1984 年渔业税法》（Fisheries Levy Act 1984）、《1991 年捕渔税法》（Fishing Levy Act 1991）、《1991 年外国捕鱼许可证征税法》（Foreign Fishing Licences Levy Act 1991）、《1999 年环境保护和生物多样性保护法》（Environment Protection and Biodiversity Conservation Act 1999，EPBC Act）、《1975 年大堡礁海洋公园法》（Great Barrier Reef Marine Park Act 1975）、《2013 年海上权利法》（Maritime Powers Act 2013）、《1984 年托雷斯海峡渔业法》（Torres Strait Fisheries Act 1984）。

（二）条例与政策规定

联邦层面的条例和政策规定主要有：《1992 年渔业管理条例》（Fisheries Management Regulations 1992）、《1992 年渔业行政条例》（Fisheries Administration Regulations）、《2007 年联邦渔业收获战略政策》（Commonwealth Fisheries Harvest Strategy Policy 2007，HSP）、《2000 年联邦渔业兼捕政策》（The Commonwealth Policy on Fisheries by Catch 2000）、《2005 年联邦渔林保护部长对渔业管理局的指示》（2005 Ministerial Direction to AFMA）、《2017 年国家合规与执法政策》（National Compliance and Enforcement Policy 2017）、

《2007 年渔业生态可持续管理准则》（Guidelines for the Ecologically Sustain-able Management of Fisheries 2007）。

根据上述法律和政策，澳大利亚联邦确定了海洋物种的捕捞总额、法定捕捞权、许可证配额；负责与邻国渔业问题的政策咨询和协调，寻求与共享资源的国家开展合作，以提高这些国家的渔业管理标准；与各州和领地一起合作来影响区域渔业管理的计划和标准。

二、州和领地的法律和政策

在州一级的法律法规方面，主要侧重水产养殖。包括新南威尔士州、维多利亚州、昆士兰州和西澳大利亚州都有管理商业捕鱼、休闲捕鱼和水产养殖的渔业和水产养殖法律法规。其中，塔斯马尼亚州有两个分别规范海水和内陆渔业的法律，维多利亚州的《1958 年土地法》、塔斯马尼亚州的《1995 海水生物资源管理法》以及昆士兰州的《1994 年土地法案》都有规定海水养殖租约的单独法律，而南澳大利亚州更是有专门的《2001 年水产养殖法案》，西澳大利亚州也有关于养殖珍珠的专门法律《1990 年珍珠养殖法案》。

第三节　渔业行政管理

澳大利亚从不同的角度出发对渔业和水产养殖的管理有不同的权责划分和协作机制。一是从管理的着眼点划分为研究和培训。需要对海洋生物及环境气候和生物安全性进行研究和统计，了解资源状况，同时也对渔业和养殖业从业人员以及监管人员进行培训，提高自觉守法意识，降低管理成本。制订政策法规、行业标准以及配额和许可数量，相关法律是行业的行为准则，也是执法的依据，澳大利亚渔业的国际合作较其他农业细分行业更多一些，参与国际公约就要调整国内法，在标准方面更需要明确捕鱼的方法、工具、养殖饲喂的标准和动物福利，另外，确定每种鱼的种群的年捕捞总量后再以许可证的形式分配给渔民。监管和执法，是保障渔业可持续发展的必备手段，包括各种技术手段和人员队伍。二是从管理部门的划分。针对不同区域的权责归属，联邦政府内部部门之间进行权责划分，州政府相应部门配合，行业协会研究机构的职责。三是从行业的划分。总的方面有渔业和水产养殖之分。在产品方面有不同生物种群之分；在渔业方面有海洋捕捞与内陆捕捞之分；在养殖方面有咸、淡水养殖之分。各种划分都有相应的管理制度和措施。

一、以联邦为主的渔业管理

1979年，通过离岸宪法安排（Offshore Constitutional Settlement，OCS）划分了联邦和州的管辖权和责任，同时回应了1982年联合国海洋法的安排。根据OCS，州和领地对本辖区的近海渔业拥有管辖权，具体为辖区领海基线离岸3海里以内，每个州政府都有单独的渔业立法和不同的目标；而联邦对远洋渔业及延伸至毗邻州政府管辖水域的渔业拥有管辖权，具体为离岸3～200千米，跨界渔业是由英联邦渔业机构管理，澳大利亚渔业管理局（Australia Fisheries Management Authority，AFMA）负责管理OCS划分领域内的所有联邦渔业。AFMA的一个重要目标是：确保开发渔业资源和进行任何相关的活动，以符合生态原则的方式进行可持续发展，行使预防原则，特别是需要考虑捕捞活动对非目标物种的影响和长期海洋环境的可持续性。州和领地的渔业管理机构也有类似的目标，同时更侧重关注社会、经济和社区利用渔业资源和在竞争用户之间共享渔业资源。[①]

在联邦与州和领地的协调方面，联邦层面设立了联合管理局（Joint Authority），由联邦农业部长、各州和领地相应的管理部门的部长组成，负责协调联邦、州和领地在渔业管理方面的配合工作，包括辖区划分、立法协调等。

（一）联邦渔业管理局（AFMA）的管理

1. 检查

渔业官员对联邦认可的经营者（这些经营者包括实际的渔船和从渔船接收鱼的人）进行有针对性的检查，以阻止渔民从事非法活动；所有进入澳大利亚港口的外国渔船都须经联邦渔业管理局检查，联邦渔业管理局有权拒绝任何已知非法捕鱼的外国渔船进入。

2. 监控船只

所有英联邦渔船都通过卫星——船只监测系统（Vessel Monitor System，

---

① 引自 http://www.fao.org/fishery/docs/DOCUMENT/fcp/en/FI_CP_AU.pdf.

VMS）进行跟踪，卫星跟踪是联邦渔业管理局监测联邦舰队捕捞活动的主要方式，联邦渔业管理局有权针对未能正常运行监控系统却始终运行的船只，强令其停泊在港口直到恢复能正常跟踪监测为止。

3. 监控捕获量

联邦渔业管理局要监控渔船上报正确的捕获量，避免那些自觉诚实遵守规定的经营者受到不公平对待，最终对澳大利亚渔业的未来产生负面影响。具体监测方式包括：电子日志、渔获处置记录、电子监测，观察员计划、审计和检查。

4. 督促自愿遵守

教育是提高自愿遵守的关键因素，渔业官员在所有澳大利亚联邦渔业季节开始之前举办教育会议，渔业官员还在检查期间帮助渔民，提供一对一的教育。

5. 监督执法

联邦渔业管理局有权监督并调查澳大利亚和外国的渔船在澳大利亚渔业区的非法活动，执行《1991年渔业管理法》等相关法律规定。

6. 对外合作

联邦渔业管理局利用澳大利亚最好的监管资源打击非法捕捞，并将相关资源提供给其他政府机构，包括州和领地渔业机构以及海关和边境保护局，与这些机构进行合作并交换信息。

（二）联邦渔业管理局的监管措施

1. 电子监控计划

电子监控（Electronic Monitoring）是一种能够监控和记录捕捞活动的摄像机和传感器系统，可以事后查看，以验证渔民在捕捞日志中是否准确报告他们捕获的鱼的数量和类型，同时节省监控成本，不用联邦渔业管理局向渔船上派驻观察员。

2. 观察员计划

观察员是联邦渔业管理局（AFMA）的员工，他们接受过专业采样技术方面的培训，包括收集耳石（鱼耳骨）、生物样本（如性别和鱼的长度）、环境观察（例如在捕鱼过程中是否可以看到鸟类和其他野生动物以及天气好坏），观察员具有捕鱼业经验和环境科学或管理资格，提供关于渔船的捕捞组成、目标和非目标物种的状况以及捕捞量的最可靠数据。"观察员计划"可以为渔业管理人员、研究组织、环境机构、渔业和更广泛的社区提供独立、可靠、经过验证的准确信息，记录并报备在澳大利亚内陆和外海定期运行的各种船只的渔获量。

3. 渔获处置记录

澳大利亚的渔业基本上属于配额制度下的管理，通过渔获处置记录来收集和维护捕获物种的数据是渔业管理非常基础和关键的措施之一。具体操作：一是渔船靠岸登陆时，捕鱼许可证持有人、法定捕鱼权利人或指定的授权人员必须填写一份捕捞处置记录表，一份正本，三分副本，详细说明捕获的物种及其准确重量，根据鱼的种群情况，渔民可能还需记录每种鱼的托运数量，以及鱼类在船上的加工状态和鲨鱼尸体的数量。二是捕捞经营者保留一份已完成并签名的表格的副本，将正本原件转发给 AFMA，并将两份表格副本与渔获一起给接收者。三是当渔获在到达第一个接收者（必须有接收许可证）时，接收者必须对渔获进行称重，接收者（可能是加工商、零售商或鱼市场）必须记录鱼的种类和重量（以及鲨鱼胴体数量），并在特许权持有人托运鱼的表格副本上签字。四是接收者将表格的第二份副本转发给 AFMA，第三份副本自己留存，如果需要，可以配合管理部门进行检查。五是表格中的数据将被输入 AFMA 的渔业数据库，将捕获信息与配额权利记录集成在一起，便于将定期更新的剩余配额信息提交给行业管理层。渔获处置记录也可用于非配额渔业，这时候就需要登记渔获的详细信息进行存量评估或用于其他用途。[①]

4. 日志

日志是对渔船每天捕捞信息的记录，旨在提供联邦渔业特许权持有人进行的捕捞作业的连续记录，收集的信息包括捕捞的时间和地点、正在使用的渔具类型、渔获以及是否遇到濒危或受保护鱼种等。这些信息对于确定鱼类种群状况和管理决策非常重要，包括设定总允许捕捞量。所有联邦渔业都需要完成日志，可以使用电子日志或使用纸质日志，以电子方式将日志提交给AFMA。捕捞特许权的持有者，有责任确保该日志已完成并且经过认证是完整和正确的，日志必须由捕鱼行程的负责人（船长）提交，如果船长与特许权持有人不是同一人，则特许权持有人必须授权船长作为代理人代为提交日志，持有人需要在 AFMA 网站或 GoFish 上填写注册授权代理表格，完成授

---

① 引自 www. afma. gov. au/monitoring - enforcement/catch - disposal - records.

权手续。

（三）联邦的特许权管理

联邦的特许权管理（Statutory Fishing Rights，SFR）是指澳大利亚对渔业管理实施的特许权和配额制度。特许权持有人有 28 天的调整期，即在特许权的季节内，持有人可以在卸货之日起 28 天内获得并协调（或平衡）超额配额，SFR 持有人可以在 GOFish（AFMA 的在线商业机构）轻松找到他们的捕获和配额持有声明，都是以易于阅读的格式显示 SFR 持有人所做的捕获以及拥有的租赁或转移的权利，其中额外的配额持有量将与最早的捕捞量自动核对后显示。[①]

1. 法定捕捞权

根据《1991 年渔业管理法》第 31 节规定，实施法定捕捞权限制，覆盖南部蓝鳍金枪鱼渔业、北虾渔业、巴斯海峡中央区扇贝渔业、赫德岛和麦当劳群岛渔业、南部和东部鳞鱼和鲨鱼渔业、东部金枪鱼和比尔鱼渔业、西部金枪鱼和比尔鱼渔业、小型远洋渔业，每种渔业都有单独的权利，允许这些权利的持有者捕捞特定数量的鱼（配额法定捕捞权）、使用船只（船只的法定捕鱼权）、使用特定数量的捕鱼设备（渔具法定捕捞权）。根据《1991 年渔业管理法》第 4 节的规定，法定捕捞权只能授予澳大利亚船只。法定捕捞权可以永久转让给他人或公司，或者出租。交易后的法定捕捞权变更将在 AFMA 办理。法定捕捞权是针对渔业种群的一种保护措施。[②]

2. 捕捞许可证

根据《1991 年渔业管理法》第 32 条的规定，对拥有法定捕捞权的人授予联邦捕捞许可证，允许对联邦政府管理的物种进行商业捕捞（如果适用）。许可证规定了作业区域、使用的船只和其他条件，包括使用的捕捞方法和捕捞的物种。许可证也可用于渔获的运输或加工以及测试捕鱼设备。根据《1991 年渔业管理法》第 4 节的规定，授予捕捞许可证的船必须是澳大利亚船只。许可证最长可以授予五年，但在大多数渔业中，每次只授予一年，许可证的持有者可以申请每年授予许可证。目前，没有批准额外的捕捞许可证，但大多数许可

---

① 引自 www. afma. gov. au/fisheries - services/28 - day - quota - reconciliation.

② 引自 www. afma. gov. au/fisheries - services/fishing - rights - permits.

证可以转让给他人，或者在许可证有效期内提名另一艘船来代替原来的船只。在某些情况下，AFMA 可以暂停或取消许可证。捕捞许可证是针对渔业经营者的经营资格的管理措施。①

3. 鱼类接收许可证

如果特定渔业的管理安排要求鱼类接收者（例如鱼类加工商、批发商和零售商）持有鱼类接收许可证，则必须根据《1991 年渔业管理法》第 91 条授予这些许可。目前，必须持有鱼类接收许可证才能接收的渔业有：南部蓝鳍金枪鱼渔业、珊瑚海渔业、巴斯海峡中央区扇贝渔业、南方鱿鱼夹具渔业、南部和东部鳞鱼和鲨鱼渔业、东部金枪鱼和比尔鱼渔业、西部金枪鱼和比尔鱼渔业、鲣鱼和金枪鱼渔业、小型远洋渔业、南塔斯曼 Rise。鱼类接收许可证授予 12 个月，持有人不许转让。另外有个南部蓝鳍金枪鱼保护计划规定鱼类接收许可证适用于在国内或出口的所有南部蓝鳍金枪鱼。根据该计划，每条金枪鱼必须进行标记、称重和测量，并具有正确的随附文件，才能在国内销售或出口。②

4. 科学许可证

授予科学许可证是为了在澳大利亚渔区的特定区域或特定渔业中进行科学研究。科学许可证不可转让，且不收取申请费。科学许可证有效期最长可达 6 个月。科学许可证根据《1991 年渔业管理法》第 33 条授予，"渔业管理第 11 号文"规定了 AFMA 授予科学许可证的政策，向 AFMA 寻求批准开展新研究项目的科学许可证申请，需要使用 AFMA 批准的表格提交，并附上详细的提案，概述项目的内容、目标和方法。AFMA 可根据需要寻求进一步的信息或文件。③

5. 特许权交易价格定期公示

联邦渔业管理局（AFMA）根据立法和政策框架定期发布以往特许权交易价格信息，仅以汇总形式发布，单一交易的 SFR 交易价格将不会公布以保护商业和敏感信息。定期公示交易价格有以下功效：①有助于参与各方了解配额价格（租赁和永久转让）、其他关键成本（燃料）和收入（鱼）价格，可以帮助 AFMA 了解拥有租赁配额的渔民之间的盈利能力和成本结构差异；②关

---

① ② 引自 www.afma.gov.au/fisheries‐services/fishing‐rights‐permits.

③ 引自 www.afma.gov.au/sites/default/files/uploads/2014/12/fmp11.pdf.

于 SFR 配额价值的信息是渔业的一项重要资产，可以帮助确定该部门的重要性；③配额价格也可以帮助 AFMA 了解推动行为的因素（例如，低于鱼销售价格的高租赁价格可能会导致渔民丢弃没有配额的物种）；④准确的配额价格还将向决策者发出有关渔业经济和生物生态健康的信号，并允许创建有助于监测管理决策影响的经济指标。①

6. 联邦征收管理费

联邦渔业管理局每年都会向特许权持有人征收税费，以支付联邦渔业相关的年度费用，每年的费用会根据成本计算，发布"成本回收声明"（Cost Recovery Implementation Statement，CRIS），明确政府费用的组成百分比和从特许权所有人征收的百分比。

特许权持有人必须缴纳渔业管理费用。不同的特许权其征收费率也不同，具体计算方法是，将持有人在 AFMA 开出发票当天的特许权数量乘以相应类别特许权费率来计算，AFMA 根据 CRIS 恢复管理每个渔业的成本来确定对应的费额，如果管理成本上升或下降，对特许权持有人收取的金额也会随之上升或下降。持有人如果延迟交费，将承担按日计算的年利率 20% 的罚息。

7. 研究和培训

澳大利亚的大学、学院和技术学校可以提供广泛和程度不同的水产养殖课程。此外，还有澳大利亚海产食品培训机构制定的以水产养殖行业资格培训计划为基础的海产食品行业培训。

二、州一级的渔业管理

澳大利亚 80% 以上的海鲜捕捞量都来自于州管辖水域，而且州辖渔业的价值是联邦渔业的 7 倍以上，因此州政府管辖渔业在澳大利亚的渔业管理中发挥着重要作用。州和领地的渔业管理机构有着与联邦类似的管理战略，但重点是渔业管理计划。即，在特定渔业资源的基础上确定目标，规定捕捞特许权〔即法定捕捞权，个人转让配额（Individual Transferable Quotas 缩写 ITQs），捕捞许可证和外国捕捞许可证〕，分配程序和管理渔民细则。

---

① 引自 www. afma. gov. au/fisheries - services/quota - and - gear - sfr - trading - price - information.

　　州一级的渔业管理方法和措施基本和联邦保持一致，但更侧重投入和输出管控，其中投入管控包括装备限制、有限进入许可、区域和季节性关闭；输出管控包括 TAC（总捕捞额 Total Allowable Catches）、ITQs、包装袋（针对捕鱼数量）和尺寸（针对鱼的大小）的限制、物种和栖息地保护措施。[①]

　　在与联邦的关系上，通过 1979 年的"离岸宪法安排"（Offshore Constitutional Settlement，OCS），从根本上界定了联邦与州双方在渔业和水产养殖方面的地位和区域划分。总的来讲，州的管理是遵从联邦的法律和政策规定，再结合各州自己的特殊情况，在不违背联邦规定的前提下，制定自己的法律法规和政策。例如南澳大利亚州就有自己的《2007 渔业管理法》（Fisheries Management Act 2007）、《2017 年渔业管理通用条例》〔Fisheries Management（General）Regulations 2017〕。

　　基于可能与邻近的州和领地共享海洋物种的现实考虑，在行政体制上，联邦与州和领地设立了联合管理局（Joint Authority，JA），这种安排是在澳大利亚北部水域，针对几种鲨鱼的渔业监管，联邦自 1988 年起就与西澳州设立了联合渔业管理局（Joint Authority Fisheries，JAFs），在该框架内，战略方向由成员提供，而渔业的日常管理则由相关的州或地区政府根据其立法进行。之后，澳大利亚更是把联合管理局机构写进了联邦《1991 年渔业管理法》第 61 条至第 81 条的规定里，根据《1995 年的离岸宪法安排》（OCS），将西澳大利亚州北部西海岸 123°45′E 的有鳍鱼资源（金枪鱼和金枪鱼类物种除外）的管辖权移交给西澳大利亚州政府。同时，北领地渔业联合管理局（NTFJA）和昆士兰州渔业联合管理局（QFJA）获得管理北部有鳍鱼（金枪鱼和金枪鱼类物种除外）和邻近水域的鲨鱼的管辖权，管辖区域界定到联邦负责管辖的渔区的边界。托雷斯海峡渔业由 1984 年《托雷斯海峡渔业法案》（Cwlth）设立的保护区联合管理局根据物种的不同进行管理。南澳州在其州立法《2007 年渔业管理法》第 30 条至 37 条做出规定，对联合管理局如何在南澳州开展工作，以及具体权限分工作出了详细规定。

　　此外，南澳州针对自己特殊的渔业资源制订了《2005 年阿德莱德海豚保护法》（Adelaide Dolphin Sanctuary Act 2005）、《2005 阿德莱德海豚保护条例》（Adelaide Dolphin Sanctuary Regulations 2005），还有针对近海渔业资源

---

　　① 引自 www. fao. org/fishery/docs/DOCUMENT/fcp/en/FI_CP_AU. pdf.

76

的《2007 年海洋公园法》（Marine Parks Act 2007），进行因地制宜的渔业监管。

三、以州为主的水产养殖管理

由于澳大利亚水面大部分都处于近海和内陆地区，多属于州的管辖区域，所以，州和地区政府对水产养殖生产的监管负有主要责任。联邦亚政府通过《1999 年环境保护和生物多样性保护法》《1993 年土著产权法》《1908 年检疫法》对州一级的水产监管机构进行一些参与管理，另外通过大堡礁海洋公园管理局监管附近的水产养殖，审查陆地水产养殖向海洋公园水道的排放。一般而言，州的初级产业部（农业部门），规划、环境、土地管理以及环境保护部门负责管理监管框架和相关审批，地方政府（市）通常负责陆地水产养殖活动的开发审批。水产养殖监管框架包括海洋和沿海管理、环境管理、土地使用规划、土地使用权、土著权、检疫和转运。最主要的立法目标还是以环境和生物多样性保护为主。[1]

（一）水产养殖的物种

澳大利亚现有商业化养殖的种类超过 40 个，然而，5 个主要种类就占水产养殖总产值的 90% 以上，即珍珠、牡蛎、大西洋鲑、虾和蓝鳍金枪鱼。

尽管澳大利亚拥有本地水产养殖产品，但是大西洋鲑、日本对虾、长巨牡蛎、虹鳟鱼和鳟鱼以及外来观赏鱼类都是从国外引进的。由澳大利亚环境和遗产部实施的《1999 年联邦环境保护和生物多样性保存法》，以及由澳大利亚检疫检验局负责实施的《1908 年检疫法》，均对活体动物输入澳大利亚实行管制。这些法律适用于所有输入到澳大利亚的外来活体动物。

（二）养殖方式

包括：长条池养殖，网箱养殖，池塘养殖，水箱养殖，绳索养殖，网架/木筏（插杆和盘）养殖。

---

[1]　引自 www.pc.gov.au/research/completed/aquaculture.

（三）评估规划

养殖业管理的前提是要先评估环境影响和资源承载能力，然后对土地和水面进行规划，才能有依据地授予养殖许可证。各州都会依据法定规划程序来评估和分配用于水产养殖目的的资源，并进行监管。

（四）海洋租约

根据规划安排，各州政府会按不同的租约向养殖产业经营人提供有时效性的海水资源使用权。新南威尔士州、南澳大利亚州和塔斯马尼亚州有专门的海水养殖租赁管理体系，在租赁数量和租赁面积方面都有要求；西澳大利亚州也有专门的海水养殖租赁管理系统，但更多的是使用年度水产养殖许可证；维多利亚州和昆士兰州以许可证的形式将海洋区域用于水产养殖目的。

（五）陆地租约

以陆地为基础的水产养殖业务需要获得或保留公共用地，如沿海海岸、沿海保护区或牧场租赁，这些地方适用于陆地水产养殖，也可能用于铺设管道以从沿海岸取用和排放海水。在某些州，由于缺乏明确的租赁评估和审批程序，可能难以获得沿海海滩和水产养殖用途的储备。对于在牧区里的土地租赁，需要当地的相关管理局对非牧业土地用途的土地调整租赁条件和租金，以适用于水产养殖。

（六）水产养殖许可证

在澳大利亚，水产养殖业实行政府授权许可，由州政府主管农业食品渔业部门的部长授予水产养殖许可证，且有权就许可证条件、租赁条件和条款作出规定。如无水产养殖许可证，任何人都不得进行水产养殖，无论是海水养殖、陆地沿海养殖还是陆地淡水养殖。水产养殖许可证的有效期一般为 10 年，也有较短的期限，可续期。如果许可证是与租赁相关的（例如海洋租赁），则两者的有效期限可同时延长。许可证授权水产养殖场在特定地点开展业务，并规定在该地点开展农业活动的种类和类型。只有该地区位于州水域和/或邻近的海域内时，才能对租赁区域授予海水养殖许可证。租约和许可证持有人可以是同一人，也可以是不同的人持有。如许可证持有人违反了任何与水产养殖、捕鱼或环境保护有关的法律，政府可以暂停或取消许可证。如许可证被取消，租约也会相应终止，反之亦然。这类规定可见于西澳大利亚州的《1995年渔业管理条例》第69条。[①]

（七）环境监管

与水产养殖相关的潜在环境影响将根据养殖的物种类型、生产系统类型、使用的管理方法、养殖场的位置和数量、环境承载能力、环境条件和评估而变化。另外还要分析累积影响。例如，虽然个别养殖场运营的影响可能很小，但许多养殖场运营和长期累积可能超过环境的承载阈值。

在监管上，除了严格要求养殖密度、投放饲料、监测病害及药物使用、控制污染以及防止逃逸外，也采取一些生产和管理系统的创新，以减少对环境的影响，例如使用养分沉淀池，可以减少养分排放。[②]

---

① 引自 www. legislation. wa. gov. au/legislation/statutes. nsf/main_mrtitle_1458_homepage. html.
② 引自 www. pc. gov. au/research/completed/aquaculture/aquaculture. pdf.

第五章 CHAPTER 5
澳大利亚的农业管理 ▶▶▶

第一节　农业改革

20世纪初，澳大利亚为了联合昆士兰州成立联邦政府，与昆州达成协议，对进口糖征收关税以保护昆州糖业生产。之后，为了扶持农业生产，鼓励出口，政府对其他农业产业也开始实行价格补贴等管控政策，直至20世纪80年代改革。澳大利亚政府对农业不同产业进行了不同方式的管控，并在联邦政府和州政府成立了相应机构。其中，最有名的是澳大利亚小麦局，参与管控小麦出口贸易的数量和价格。联邦政府的营销局大多负责农产品出口贸易管制，各州政府的营销局主要负责国内农产品销售与加工。澳大利亚使用的农业管控方式多样，主要包括：

（1）差异化价格，即根据产品用途制定不同价格。需求弹性大的产品，收取较低的价格；对需求弹性小的产品，收取较高的价格。例如，作为加工厂原料加工用的食糖，价格可以低一些，而消费者直接使用的食糖，价格要高一些。

（2）生产补贴。为鼓励替代进口产品的生产，而对其进行价格补贴。产品包括植物纤维、油菜籽、水稻、咖啡、烟草及部分干果等。

（3）投入补贴。对农业生产投入要素（化肥等）进行补贴，以帮助农民降低生产成本，提高生产率。

（4）市场份额配给。政府通过采用限制产量的方式，稳定市场价格。

（5）出口补贴。对出口产品进行补贴，如小麦、乳制品，以促进出口。

（6）进口限制。通过关税和非关税壁垒，实行贸易保护。

（7）本地保护。为了鼓励国内烟草生产，政府对使用不低于一定比例的本国烟草的厂家，给予烟草进口关税减免优惠。

（8）产品集中储备。产品运销机构通过将产品集中储备，实现垄断控制，在不同市场行情下待价而沽。

（9）缓冲储备及缓冲基金。通过将产品价格高年份的收入转移到价格低的年份，以帮助农民在不同年份能获得稳定收入。

1973 年，澳大利亚国内逐渐意识到农业管控并没有使本国农业走上富有竞争力的道路。由于澳大利亚农产品大部分用于出口，而实行价格管控政策往往掩盖了国际市场的信息，使得农产品在国际市场缺少竞争力。20 世纪 70 年代，澳大利亚农业经济学家呼吁放松管制，同时考虑到对农业补贴的经济负担，澳大利亚政府决定进行改革，减少对农业市场的干预，提高农业竞争力。

小麦是首先进行改革的产业，撤销管控的做法也比较有意义。1989 年以前，澳大利亚小麦的国内外市场购销一直都由政府小麦局垄断。小麦价格实行差异化管控。国内价格比出口价高出 20%，国内人口直接消费价格比饲料或其他加工用途定价高。1989 年，澳大利亚政府颁布《小麦营销法案》，小麦局不再垄断国内小麦运销，农民可以将小麦卖给任何机构。1999 年，澳大利亚小麦局转变为私营机构，成为澳大利亚小麦局有限公司（AWB Limited），政府对小麦的所有支持和干预完全停止，国内市场完全放开。但大宗小麦出口仍由该公司下属的澳大利亚小麦部门独家代理；从事集装箱和袋装小麦出口的农民须获得政府小麦出口委员会的许可证。2008 年，澳大利亚政府对小麦出口完全放开，任何人都可以从事大宗小麦出口，仍需得到政府小麦出口委员会的许可。2012 年，关于小麦所有管控被废除，小麦出口委员会也被撤销。2013 年，小麦出口完全放开，任何人都可以自由买卖。

经过近半个世纪的改革，澳大利亚政府废除了对所有农业产业的管控措施，农业产业完全受市场调节，农民自主决定种植品种、数量及销售方式。此外，政府成立了产业支持委员会（Industries Assistance Commission），负责提高所有行业的效率，视农业与其他产业地位等同，在市场中寻求发展，而不是依赖于政府扶持政策。澳大利亚政府认为自由、开放的市场能促进竞争，从而提高农业生产率，带来更大的收益。只要市场没有失灵，政府则不需要进行干预。澳大利亚经过 20 世纪 80 年代的经济改革，农业经济整体稳定增长并呈现出新的发展特征，主要表现在：①牛肉出口量超过了羊毛出口量。由于合成纤维的广泛应用，羊养殖业和羊毛出口骤减。1992 年羊毛价格降低到 314 澳分/

千克，羊毛产值降低到占农业总产值的 6％。从 1990 年到 2018 年，澳大利亚绵羊数量从 1.63 亿只减少到 6 600 万只，羊毛产量也从 91 万吨减少到 30 万吨。世界牛肉需求量持续增长，羊存栏数量的减少为养牛业提供了牧场空间，肉牛总量从 1992 年的 2 283 万头增加到 2012 年的 2 645 万头，牛肉产量从 183 万吨增加到 224 万吨。②种植业产值首度超过畜牧业。随着国际市场需求的变化和出于生态环境保护的考虑，澳大利亚同时发展畜牧业和种植业。1971 年种植业产值（15.82 亿澳元）只有畜牧业（33.80 亿澳元）的一半，到 1991 年两业基本持平（分别为 114.51 亿澳元和 112.49 亿澳元），再到 2012 年种植业产值（277.78 亿澳元）已远远超过了畜牧业产值（201.14 亿澳元）。1991—2011 年，澳大利亚扩大了粮食种植面积，小麦产量从 1 060 万吨增长到 2 990 万吨，出口量从 820 万吨增加到了 2 300 万吨。③出口结构发生变化。种植业的发展也反映到出口上，出口结构由传统上以羊毛为主转变为畜产品、谷物和经济作物多种产品并重的新结构。2018 年谷物、工业原料作物、园艺作物、肉类和牲畜出口值分别为 80.48 亿澳元、70.39 亿澳元、33.60 亿澳元和 154.74 亿澳元。此外，澳大利亚与亚洲新兴国家关系越来越密切。向欧洲发达国家和亚洲发达国家的出口农产品比重下降，向亚洲发展中国家的出口农产品比重迅速上升。

近几十年来，尽管澳大利亚农业产出一直呈波动态势，但农业经济总体态势平稳。除旱灾年份，澳大利亚农业产值均有增加。与 1996 年相比，2017 年农、林、渔业总产值增长了 2 倍以上。澳大利亚农业受旱灾影响频繁。2008 年的干旱使得澳大利亚大部分地区农业减产，尤其是小麦和棉花。受 2018 年干旱的影响，2019 年种植业产值比上年减少约 6.7％。2001 年以来，政府不断对农业提供了资金援助，农业经济得到稳步上升。2019 年，澳大利亚从事农业人数约为 1 269 万，占就业总人数的 2.63％，就业比重的下降也体现了农业生产率的提高。当前，虽然现在澳大利亚农业经济对国家经济增长的贡献远不如以前，但是农业在澳大利亚的支柱地位没有动摇，并逐步向着高效化、现代化方向发展。

为保证农民利益在改革中不受损失，澳大利亚政府实施了一系列配套支持政策。而随着环境的变化，澳大利亚逐渐开始重视对农业提供政策框架，政策重点也在不断变化：20 世纪 70 年代，农业政策旨在帮助农民减少改革损失，维持农场经营；21 世纪初，政策目标是帮助农民更好地应对国际市场；而近年来，政策重点是增强农民应对气候变化影响的能力。主要农业政策和调整如下：

（1）农村重建计划（Rural Reconstruction Scheme，1971—1976），旨在帮助农民减轻债务，提高生产能力或者退出农业。

（2）农村调整计划（Rural Adjustment Scheme，1977—1997），添加了家庭支持项目，以增加资助额度。

（3）发展澳大利亚农业计划（Agriculture‐Advancing Australia，1997—2007），内容涉及发展农业产业、农场经营管理、农场管理存款计划、农村财务咨询、国际农业合作、农场支持，旨在帮助农民更好地应对国际市场和未来变化。

（4）澳大利亚农业未来（Australia's Farming Future，2008—2012），内容涉及气候变化研究项目、农场应对能力调整项目、社区能力建设，旨在向严重财政困难的农民提供短期收入支持、咨询和培训机会，同时使他们的农场适应不断变化的环境。

（5）碳农业未来（Carbon Farming Futures，2012—2017），涉及碳农业研究、田间试验、信息收集和推广、保护性耕作退税，以帮助农民提高生产力，获得经济效益，并通过减少温室气体排放，保护自然环境。

（6）农业竞争力白皮书（Agricultural Competitiveness White Paper，2015），内容涉及创造更具竞争性、更公平的商业环境，更好的监管和改进的税收制度；建设21世纪水、运输和通信基础设施；加强对干旱和风险管理方案，促进农业技术研发；改善国际贸易以发展农场企业；维持生物安全体系等，旨在建设利益更大、更具弹性、更加可持续的农业体系。

可以看出，从1950—1960年的相对保护主义，到1980—1990年的开放市场，以及近年来政府致力于为农业建立强有力的政策框架，支持农业生产者生产、销售和出口，澳大利亚农业政策不断调整，有力促进了澳大利亚农业国际竞争力的提升。

第二节　农业管理措施

澳大利亚在20世纪80年代农业改革后，政府减少市场干预，对农业的管理大幅减少。为提升市场竞争力和农业可持续发展，澳大利亚制定了较完善的制度框架，包括法律、法规、行业准则以及农业标准体系。例如，联邦政府制定的《营销法》（the Marketing Act）不允许州、地区政府设置保护政策，确保市场效率和国家整体利益。1982 年《出口管制法》（the Export Control Act 1982）规定商品必须具有准确描述和标记，并在必要情况下完全可追溯。1992 年《进口食品控制法》（the Imported Food Control Act 1992）对进口产品种类和进口商的义务做了严格规定。澳大利亚政府通过对葡萄酒、小麦港口、食糖和园艺等产业制定针对性的行为准则，确保农业市场的公平竞争，如《2013 年澳大利亚葡萄酒法案》、《2018 年澳大利亚葡萄酒条例》以及小麦《行为准则》。澳大利亚政府建立了严格的农业标准体系，并尽可能使之与国际先进标准一致。政府对产品品种、生产规范、进出口、运输和储存等方面设置多项质量等级标准，具有较强的针对性和可操作性，便于量化和检验。农业部门颁布的农业标准技术法规，任何企业和个人都必须遵守。此外，澳大利亚和新西兰联合成立了澳大利亚新西兰食品标准局（FSANZ），负责制定产品成分、标签、污染物和微生物限度的食品标准，适用于在澳大利亚和新西兰生产或进口销售的所有食品。

近年来，澳大利亚政府进一步削减政府不必要的监管，简化规章制度，如，改进联邦、地区、州政府关于运输、环境保护、原生植被、土地权力和动物权利等方面重复立法、监管过度的问题，让农业从事者能够专注于经营自己的产业，而不会耗费太多时间和金钱在不必要的规则上，推动生产力增长。此外，政府推行一站式环保审批服务，消除澳大利亚政府与各州、地区之间的重复监管，从而简化环境评估和审批流程。澳大利亚政府除了削减不必要的规章制度外，还对企业制定的行业标准进行全面审查，减少通过不必要规则带来的利润捆绑，从而减轻农民的负担。2014 年，政府废除了 1 000 多项不必要的法规以及 1 800 多项多余的议会法案。但这并不意味着澳大利亚政府放任不管。为了使市场有效运行，尤其是在市场失灵情况下，政府的干预是十分必要的。政府维持灌溉用水公平性的例子很好地反映了其管理作用：由于澳大利亚灌溉技术属于能源集约型，在提高水资源利用效率的同时也导致电费价格上涨，增加了农业成本。政府为了减轻农民的电价压力，首先，废除了碳排放税；其次，澳大利亚能源公司（AER）调整运营和收费模式，确保农民不会支付额外电费；第三，政府发布《能源白皮书》，制定能源政策框架，为家庭和企业提供性价比高、来源可靠的能源，鼓励社会投资以提高能源生产率。

此外，澳大利亚政府致力于与不同层级政府和机构合作，共同制定有力的管理政策，为农业发展提供更全面的制度依据和指导方向。

第三节　政府提供的农业服务

澳大利亚是世界上给予农业直接补贴最少的国家之一，但这并不代表澳大利亚政府对农业支持力度低，只是政府将对农业支持方式从直接补贴逐渐转向了提高农业竞争力和生产力的农业服务。2016—2018年，农业服务占澳大利亚农业支持份额的56%左右，而全球为13%。

澳大利亚农业服务主要由联邦、地区、州政府的农业部提供，政府通过与其他机构合作，制定计划和方案，引导农业结构改革和调整、农产品价值链创新，提高农业应对不断变化市场的反应能力。农业服务主要集中在提高农业生产效率、拓展农产品海外市场、农业研究创新、应对气候变化以及国家可持续发展，如生物安全和自然资源管理等方面。

一、改善市场准入渠道，增加农产品出口机会

澳大利亚政府持续推进自由贸易协定（FTA）的谈判、技术性的双边市场准入谈判、减少非关税措施以及与主要贸易伙伴建立长期战略伙伴关系等，以寻求新的市场需求和改进国际市场准入条件。如，政府不断推进FTA议程，充分利用现有的自由贸易协定，包括与印度尼西亚、秘鲁和中国香港谈判，与欧盟和英国等新的自由贸易协定谈判；延长农产品贸易和市场准入合作（ATMAC）计划，帮助开放、改善和维持澳大利亚农产品的市场准入。同时，政府帮助增强企业出口能力，简化出口程序，为生产商提供更多机会。如，实施小出口商援助计划（Package assisting small exporters，PASE），通过对小出口商培训，提供行业信息，简化出口认证等措施帮助小企业克服出口障碍。维持海外农业贸易顾问网络，包括在英国、墨西哥、日本、印度和智利，对向所在国出口农产品进行援助；政府出资用于解决农产品出口商的拥堵问题，削减不必要的规定和程序，使产品更快地进入出口市场，并创造澳大利亚农村和地区的就业机会。

二、加强供应链创新，保障农产品质量安全

为了提高农业产业应对变化市场的能力，政府鼓励通过在价值链上采用创新方法，加强产品质量安全体系建设；同时，加强供应链管理，严格防范恶劣行为，及时解决市场失衡问题。例如，通过强化产品可追溯性系统，保障供应链各个环节产品质量和安全，以拓展出口市场，增加农产品准入渠道和农民收入。2011 年实施出口商供应链保障体系（the Exporter Supply Chain Assurance System，ESCAS），将牲畜从农场到出口整个过程的处理方式透明化、责任化，便于识别问题存在的位置，及时有效解决问题，为澳大利亚肉类出口提供了一个健全的监管体系，有力提升了其农产品国际竞争力。

三、促进研究和创新，加强农业教育与培训

加快科技进步是提高农业生产率的基础，是提升农业、渔业、林业生产力、竞争力和可持续增长力的关键。澳大利亚政府在科技发展中起主导作用，联邦政府与州、地区政府、大学和 CSIRO 合作，制定并实施澳大利亚农村研究、开发和推广（RD&E）的国家计划。资金来源主要以政府投资为主，在截至 2021 年的 8 年时间里政府投资 1.574 亿澳元，用于农村研发盈利计划（Rural R&D for Profit），这项新的资金是在政府每年为农村研究与发展公司（RDC）提供约 2.5 亿澳元的基础上增加的。农村研发盈利计划旨在用于国家协调的战略研究，为澳大利亚生产者提供实际成果。该计划通过以下方式提高农业生产者的生产率和盈利能力：①开发有利于农业生产者的知识、技术、产品和工艺；②加强扩大农村研发成果转化的途径，了解农民在科技应用方面存在的困难；③建立和促进产业与研究合作，为澳大利亚农业持续创新和增长奠定基础。此外，联邦政府还投资于干旱应对、农业数字战略、营销、种子培育等的创新和研究，致力于建设快速应对和适应 21 世纪新风险和机遇的现代农业体系。

澳大利亚重视农业教育与培训，政府联合产业部及不同层次的教育部门，合作开展农业教育和农业技术培训，以满足农业产业发展对农业人员的需要。如，在中学教育中设置农业相关的课程，普及农业知识；在职业技术学校或者

成人教育学院设置专业技术培训项目,以培养农业技术人员;在农学院和大学等设置农业专业,以及相对应的本科、硕士、博士学位,为农业研发提供人才;与农民组织合作,投资于技术课程项目。由于澳大利亚农民居住分散,政府还特别重视远程农业教育。

四、应对气候变化,救助灾民

自从 2006 年澳大利亚出现了特大旱灾,政府越来越关注气候变化,并出台了一系列应对气候变化的科技计划、风险管理措施以及直接农业支持。例如,设立未来干旱基金(Future Drought Fund Programs),澳大利亚计划于 2020—2024 年投资 50 亿澳元,为抗旱倡议提供了安全、持续的资金,帮助农民从干旱中恢复重建,并建立较完善的干旱应对和恢复体系;实施森林火灾恢复计划(Bushfire Recovery Program),通过森林恢复发展方案,支持林业部门,帮助林业生产者从 2019 年森林火灾中恢复。澳大利亚政府通过风险管理措施增强农民应对气候变化的能力,主要通过调整农业税收制度,确保农民不会因年际间收入波动较大而受到与其他稳定收入行业相比的不公平的税收对待,提高自力更生能力。例如,农场管理存款(Farm Management Deposits,FMD),即建立现金储备,通过高收入年份来满足低收入年份的生产成本,以帮助澳大利亚农民进行财务风险管理;所得税平均(Income tax averaging),就是允许那些在由于商业环境随时间变化而选择退出所得税平均系统的初级生产者,能够在 10 年后重新选择平均收入税率。此外,政府还直接投资于农场家庭津贴项目(Farm Household Allowance,FHA),为遭受自然灾害、人为因素,以及 2020 年的新型冠状肺炎病毒影响而陷入经济困难的农场家庭提供低门槛资金援助。

五、加强生物安全防治和自然资源管理

生物安全性从根本上讲,就是"控制与粮食、农业,包括林业和水产有关的所有生物和环境风险",涉及粮食安全以及动植物生命与卫生的领域。该风险涉及范围广,从转基因作物、外来品种和传入的动植物害虫,到生物多样性侵蚀、跨界牲畜疾病的扩散、战争有毒武器以及疯牛病等。澳大利亚是较早关

注生物安全的国家之一。澳大利亚注重生物安全国家战略部署，制定了一系列全国性的生物安全框架协议，包括《政府间生物安全协议》《动物疫病紧急反应协议》等，提出了建立国家生物安全体系的目标原则和政府职责，规定动物疫病应急管理的协作机制、政府应急管理职责等；制定了一系列法律法规，2015 年颁布的《生物安全法》取代了 1908 年的《检疫法》，成为澳大利亚生物安全领域的专门法，规定了生物安全的风险管理、部门职责、公众参与等内容。澳大利亚政府采取的生物安全服务包括：向公众提供信息，宣传动植物入侵风险和危害；对进口肥料、农业化学品等重点防范，要求对允许进口的品种和成分做出详细说明；通过专家建议，指导农民从事农业生产时实施良好的生物安全措施；要求农民能够识别外来的破坏性植物病虫害，并及时报告病虫害迹象和问题。此外，政府加强生物安全体系建设，如重点病虫害规划和应对，生物安全创新技术，生物安全监测和分析，监视和报告，应急管理和协作以及国际合作等。

澳大利亚政府十分重视自然资源管理。政府一方面建立各种环境市场机制，如认证制度，提高农业产业多样性和农产品潜力；另一方面鼓励澳大利亚农民发挥资源管理人作用，奖励其改善环境、土壤、水的管理行为。农业管理一揽子计划（Agriculture Stewardship Package，2018—2023）是政府近年来实施的为提升生态系统服务的环保计划，旨在鼓励农民采用改进的农田管理方式。该计划对减少农药使用、牲畜粪便清洁处理等有利于生物多样性和可持续性发展的生产方式给予资金奖励。政府还实施国家土壤战略（National Soil Strategy），倡导社会团体支持土地保护活动，加强宣传。投资减少碳排放基金，创新农民减排方法，降低保护环境成本。

六、确保水资源供给，完善基础设施建设

澳大利亚所处的大洋洲是地球上有人居住的最干燥的大陆。由于蒸发率高，有效利用降雨和地下水对澳大利亚农业的持续盈利能力和生产力至关重要，同时也能够确保社区和环境的需求得到满足。澳大利亚的大部分地区的大规模种植和畜牧业生产是基于降雨，基于此，澳大利亚政府 2012 实施长期的默里—达令盆地计划（the Murray - Darling Basin Plan），该计划包括改善水基础设施、提高灌溉效率和改善灌溉供水系统等方面的投资，也包括帮助企业

和农民提高生产力，适应水资源短缺，以及改进灌溉技术，推进节水农业。此外，政府还通过绿色基金等倡议，对农民节水节能的生产行为进行奖励，引导农民更好地管理水和利用能源。

政府大力支持用水设施、道路运输、通信网络等基础设施建设，以增加就业机会，提高产业效率，创造有活力的农村社区。目前投资国家水基础设施发展基金，其中，5 000 万澳元用于制定详细规划，为未来水基础设施投资决策提供信息支持；4.5 亿美元用于与州、地区政府及产业界合作建设水基础设施。政府除了 1 亿澳元用于解决国内移动网络覆盖问题外，还实施移动黑点计划（the Mobile Black Spot Programme），针对目前没有可靠移动网络覆盖的地区和偏远地区，提高农村地区高质量移动语音和无线宽带服务的覆盖率，使农业综合企业能够最大限度地利用数字信息。

第六章 CHAPTER 6
澳大利亚的农场 ▶▶▶

::::::::: 第一节 农场发展概况 :::::::::

据澳大利亚统计局数据，2018 年，澳大利亚共有 8.94 万家农业企业，农业经营（EVAO）估计值平均为 40 000 澳元以上[①]。农业企业中的 99％为澳大利亚人独资经营，大约 97％的农场被归类为小型企业——年营业额不足 200 万澳元。[②]

2018 年，估计有 5.73 万家大规模农场（Broadacre）和奶牛场企业。其中，36％为肉牛养殖场、19％为绵羊养殖场、14％为小麦和其他农作物养殖场、14％为混合牲畜作物养殖场、10％为乳业养殖场、8％为绵羊肉牛养殖场。自 1978 年以来，农场总数不断减少，混合牲畜作物农场份额相继减少，而肉牛养殖场份额有所增加（图 6-1）。

从长期来看，高收入、高产量的农场在推动行业水平提升中起到了关键作用。据分析，如果所有大规模农场的每公顷产量与表现最好的 20％农场相同，那么大规模农场农业总产值将比当前水平高出 24％左右，农场现金收入将比当前水平高出 46％左右。规模较小的农场平均利润低于规模较大的农场，但与澳大利亚普通家庭相比，它们的收入相当，债务较低，净收入较大。

在过去的 40 年里，高收入农场（按实际价值计算，年收入超过 100 万澳元的农场）发展较快，占全部农场人口的比例从 3％增加到 14％，高收入农场在农场总产值中所占的份额从 25％增加到 59％（图 6-2）。目前，高收入农场

[①] ABS 2020，Agricultural Commodities，Australia，cat. no. 7121.0，Australian Bureau of Statistics，Canberra，accessed 09 February 2021.

[②] 引自《Agribusiness Research and Forecast Report 2019》. www. colliers. com. au/find_research/agri-business/2019_agribusiness_rfr/.

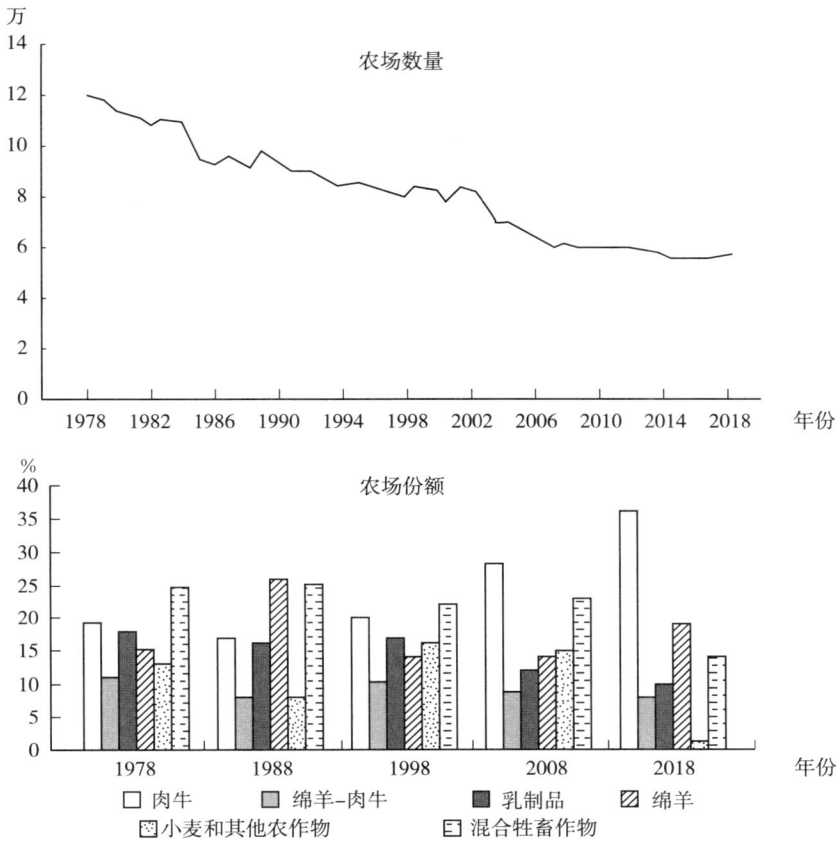

图 6-1 1978—2018 年按行业划分的大规模农场和乳制品农场数量和份额

资料来源：ABARES。

的人口占到了大规模农业用地人口的五分之一，但其土地利用、农场收入和农场产量占全部农场的三分之二。

随着农场数量的减少，农场规模在总收入和土地面积方面都有所增加。这种规模较大的农场还通过以下几个途径促进了农业生产力的提高：获得更好的技术；更好和更灵活的劳动管理；更好的知识管理；推广更好的农场管理做法；以及获得规模效益。

如前所述，当前澳大利亚农场数量呈下降的趋势，农场的投资收益与规模呈正相关性，且细分行业有不同的收益率。与此同时，还表现出如下特点：农场所有权面临着继承和转让的安排；在一些农业细分行业中以生产销售合同或企业纵向一体化的形式进行产业链整合；农场更多地使用非家庭劳动力；农场企业的债务融资和股权融资结构优化调整；使用信息技术提高农场生产效率等。

% 大规模农场人口份额

% 大规模农场人口份额

% 农场现金收入份额

% 农场总产出份额

■ 收入超过100万澳元的农场
▨ 收入在20万~100万澳元的农场
□ 收入低于100万澳元的农场

■ 收入超过100万澳元的农场
▨ 收入在20万~100万澳元的农场
□ 收入低于100万澳元的农场

■ 收入超过100万澳元的农场
▨ 收入在20万~100万澳元的农场
□ 收入低于100万澳元的农场

■ 产出超过100万澳元的农场
▨ 产出在20万~100万澳元的农场
□ 产出低于20万澳元的农场

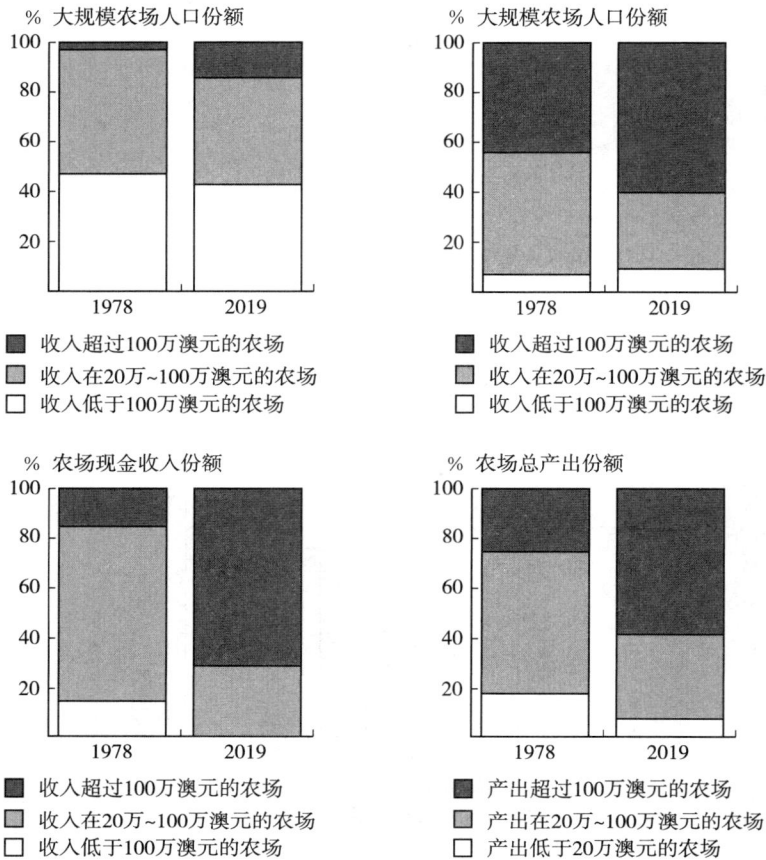

图 6-2　大规模不同收入规模农场的人口、面积、收入、产出的份额

资料来源：ABARES。

一、农场的整合

自 1990 年起，小农场经营的农业用地平均每年减少 550 万公顷，而大型农场面积每年增加 240 万公顷，中型农场每年增加 50 万公顷。同时，不同规模农场的每公顷收入也有差异，虽然在 1990 年时，小型农场每公顷收入比中型或大型农场多得多，但随着时间的推移，中型和大型农场每公顷收入开始显著增加，大型农场的增速率最高，2015 年大型农场每公顷收益超过 80 澳元，高于中型农场的 70 多澳元的回报，而小型农场的收入没有变化，从 2010 年开始就一直低于大中型农场，2015 年每公顷只有 40 多澳元的收益（图 6-3、图 6-4）。

万公顷

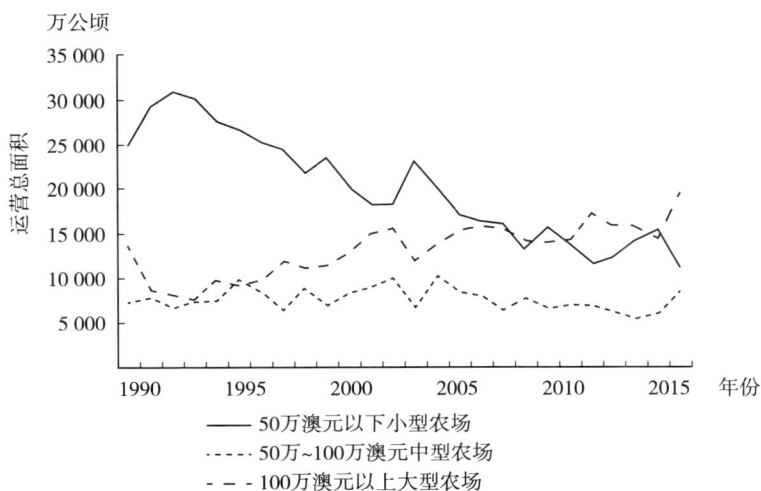

图 6-3　农场营业额分三档分别对应的农地面积

资料来源：引自 phx. corporate-ir. net/External. File？item＝UGFyZW50SUQ9MzU5-MDI5fENoaWxkSUQ9LTF8VHlwZT0z&-t=1&-cb=636149328686628849.

澳元/公顷

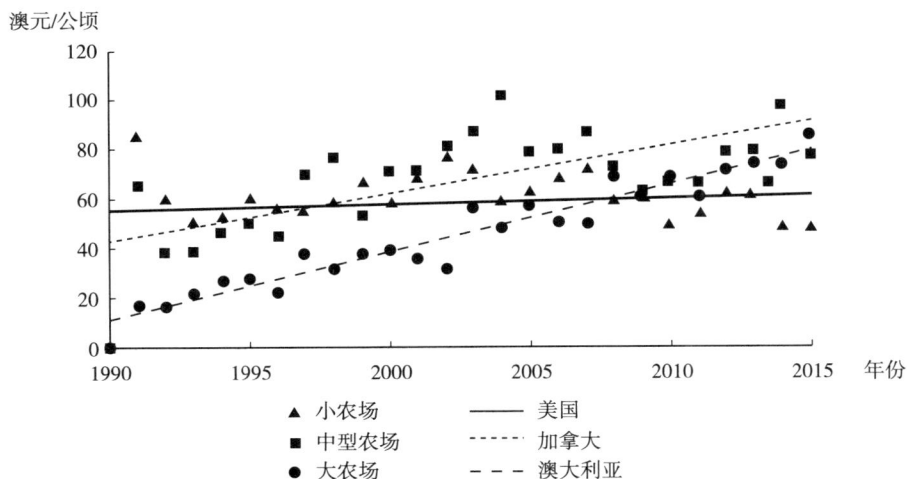

图 6-4　1990—2015 年澳大利亚不同规模农场每公顷回报变化图

资料来源：引自 phx. corporate-ir. net/External. File？item＝UGFyZW50SUQ9MzU5M-DI5fENoaWxkSUQ9LTF8VHlwZT0z&-t=1&-cb=636149328686628849.

　　从理论上看，农场规模与效益呈正相关性，对此通常有两种解释：一个是"规模经济"的存在或规模报酬递增；另一个是新兴技术有利于相对较大规模的农场，从而扩大了投入替代的范围，并改善了资金投入，以便为新的管理和耕作方法进行融资。[①]

二、农业劳动力紧缺，成本升高

　　劳动力短缺是制约澳大利亚农业发展的一个重要因素。澳大利亚农场的就业率很高，2018 年，澳大利亚农场雇佣了 32.6 万名工人，包括全职、兼职、临时工和合同工（图 6-5）。大规模农场是澳农业最大的雇主，其次是水果坚果农场、蔬菜农场和奶牛场[②]。农场总就业人数的变化主要是由于全年临时工和合同工使用变化引起的。2019 年，农场雇佣的临时工和合同工总数在 2 月份达到峰值，6 月份达到最低水平，反映出种植和收获等相对劳动密集型作业的时间。园艺农场倾向于在一年中的关键时期集中使用相对大量的临时工和合同工，而大规模农场和奶牛场则倾向于在全年持续性使用这种劳动力。

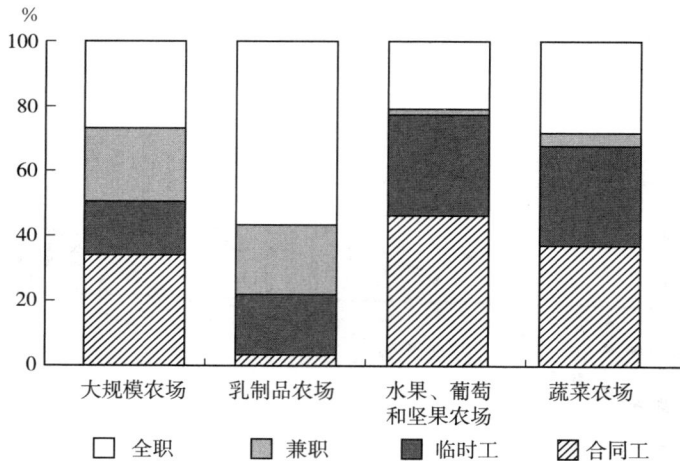

图 6-5　2018 年澳大利亚不同农场劳动力构成

资料来源：ABARES，2020。

　　近年来，澳大利亚农业劳动力短缺问题更加突出，包括劳动力普遍短缺和

---

　　① 引自 onlinelibrary - wiley - com. ezproxy1. library. usyd. edu. au/doi/full/10. 1111/1467 - 8489. 12063. 《Productivity and farm size in Australian agriculture：reinvestigating the returns to scale》by Yu Sheng Shiji Zhao Katarina Nossal Dandan Zhang.

　　② Martin，P，Randall，L & Jackson，T 2020，Labour use in Australian agriculture，Australian Bureau of Agricultural and Resources Economics and Sciences，Canberra，DOI：https：//doi. org/10. 25814/gj-yp - 7g19，accessed 25 January 2021.

熟练工人短缺，这直接影响到农场的生产力水平。研究表明，水果和蔬菜部门60％以上的种植者在招聘方面遇到困难，经常发生农产品无法及时采收，损失有时达到数百万澳元。澳大利亚政府也非常重视农业劳工问题，针对全国农民联合会（NFF）关于解决劳动力短缺问题的诉求，特别是为夏季丰收时劳工短缺问题出台了相关措施。但现实情况是，即使推广农业签证，也满足不了农场对大规模劳工的需求，致使澳农业劳动力成本居高不下，远高于美国和加拿大，进而导致澳农产品在国际市场没有价格优势，特别是大宗农产品（图6-6）。最近几年，澳大利亚农业研究人员倡导基于本国农产品优质安全的"澳大利亚溢价"，也是迫于农产品成本中的劳动力价格偏高所致。

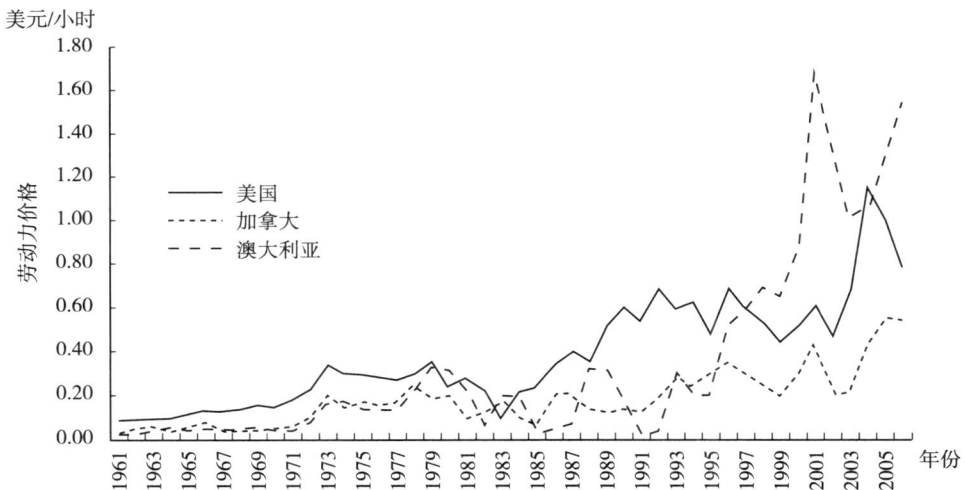

美元/小时

图 6-6　1961—2005 年美国、加拿大、澳大利亚的农业劳动力价格

资料来源：Yu Sheng，Katarina Nossal and Alistair Davidson：《Comparing agricultural total factor productivity between countries：the case of Australia，Canada and the United States》.

　　澳大利亚农业劳动力成本高企，导致农业全要素生产力（Total Factor Productivity，TFP）低于美国和加拿大等世界上主要农产品出口大国（图6-7）。

　　通常，农业产业中在劳动力支出占产品成本比例最高的是蔬菜、园艺和棉花，其中蔬菜和园艺业在使用季节工和海外农业签证劳工的比例最高，而棉花产业的工人大部分是全职的，即使有部分劳工是季节工，他们也基本上来自于澳大利亚本土和新西兰的劳工。从澳大利亚农经研究局（ABARES）的统计图表分析，棉花和蔬菜的工资较高，但从农场经营的角度看，园艺和蔬菜的劳工成本占比最高，特别是棉花行业的劳工工资占现金成本比例高达30％多，而乳业和规模化种植养殖业才刚刚超过 10%（图 6 - 8）。

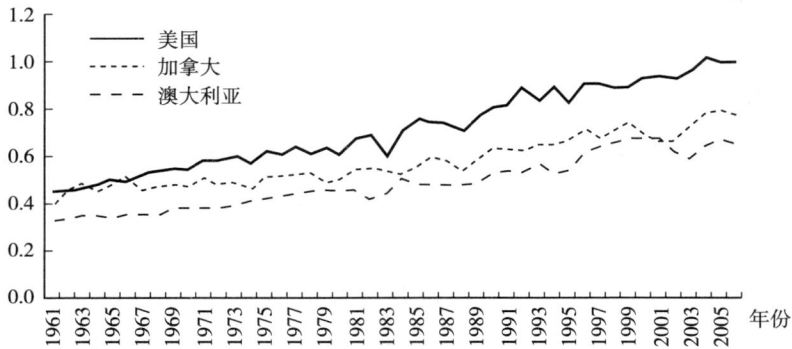

图 6 - 7　1961—2005 年美国、加拿大、澳大利亚的农业全要素生产力 TFP 指数水平比较

资料来源：Yu Sheng，Katarina Nossal and Alistair Davidson：《Comparing agricultural total factor productivity between countries：the case of Australia，Canada and the United States》.

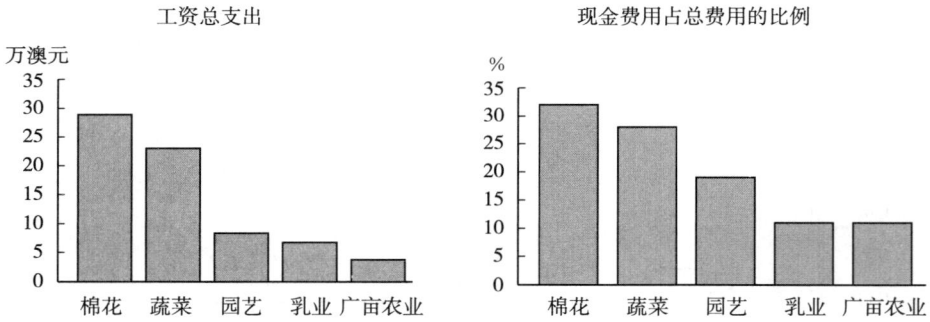

图 6 - 8　2015 年澳大利亚农业各行业劳工的工资水平和人工在产品成本中的占比

资料来源：Haydn Valle，Niki Millist and David Galeano：《Labour force survey》.

注：财务预估是 2015 - 16 美元。ABARES 收集工资支出信息，这些信息可用于衡量蔬菜、园艺和棉花行业。有关 ABARES 乳制品行业的更多信息，请参见 ABARES 2016。

三、投资收益的差异性

　　澳大利亚农场整合的表象是大型农场的每公顷收益较高，其本质是投入相应的资本才能获取规模效益。通常较大的农场的资金投入更多，特别是规模超大的农场。拿每类农场规模排前 10% 做比较，在规模化农业的行业中，排序第一的农场使用的资本是排序第九的 2 倍，而排序第二的使用的资本只是比排序第九的多 14% 而已，这反映了农业每个子行业前 10% 的超大农场企业群倾向于投入高比例的资本，并使用技术先进的生产系统，享受因此而产生的规模效益（图 6-9）。

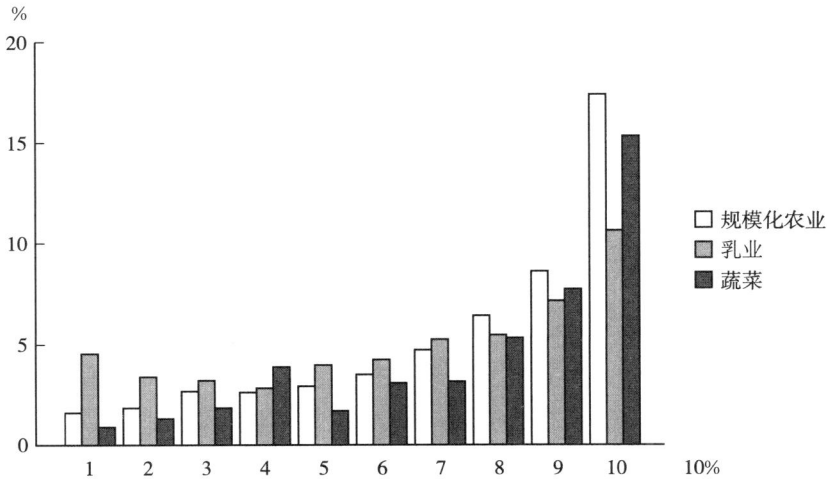

图 6-9 2015—2018 年澳大利亚在规模化农业、乳业、蔬菜三个方向的平均资本投入

资料来源：Christopher Boult and Thomas Jackson：《Disaggregating farm performance statistics by size，2017—2018》.

在规模最大的前 10% 的头部农场集群资本投入较多的情况下，特别是规模化农场头部集群平均投资 1 700 多万澳元，而排序第二的集群投资只有 800 多万澳元时，头部农场的产出占据行业整体比例要明显超过正常比例，特别是牛肉行业，头部集群的产量占整个行业产量的近 55%（图 6-10）。

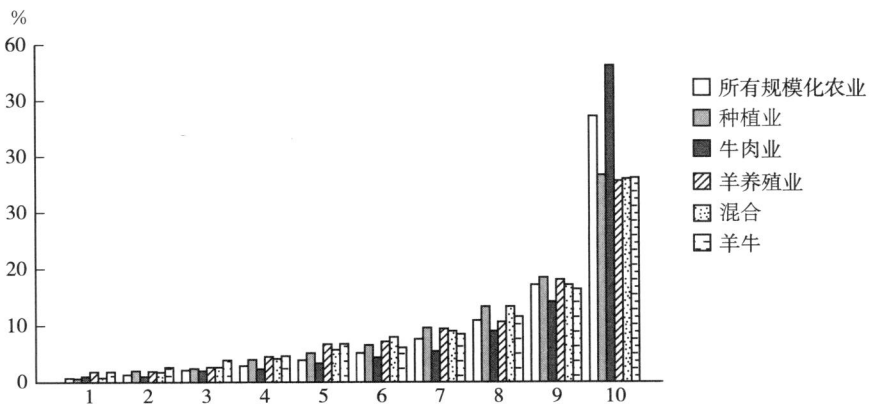

图 6-10 2015—2018 年规模化农业及其细分子行业平均产出占比

资料来源：引自 www. agriculture. gov. au/abares/research - topics/productivity/related - research/disaggregating - farm - size♯farm——characteristics - and - performance.

在收益方面，大型农场比小农场在单位投资和收益上更有利可图。在规模化农场的行业中，排序最低的十分位集群农场的平均回报率为－1.6％。而每个排序高一级的十分位农场集群的回报率越来越高，最大的十分位规模化农场集群的投资回报率为 9.3％。蔬菜行业也很明显，排序最小的十分位回报率约为－4％，而最大的十分位蔬菜农场集群的投资回报率近 12％（图 6-11）。

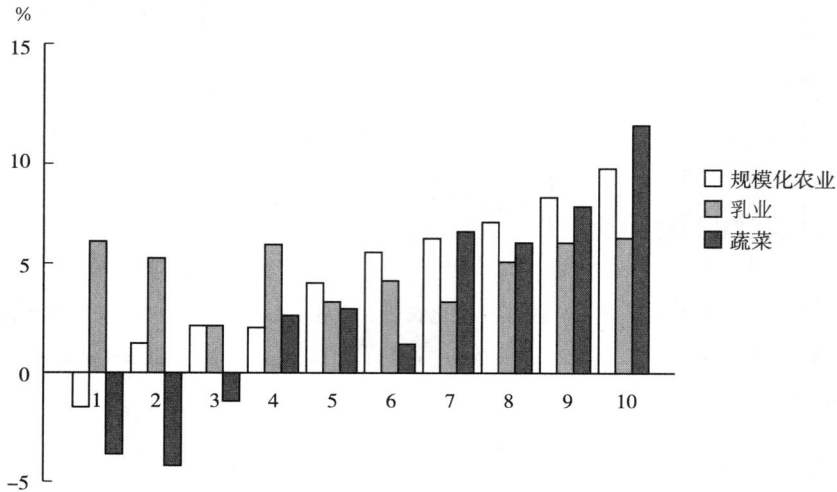

图 6-11　2015—2018 年规模化农业、乳业、蔬菜平均投资回报率

资料来源：引自 www.agriculture.gov.au/abares/research - topics/productivity/related - re-search/disaggregating - farm - size#farm——characteristics - and - performance.

农场债务往往随着农场规模的绝对值和总资本的比例而增加。较大农场的较高盈利能力通常允许所有者为农场运营提供更多的债务融资。在规模化农场的行业中，排序低的六个十分位小规模农场集群的平均所有者权益比例都超过 93％，表明农场主的借贷水平非常低，基本投入的都是自有资金，这也注定其资金投入额度有限。随着农场规模的扩大，农场主的平均股权权益占比开始下降，表明借贷水平越来越高。这可能是由规模经济推动的，允许较大的农场按比例增加产量并获得更高的单位投入回报，也有能力获得贷款进行投资，甚至通过贷款的债务融资来兼并其他农场以扩大规模，形成良性循环（图 6-12）。

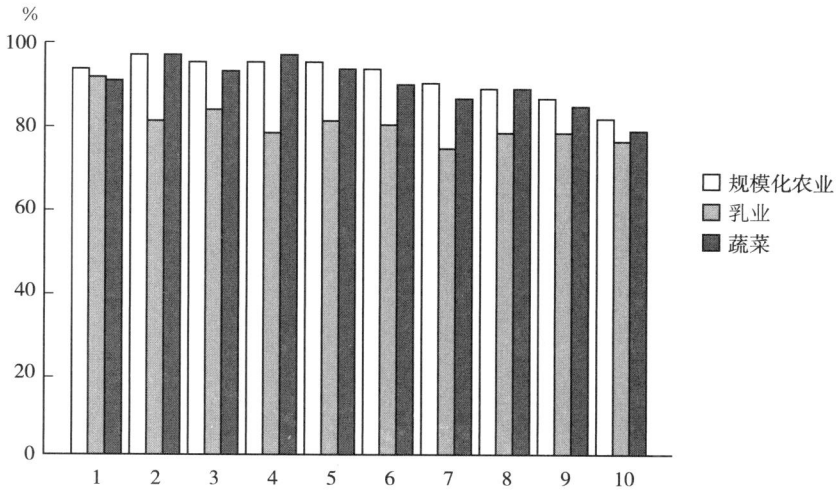

图 6-12　2015—2018 年澳大利亚规模化农业、乳业、蔬菜的
农场主持有自家农场的股权比例

资料来源：引自 www. agriculture. gov. au/abares/research - topics/productivity/related - re-
search/disaggregating - farm - size♯farm—characteristics - and - performance.

四、农场收益受气候影响的周期性

农业是受气候影响最大的产业之一，澳大利亚农场的收益也体现了这一特征。以 2018 年为例，澳大利亚东南部大部分地区的干旱对规模化种植业和奶牛养殖业的收益起着决定性作用。由于干旱，澳东南部的作物产量远低于平均水平，导致全国饲料谷物价格上涨。干旱还增加了购买牲畜饲料的支出成本。虽然干旱的地理范围不如"千年干旱"（2002—2006 年的大旱）那么广泛和持续时间长，但就整个澳大利亚来讲，从 2017 年的平均每个农场 20.13 万澳元的收入降至 2018 年的 17.3 万澳元。农场平均利润（根据牲畜和粮食库存变化调整的农场现金收入，以及资本折旧和家庭劳动力的估算值）从 2017 年的6.25 万澳元降至 2018 年的 3.3 万澳元，远低于长期平均值。从 2000 年起，受"千年干旱"影响，农场收入和利润都在波动中下行，尤其 2006 年，农场平均亏损 10 万澳元，之后随着气候恢复正常，农场的收入和利润开始触底反弹，并达到 2016 年的高点，2018 年的旱情又使农场的收入和利润下行，从图 6-13 可以看出，农场的收入和利润在过去的近二十年中都是处于波动的状态，无论上升还是下降，都在一到三年的周期内发生转折（图 6 - 13）。

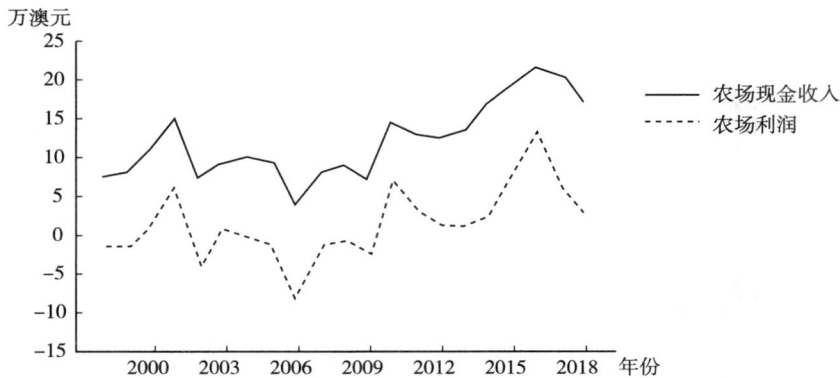

图 6 - 13 2000—2019 年澳大利亚农场现金收入和利润变化

资料来源：引自 www. agriculture. gov. au/abares/research - topics/surveys/farm - performance♯performance——by - state - and - region.

第二节 农场的融资和补助

农场的融资主要有债务融资和股权融资两种方式。

一、债务融资

截至 2017 年 6 月 30 日，澳大利亚的农场债务总额为 717 亿美元，这相当于授权存款机构（ADIs）作为资产持有的净贷款和垫款的 2.3% 左右，不包括其他 ADIs。银行持有的农场债务比例从 2007 年的 89% 左右增加到 2017 年的 96%，成为农村农企的最大债主。在 1965—2002 年间，银行持有农场的债务占比维持在 50% 左右，在 2002—2007 年的全球金融危机时，银行持有农场债务才开始大幅增加。对于规模较大的农企，银行持有债务的份额也有所增加。如图 6 - 14 所示，拥有 200 万澳元或以上信贷额度的农业企业持有的贷款数量已从 2002 年 12 月占农业贷款总额的约 21% 增加到 2017 年 12 月的 46%，而 10 万澳元以下和 10 万～50 万澳元信贷额度的中小规模农场贷款额占比从 1993 年一路下降，特别是小规模农场的贷款占比从 25% 降至

2008 年的 5%～6%，并保持到 2017 年，凸显了银行贷款对大规模农场的偏好。

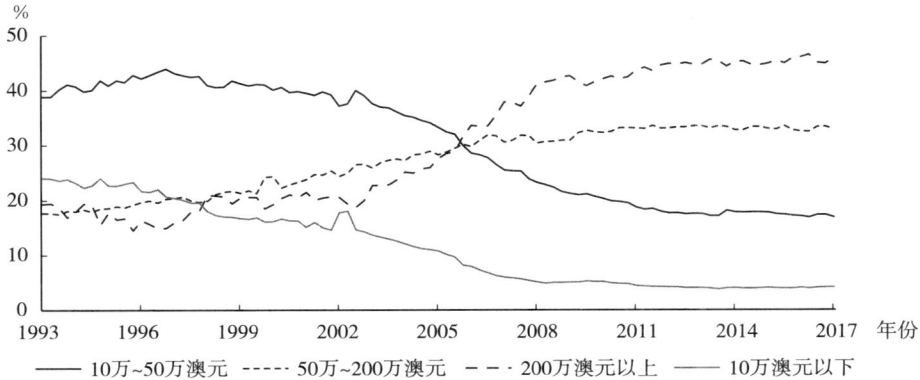

图 6-14　1993—2017 年澳大利亚对农、林、渔行业内不同规模企业贷款数量占比变化

　　澳大利亚农业和资源经济科学局（ABARES）发布的 2017 年 4 月农场调查报告指出，农村债务并非在各个行业或地区均匀分布，不是所有农场都承担大量的银行债务。截至 2016 年 6 月 30 日，12% 的农场持有超过三分之二的总体广义债务。截至 2017 年 6 月 30 日，规模农场债务平均为 61.69 万澳元（比上一年增加 5%）。对于规模农场，借贷的最常见原因是为购买土地提供资金（占总贷款的 43%），而对于奶牛场来说，支付经营费用是贷款的最常见用途（占 26%），其次是购买土地（24%）。虽然包括四大银行（联邦银行 CBA、国民银行 NAB、澳新银行 ANZ、西太平洋银行 Westpac）在内的很多澳大利亚银行都为农业、林业和渔业提供金融产品和服务，如农业企业贷款、租赁、交易账户、信贷额度、透支和财富管理等，但位于偏远农村地区的银行分行数量还是呈现下降趋势。澳大利亚储备银行称，自 1993 年以来，减少了 557 个分行，但即使农村地区的银行机构减少了，但农场和农企的主要融资仍然依靠银行贷款。[①]

　　澳大利亚农业研究所（Australian Farm Institute）在 2014 年发表的一篇研究报告中指出，澳农业企业非常依赖于债务融资，这可能导致将来农业生产力增长因缺乏新投资和年轻劳动力而放缓，进而更缺乏向银行申请贷款的资质。而反观新西兰的农企融资模式就很灵活，其中一项 "Sharemilking" 模式

---

① 引自 financialservices. royalcommission. gov. au/publications/Documents/fsrc - paper - 16. DOCX.

（一家企业拥有奶牛，另一家拥有土地）就非常有创意，利用股权合作伙伴关系获得资金，同时农场土地在出售时不收取资本利得税，这意味着投资人可以相对容易地购买和出售合伙企业的股权，使得针对拥有土地的农企的股权投资摆脱了高额的土地增值的税负，打开了股权融资的大门。

二、股权融资

目前，农业投资只占澳大利亚机构投资者投资组合的很小一部分。最主要的原因是缺乏可投资的产品和具有农业专门知识的基金经理。然而，近年来越来越多的资本开始对投资农业感兴趣，农场主们也越来越清楚地意识到银行贷款已不足以解决他们的融资需求。这其中，退休养老基金等追求稳定回报的投资机构对澳大利亚农业产生兴趣，澳大利亚行业超级（养老）基金（Industry Super Australia）于 2017 年 6 月发布的关于养老基金投资农业的报告指出，理论上执行良好的农业投资会为基金投资组合提供多样化的利益，但受托人、高管和资产管理人员缺乏对农业的了解、绩效数据不足、农业经营分散且规模小、资产配置和回报的不确定性都会困扰机构投资者对澳大利亚农业投资的决心，因此，澳大利亚的养老基金对农业投资比较保守。

相比较而言，海外资本对澳大利亚农业兴趣颇浓。全球最大的农业基金的分析表明，其基金配置的资本中约有 12％投资于澳大利亚，与投资到加拿大和南美洲相当，但考虑到澳大利亚对全球粮食生产的贡献比例远远低于这两个区域的贡献比例，表明基金和投资者均认为澳大利亚是一个有吸引力的资本目的地。对澳农业投资的来源地越来越多地来自新兴国家，包括中国、印度、巴西和马来西亚。这为澳大利亚寻求扩张的传统农场主提供了机会。目前比较有代表性的有来自美国和加拿大养老金计划投资委员会 TIAA‐CREF 基金，直接大规模收购澳大利亚农业资产，中国上海中房置业公司参与收购基德曼（Kidman）牧场；拉古纳湾牧业公司（Laguna Bay Pastoral Company）和麦格理牧业基金（Macquarie Pastoral Fund）等澳大利亚本土农业基金吸引了来自离岸资本提供的大规模国际投资，其中养老基金占三分之一左右。也有一些投资者，例如离岸高净值个人或家庭，已与澳大利亚个体农民组建合资企业或持股，注入资金，提高生产力和盈利能力（图 6‐15）。

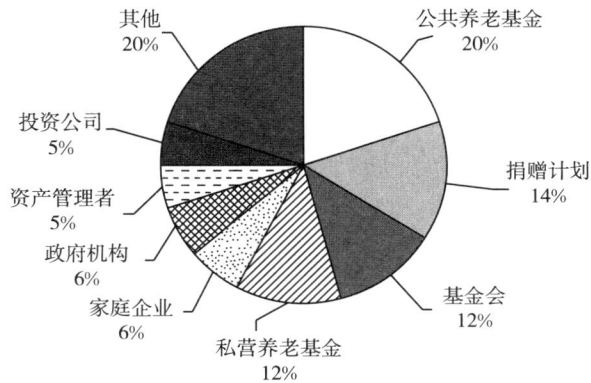

图 6-15　各种投资对澳大利亚农业的兴趣比例

注：由高到低是：公共养老基金、捐赠计划、基金会、私营养老基金、家庭企业、政府机构、资产管理者、投资公司、其他

资料来源：phx. corporate - ir. net/External. File？item＝UGFyZW50SUQ9MzU5MDI5f-ENoaWxkSUQ9LTF8VHlwZT0z&t=1&cb=636149328686628849.

三、政府补贴和税务优惠

澳大利亚政府对农业实行低补贴，平均补贴水平维持在 2.3％左右，远低于世界其他国家。从历史上看，澳大利亚联邦和州政府有过力度较大的支持举措，通过各种不同的农业援助措施来帮助农民，在"特殊情况"（EC）期间补贴农民的收入。这些措施包括获得低成本资金和免除不同的州/领地政府一系列收费，以及以赠款和利率补贴的形式提供家庭福利措施和农业企业资助等。近些年，澳大利亚逐步取消了直接对农场农企的补贴和资助，用农业家庭福利支持措施取代了现有的干旱和特殊情况措施，基本上取消了利率补贴等农业企业支持措施。另外，还有一些间接支持计划，如专门用于建议、评估进而帮助农民准备和申请新的保险，应对干旱和其他在生产及市场上的风险①

在税务上，从 2019 年 4 月 2 日起，财政法修正案生效②，允许符合规定的小农场购买设备和当年库存（而不是之前的四年）全部折旧抵税，将适用此规定的农场营业额门槛从 1 000 万美元调高到 5 000 万美元，此外，在农场遇到干旱和其他灾害时，免受贷款逾期处罚和免息；对于特困户，税务专员可以减

①　引自 www. agriculture. gov. au/ag - farm - food/drought/assistance/.
②　引自 www. legislation. gov. au/Details/C2018A00109.

免税务、提供资助；农业收入五年内均摊后计税；偏远地区居住 183 天以上的区域税抵扣；研发类农企营业额低于 2 000 万澳元的可退税 43.5%；加速农场设施折旧，即当年折旧围栏（原来 3 年）和水设施，例如水坝、水渠、水塔、风车（原来 30 年）、三年内折旧储存谷物和饲料的设施，例如筒仓、储罐、干草棚（原来 50 年）；园艺植物和葡萄藤的折旧；农场电力和电话线接入抵扣；土壤保护抵扣；防护林种植抵扣；农场机械燃油税抵扣；农场豪华车退税 8%（最多 3 000 澳元）；减少附加福利税；营业额低于 1 000 万澳元的小企业税收减免，包括所得税（I/T）、资本利得税（CGT）和服务税（GST）等。①

四、其他支持

澳大利亚农场企业在贷款的呆坏账方面有着良好记录。截至 2014 年 7 月金融系统调查的中期报告披露，农村贷款拖欠 90 天以上偿还的不到 1.5%，银行在农村贷款组合方面的损失低于 0.5%，说明了澳大利亚的农场农企有很强的还债能力和良好的资信，当然也与澳大利亚农业贷款政策的完善分不开。其中，一些州和领地实施农业债务调解计划，通过债务期限的调整来避免短期困难而导致违约情况的发生，为此，新南威尔士州、维多利亚州和昆士兰州还有相应的立法。另外澳大利亚还有一些特色支持措施，包括政府向遭受经济困难或可能遭受经济风险的农村客户提供农村金融咨询服务（RFCS），帮助符合条件的农场主、渔业企业、林业种植者和收割者以及小型相关企业解决偿还贷款困难的问题。②

第三节　农场的发展模式

一、小型农场

对于许多澳大利亚农民来说，扩大规模既不是理想的选择，也不是现实的选择，有些小农场主本身就是把它作为一种生活方式，或者本就不依靠农场收

---

① 引自 www. agriculture. gov. au/ag‐farm‐food/drought/assistance/tax‐relief.
② 引自 www. financialservices. royalcommission. gov. au/publications/Documents/fsrc‐paper‐16. DOCX.

入生存。营业额相对较低的小农场面临的主要挑战是获得足够大的现金盈余以支付成本。例如，如果营业额为 15 万澳元，成本占农业总收入的 60％，那么现金盈余仅限于 6 万澳元。因此，小型农场希望通过土地并购以降低单位面积产量的成本，但这种增长形式需要大量的前期资本，所以不现实。而在许多情况下，小农场已经开发了特色营销和替代供应渠道进行直销，以便实现产品差异化和增加价值以确保溢价收益。此类发展模式不需要大量资本支出，旨在优化当前收入，而不是通过规模来寻求效益。许多规模较小的农业经营最缺乏的是商业营销策略等对其至关重要的技能。因此，明确自身定位，充分利用外部的资源以及专业营销顾问的意见，对小农场的成功非常重要。

二、中型农场

澳大利亚的中型农场大致适合两类农民：具有有限扩张雄心和资本回报率足以保证扩张的农民，他们的目标是扩大农场规模。这部分中型农场首先需要确定其核心业务战略及其实施方式，只有在解决和优化当前的生产效率后，才能实现增长。对于期望成为大型农场主的农民来说，需要大量的资本支出是一个不可回避的问题，尤其是那些通常负债率很低的规模化种植养殖业的农场主。一般通过直接买地或者与其他农场主合作，或者通过合作分享农作安排来增加农场规模，从而提高整体收益。

三、大型农场

澳大利亚较大的农场仍然是家族企业。大型农场商业运营已经从大规模的发展中获得足够的效率，这些业务中的大多数已经具备了复杂的财务和运营管理技能，加上其规模庞大，使得这些农场占据了澳大利亚农业生产的最大份额。但这些农场往往也承担着大量的债务，特别是在乳制品行业，为了资助扩张和投资最新技术，大型农场最主要的是明确其战略定位，以获取资源型的外部资产。

四、公司农场

据估计，澳大利亚只有不到 2％的农业企业采用公司模式，具有外部董事和多个外部资产的结构。公司农场模式的典型结构是各种外部资产来源互相平等，聘请外部董事会来确保战略得到有效实施，这样的结构仍然可以归家族所有。公司农场运营空间很大，可以灵活地将资源在不同区域进行转移整合，以适应不同的条件，应对气候风险。澳大利亚最大农场里的许多都是家族企业，但仍然进行公司化运营，同样强烈地吸引外部各方的资本和投资（表6-1）。

表6-1 澳大利亚农场的分类

	小型农场	中型农场	大型农场	企业农场
企业占比	50%	30%	18%	2%
平均营业额（广泛估算）	＜$150 000	＜$150 000~$500 000	＜$500 000~$1.2M	＞$1.2M

资料来源：引自 www. phx. corporate-ir. net/External. File? item＝UGFyZW50SUQ9MzU5MDI5fENo-aWxkSUQ9LTF8VHlwZT0z&t＝1&cb＝6361493286866628849.

五、农场新商业模式

近些年，澳大利亚农场出现了新的扩张商业模式，即合资承销和分享安排，二者都是区别于以往收购土地的新型农场扩张模式。

（一）合资承销

合资承销是指两个或多个存在上下游供应链关系的企业，同意在一段时间内汇集资源，下游向上游企业注入资本成立合资企业，而上游企业可以借此扩大生产规模，借助下游企业的渠道低成本进入新市场；下游企业通过承销合同获得安全稳定的上游供货，确保其供应链持续发展。这一模式在乳制品和园艺行业体现得较为明显。随着国际市场对优质安全的澳大利亚农产品需求日益旺盛，保证稳定地提供澳大利亚农产品对这些国家相关企业的持续发展至关重要。例如，澳大利亚很多肉牛农场已成功与约50家私营国际零售商建立合资企业，零售商为购买肉牛提供所需的前期资金，并支付所有投入（包括兽医费用）。肉牛在澳大利亚的牧场里养肥，然后将它们通过承销协议出口到零售商，通过它们在海外国家自己的超市和餐馆网络直接分销。

（二）分享安排

分享安排指"分享农业"和"租赁安排"，通常是成熟的农场获得规模效率的有效策略，也为新进入者提供进入该行业的途径。这个模式无需大量资本支出，可以低成本地扩展规模或谋取更高的现金收入，同时为农场主提供可行的继承解决方案，因为农场的土地所有权不受影响。"分享农业"通常涉及两方之间的合作关系，其中一方提供诸如土地、渠坝、水权之类的基础设施，另一方提供库存、机器和劳动力，而运营的利润根据双方承担最大比例的成本而分享。"租赁安排"只涉及一方以预定的价格从土地的业主那里租用农田，好处是承租人享受比"分享农业"更大的规模和自主权，弊端是他们承担更大的风险，因为所有可变成本通常都由承租人承担。签订租赁或分享农业协议不需要大量资本支出，但它确实对企业的营运资金周期产生重大影响，"分享农业"和"租赁安排"为熟练专业的农场经理团队提供了与农场投资者合作的重要机会。创新的农业/租赁协议允许农民逐步建立机构土地投资的公平性，使协议更多地成为合伙而非通用租赁。例如，澳大利亚联合奶业公司（ACM）与泰国乳业巨头荷兰磨坊公司（Dutch Mill）签订合资协议，购买奶牛场并将其出租给经过认证的奶农，最终，农民能够在农场中建立自己的股权。

第七章 CHAPTER 7
澳大利亚的农民合作组织 ▶▶▶

农民合作组织是澳大利亚农业发展的重要组成部分。以小农户为基础组成的家庭农业生产经营者，同大型农业生产企业共同推动了澳大利亚的农业发展。对于这种自愿建立的互助性组织，澳大利亚政府提供了一系列措施保障其合法权益，推动其发展，并积极展开政府与农民合作组织的合作。

第一节 农民合作组织的基本情况及主要形式

一、基本情况

农民合作组织是以小农户为基础的家庭农业生产经营者为改善农业生产经营条件，交流种苗、技术、防治病虫害、销售等信息，对抗市场风险，维护自己的合法权益，而自愿建立的互助性组织，是专业化合作组织在农业、农村发展延伸的产物。从澳大利亚首家农民合作组织成立至今已有近一个半世纪的历史，经历的阶段大致为：萌芽初创、迅速扩大、全国网络形成、农产品有序生产销售、持续发展、不断调整等。最新统计显示，各类农业合作组织的注册数量约为 2 500 家，80%以上分布在维多利亚州和新南威尔士州。前 15 大农民合作组织的资产总额为 4.4 万亿澳元，年均产值达到 74 亿澳元。现阶段，澳大利亚联邦政府设立了到 2030 年实现农业生产总值达到千亿澳元的目标，本国农民合作组织将成为实现上述目标的中坚力量。

二、主要形式

（一）官办的各种行业管理组织

此类行业组织机构主要负责各种大宗农牧渔产品的生产、销售及创新。这类行业组织的负责人由政府任命，生产者自愿加入，可优先优惠享受行业组织所提供的各种信息和服务。其资金来源于会费、商品销售税费、财政资金、社会捐赠、利益相关方的合作投资等。此类行业组织机构建立的目的：一是政府为了掌控本国大宗农牧渔产品，保障供给。根据国内外市场行情，确定产品收购价格、质量标准，与农场主签订种植和养殖合同。二是统一出口价格，保护本国产品在国际市场上的利益和竞争力。三是与联邦政府一道共同开拓国际市场，获得行业产品的国际市场准入。这类行业组织主要包括，澳大利亚小麦局（AWB）、大麦局（BA）、肉类畜牧协会（MLA）、乳业局（DA）、渔业管理局（AFMA）、葡萄酒管理局（WA）等，虽为官办，但均属公司性质。现以肉类畜牧协会（MLA）为例加以说明。

依据《1997 年澳大利亚肉类和畜牧业法》第 60（1）和 60（2）条有关行业营销机构和行业研究机构的规定，MLA 是于 1998 年由肉类畜牧公司和肉类研究公司两家行业法定组织合并成立的有限责任公司。MLA 成立的宗旨是促进本国红肉和畜牧业的长期繁荣，成为公认的提供世界一流研究、开发和营销成果的领先者，从而使本国红肉和畜牧业受益。与利益相关者合作，投资于有助于生产者盈利、可持续性和全球竞争力的研发和营销计划。目前，正在实施的《MLA 2025 战略计划》的优先事项、重点战略领域和指导原则包括，到 2025 年本国红肉销售额翻倍，红肉成为可信赖的高质量蛋白质来源。MLA 的最高管理机构为董事会，由 9 名董事组成。MLA 在各州/领地拥有 271 名员工，超过 52％的员工来自农村。

MLA 与红肉产业和联邦政府合作，为畜牧生产者提供营销、研发和服务。通过分支机构，加速了整个价值链的创新，并实施了行业诚信和农场质量保证计划。MLA 拥有两家分支机构：一是 MLA 捐赠者公司。它通过吸引拥有共同利益的企业在整个价值链中实施行业创新投资，以使本国红肉和畜牧业在世界舞台上保持竞争力。二是 MLA 完整性系统公司。它负责提供红肉和畜牧业的可追溯性和质保系统：牲畜生产保证（LPA）计划、全国供应商声明

(NVD) 和全国牲畜识别系统（NLIS）。MLA 有专门的业务部门，具体负责上述业务工作。MLA 的资金主要来源于牲畜销售交易税费，主要用于支持营销和研发工作。此外，其还获得联邦政府的相应财政支持、社会赠款以及其他行业利益相关者的共同投资等。

（二）农业产业协会和合作社

出于市场中的谈判地位、经济效率、话语权、政府扶持、融资等方面的考虑，农场主、加工商、贸易商自愿组织成立农业产业协会和合作社。由于全国统一的合作社法出台较晚，农业合作社在各地的发展不够均衡。新南威尔士州和维多利亚州在相关立法和政府有关政策上都给了合作社一个宽松的环境，所以，这些州的合作社比较好地坚持了传统的合作社原则。南澳州的农业合作社受有关法律的制约，合作社很难坚持某些国际公认的合作社原则，所以不断地向公司型合作社转变。因此，全国农业合作社可分为两种：一种是坚持部分合作社原则，如门户开放，入退社自由，利润返还，一人一票加持股多少的表决原则等公司型合作社，这种形式较普遍地存在于南澳州；另一种是传统型农业合作社，坚持国际合作社联盟公认的门户开放、入退社自由，一人一票，股份红利限制，利润返还，成员教育等原则，这种模式在维多利亚州、新南威尔士州、西澳州和昆士兰州等地较为普遍。

全国农业合作社可进一步细分为：①加工型合作社。为农场主所拥有，合作社按合同从农场主手中收购农产品。此类合作社在乳业、渔业、糖业、棉业和水果业中较为普遍。②市场合作社。为农场主所拥有，一般在水果和蔬菜行业中较普遍，主要从事分类、分级、包装、运输和销售等工作。③服务合作社。这种合作社主要从事商品储备和其他服务，为生产者和消费者提供各种商品和服务，如肥料农药等投入品和各种日用消费品，以及信贷、保险等服务。④网络合作社。它是以各种相关组织和合作社为成员成立的合作社，旨在提高效益，形成规模经济，降低成本，减少风险，共享资源和信息。

全国农业合作社的基本运行方式：一是合作社成员选举产生理事会，理事会雇佣执行主席（总经理），执行主席雇佣各部门经理，各部门经理负责合作社的日常经营管理事务。通常理事会的职能是制订战略策略，监督理事会决定的落实，与合作社成员保持沟通和联系；二是执行主席的主要职能是执行理事会的战略策略，向理事会提出财务报告，决定营销战略和经营方针，管理部门经理；三是各部门经理的主要职能是实施执行主席的营销战略和经营方针，雇佣本部门合作社雇员。

（三）以全国和各州农民联合会为主的各类农民协会

全国农民联合会（NFF）等此类联合会也是农民自我组织、自我服务组织。是农民协会发展到一定阶段、由分散走向联合的产物，为了维护各自小集团的利益而产生的。最初，各农民协会是农民出于维护自身利益而产生的，基层农民协会往往按行业设立，基本目的是促进行业的生存和发展，在很大程度上利益游说为其主要职能之一。

NFF 是一个由许多独立的农业协会联合而成的农业综合性组织，由许多训练有素的研究和管理人员参与，具有多种组织功能，为在政治和社区层面上代表本国农业和农民利益的最高组织机构。NFF 董事会由主席和副主席及五名董事组成，所有董事均由会员理事会每年选举产生。会员理事会是 NFF 最高协商机构。由所有会员组成，包括州际农业组织、各商品委员会及其准会员。下设经济政策与农场商业委员会、农业系统委员会、可持续发展委员会、电信与社会政策委员会、贸易委员会、水资源委员会、劳工委员会等七个委员会及气候与能源特别工作组。自 1979 年成立以来，农民协会一直在确定、发展和实现相关政策方面担当着优秀的行业领导者，倡导全国农民关注共同的问题，致力于推动本国农业发展。与此同时，该组织也在努力提高大众对于现代农民的认知，让公众意识到农民对整个社会经济进步所做出的贡献和所带来的价值。NFF 之所以能够成功，关键原因就是他们重视影响农业发展的具体问题，并适时提出创新及具有前瞻性的解决方案，如《2013—2020 年澳大利亚农业蓝图》，努力应对农民所面临的一系列挑战。

NFF 代表了农业领域的声音，扮演着行业领导者角色，也是代表全国农民的组织。该组织专注于倡导和发展相关政策，以确保所有农民诉求不被忽视。该组织致力于提供独立、可信、有依据的信息和建议，坚持以诚信为本，尊重他人，力求做到高效和创新。所有 NFF 的成员们均为自发参与，他们在提供最先进的生产技术和分享科学管理经验方面都极为认真负责。NFF 的目标为：一是在考虑到消费者负担能力的基础上确保澳大利亚人可获取最高质量的食物和膳食纤维；二是利用最先进的技术来支持全国农业事业，并为国内外客户提供最好的产品；三是主动及经常性地与成员互动，以促进全国农民的利益，确保本国农业的活力，并满足整个社会不断变化的需求和期望；四是作为澳农业产业的代表，在国家的经济、环境和社会结构中发挥主要作用，同时通过提高农民的自我管理能力，以帮助本国农业实现最高目标；五是采取一切必要措施，以确立农业在本国经济和社会发展中的重要地位。

为实现上述目标，NFF 推动以下工作：一是通过有效沟通方式帮助政府、农业相关组织、媒体、社区团体和公众进行高效的协商合作；二是以全国农民和农业利益的主要协调和倡导机构的名义开展活动；三是促进成员以及所有相关机构的，就所提出的问题和政策达成共识；四是推动创新，认可并推广最高专业标准，以确保并提高全国农业及社区的效率和竞争力；五是加强全国农民与社区之间的沟通，增强本国公众对现代农业的认识；六是为全国农民所关注的问题寻找有效的解决方案，最大限度地提升本国农业生产力和国际竞争力；七是开拓新的出口市场，减少来自全球市场贸易的负面影响；八是通过向各级政府及有关部门提供意见建议，为政策制定及有关决策提供参考，如提交诸多有效议案、提案和意见书等，其中包括应对此次新冠肺炎疫情大流行对农业领域的冲击和影响方面的政策建议等。

第二节　农民合作组织的特点

一、统筹农产品生产销售

澳大利亚农业合作组织通过全面掌握某类农产品的全国生产能力、每年的生产和销售情况，从而统筹生产和销售。这些行业合作组织根据所掌握的国内外农产品生产消费情况进行生产统筹及市场细分，在合作组织内部进行产期、产量分配，农户按照合作组织安排的时间和产量进行生产，产品交由组织统一销售，农户不需直接面对市场。如相关协会安排农户的种植计划，其生产所需的种苗、病虫害防治、采收、包装、运输、销售等，均由专业公司负责打理。若出现异常情况产量不足，则由协会另行安排调剂；若产量过剩，则自行销毁不进入市场。在不生产的季节，农地实施休耕。

二、形成利益共享分配机制

农业合作组织内部成员实行利益共享分配方式。具体模式包括：要求成员须按照合作组织安排的时间和产量进行生产，结算售价须按照该组织当季平均售价结算，即当市场饱和时，以防止上市过量导致价格下跌，产品销毁损失由全体成员共同承担。同样，因供应量不足，产品价格上涨而产生的超额利润也由成员共享；从而避免季节性过剩。各行业合作组织一般具有市场话语权和定价权。其根据历年的市场消费情况将农产品产量进行细分，给成员下达生产计划，这样避免产品过剩导致价格下跌，可有效防止成员间哄抢市场，恶意杀价，还可平衡农户之间的收入差距。

三、重视市场信息的收集

各农业合作组织非常重视消费者需求信息的收集，有的放矢地组织生产。所收集的消费者需求信息包括，对产品的偏好、消费习惯等信息，国内外供求信息。政府设有专门的机构和研究人员负责收集国内外市场供求信息，针对本国农产品的生产特点，对世界消费市场进行分析，并研发农产品产业链，及时将信息传递给农业合作组织，使澳农产品在世界市场更加有针对性，具有较强的竞争力。

四、加强对各类信息的利用，提高信息及科研成果的转化率

各农业合作组织不但向经销商和消费者了解消费情况，而且还根据消费者的需求情况组织生产经营。全国农业科研部门的科研工作围绕合作组织提出的发展目标和方向来开展工作，因此其科研成果可直接为合作组织所应用，提高了科研成果转化率。

第三节　政府与农民合作组织

澳大利亚各级政府充分发挥农民合作组织的作用，构建与农业发展要求相适应的社会化服务体系。这些为农业发展综合配套的社会化服务体系，涉及生产、经营、加工、运输、销售，以及金融、保险、贸易、科技、税务、教育、卫生、检疫、防疫、信息、技术等农业发展的各方面，其中农业合作组织的作用非常明显，与农户构成了紧密的利益共同体，既是农业产业化龙头企业，又

是以农户为股东的股份合作制企业。围绕农业合作组织，各级政府在农产品生产、包装、运输、质量控制、市场开发和农户技能培训等方面均给予大力支持，从产品开发到产品进入消费者手中的各个环节均由科技人员提供全方位科研服务，确保合作组织运转顺畅。

一、共同促进完善法律法规政策及农业标准化体系建设

农业合作组织积极参与政府部门的动物防疫、植物保护、灌溉、防灾减灾、市场管理、贸易等多方面的事务。推动政府出台保障农业发展的法律法规，建立了较为完善的农业标准化体系和严格的生产规程。

二、共同促进农业管理制度建设

敦促政府把农民的教育文化、医疗卫生、社会保障、农村基础设施建设等统一纳入到政府管理体系之中。在农业合作组织的支持下，澳大利亚在 20 世纪末对农业管理体制进行了改革，其中包括市场化操作、减少干预、精简机构、优化服务等，对大农业进行统一协调综合管理，形成了农业生产加工、销售一体化的管理体制，避免了职能交叉、分散、重叠。在土地制度上，政府均给予农民土地永久使用权和处置权，促进了农场规模的扩大和市场竞争力的提升。

三、共同促进农业科研投入

政府、农业合作组织及科研部门联动，大力推进农业科技创新与应用。注重把农业科技创新、推广应用与农民的需要结合起来。澳大利亚拥有较为完善的农业科研服务体系，并注重科教、需求和应用推广的紧密结合。每个州和相关大学都设有农业科研和推广机构，联邦政府、州政府、高等院校和农业合作组织（含商企）承担科研经费的比重大体上分别为 26％、50％、14％和 10％。上述模式和投入使得澳大利亚在旱作农业、育种、畜产品加工等诸多方面的技术领先世界水平。农业增产有 60％～80％来自于科技进步的贡献，农业科技成果转化率高达 80％左右。

四、共同促进生态环境保护和资源管理

农民合作组织积极参与生态环境保护和自然资源的管理。敦促政府对本国水资源进行严格管理，并在立法、技术和资金投入等多个层面，加强对水资源的保护。积极参与耕地资源的保护。要求政府部门建立大批保护性耕作试验站，推广少耕和免耕技术，并要求对所有牧场实行轮牧制。配合政府部门进行生态环境保护和监测，严格防止农药及外来物种给生态环境造成破坏。

五、共同促进农民职业教育培训

为了提高农民运用现代科技的劳动技能，各级政府及农业合作组织重视农民的教育和培训，实施了大量农民职业教育培训项目，内容涉及畜牧养殖、农作物栽培、灌溉、农具维修、酿酒、农用化学品、农业信息技术及物联网等方面，并制定了相应的行业能力水平标准。目前，澳大利亚从事农业生产人员的文化程度为中等学历占 73％以上，大专以上学历占 13.9％，大学文化程度的农业科技人员占 31％。

第四节　农民合作组织面临的困难

澳大利亚农民合作组织面临诸多法律和税务政策的困难和挑战，不仅阻碍其做大做强，而且导致数量出现下降趋势。尽管澳农民合作组织已有 150 多年的发展史，但至今都缺乏一部与之配套的全国性法律，只是由 2012 年澳大利亚政府理事会（COAG）推出的《全国合作社法》（CNL）及各州/领地陆续出台的类似地方性法律来调整。CNL 旨在减少合作社管理的繁文缛节和相关业务成本，解决跨州/领地边界开展业务的合作社多重注册问题，简化小型合作社的财务报告，不再需要公开账户。其中，新南威尔士州（NSW）的 CNL 法律包含四项立法：《2012 年合作社法案》、《全国合作社法》（NSW）、《全国合作社法规》（NSW）和《2020 年合作社法实施细则》（NSW）。

此外，还有联邦税法中的部分条文对合作社的定义和行为做出界定，各州/领地政府均制定了相应的地方性法律。如新南威尔士州《1998 年合作社财务

与稽核条例》等。总体来看，政府对合作社的管理：一是通过相关立法和政策框架来规范合作社行为；二是通过税收手段来调节合作社的发展方向。联邦政府通过税收来调节合作社，有利有弊。好处在于，可促使合作社坚持不以盈利为目的的原则，使社员多分利润；弊端在于，不利于合作社的积累，不少合作社为逃税，而将利润分光，导致经济实力削弱，不利于扩大再生产。目前，不少州/领地政府正在减少对合作社的干预，管理合作社的方式正在从直接管理向间接管理转变。

目前，澳大利亚农业合作社出现衰落，活跃的合作社数量呈下降趋势，并进行转型。通常是有需求才有发展，其地位在农业产业环境变化中不断变化。此外，农业合作社缺乏美欧等国的高度制度化支持。上述因素造成农业合作社出现转型，转变为公司制的农业合作组织。这样就又出现了新的问题。农业合作社原本属农民所有，而合作社的经营管理者希望增加投资，尽管农场主对此持欢迎态度，但他们要控制合作社，不希望被外来投资者控制。过去，农业合作社出口的是原料，现在想搞深加工，在国内增加附加值，以期在国际市场销售时获得更大利润。还出现了董事会对合作社经营管理的干预问题。一个好的农场主不一定能成为一个好的合作社经理，但合作社的经营管理活动往往受到经营管理能力较差的合作社董事会的干预，全国合作社领域正在通过各种努力来解决这些问题。合作社自身为了适应激烈的市场竞争，也正在不断地进行改革和自我完善，主要表现在合作社组织制度的不断创新，重要标志就是引进股份制和股份合作制。

无论出于何种原因，上述困难和矛盾导致澳大利亚农业很少出现强有力的合作社，而现存合作社通常是大型跨国公司的收购目标。但收购出现时，合作社中的农民股东常常无法抗拒以相对较高的价格兑现其股份的机会，似乎许多人忘记了合作社和公司之间的最根本区别所在。合作社的存在是为了其成员的利益，而公司的存在是为了股东的利益。以乳业为例，如一家乳品合作社可能会为牛奶付出很高的代价，并且为给奶农成员带来利益而放弃一些合作社利润。但根据法律，公司必须为股东带来最大的回报。这意味着它将努力使净利润最大化，压低向奶农支付的奶价。不论合作社公司化时给予何种保证或承诺，公司别无选择，只能谋求股东收益最大化，而这就意味着从农民手中购买产品的价格将被压至最低，致使农民的利益受损。

农民合作组织之所以面临上述困难和挑战，是基于以下原因：一是在没有政府补贴的情况下，澳大利亚农场企业比其他国家面临更多的财务风险。这意味着农民需要保留尽可能多的利润，并促使农民不愿贡献部分利润来促进合作社的发展和壮大。二是与农业文化有关，澳大利亚的文化涉及生活在农场上的农民，这些农场通常距乡镇或城市较远。然而国际上的情况却不尽然，如美欧，农民经常住在乡镇，每天外出务农。有一种理论认为，澳大利亚农业因此吸引了自给自足，习惯于自己工作，不适应合作社结构的参与者，这与具有长期合作关系的海外农民不同。三是澳大利亚农业依赖出口的性质意味着与国际上相比，其农业综合企业面临更大风险，因此对资本的需求更大。这也就降低了对合作社结构的需求。

第八章 CHAPTER 8
澳大利亚的水资源管理 ▶▶▶

　　水是人类赖以生存和发展的基础。随着人口增长、经济发展、环境破坏以及工业污染，导致水资源日益紧张。在过去的 50 年，全球的耕地面积增加了 12%，而灌溉农业土地面积则翻了一番，这主要是利用了包含地下水、河流、湖泊的 70% 的淡水资源。从全球来看，工业发展和城市生活用水在与传统农业灌溉争抢淡水资源，毕竟现有的水利设施均以农业蓄水灌溉为主，在水资源总量变化不大的情况下，如何开发建设、有效利用水资源，并维护良性的水环境，是人类生存面临的紧迫问题。

　　澳大利亚被称为"最干旱的有人居住的大陆"，拥有的水资源总量为 3 430 亿立方米，已开发利用的地表水和地下水总量为 175 亿立方米，澳大利亚的水资源具有三个特点：①人均占有量多，以人均 18 743 立方米排名全球前 50 名之内，但水资源总量相对于其国土面积是相当匮乏的；②水资源分布不均匀，整个澳大利亚大陆的三分之二地区属于干旱或半干旱地带，导致无水流域的面积大，在中部和西部有占全国总面积三分之一的地区年均降水不足 250 毫米（沙漠标准），降水与河流主要集中在东部，相应的河流多有季节性枯水期；③降水的年内、年际分配不匀，每年的 5 月至 12 月的降水占全年总降水量的三分之二，也会出现连续干旱和连续洪涝年份，干旱年份的枯水表现尤其显著。澳大利亚沿承英国的法律和公共事务治理经验，结合国情进行了水改革，在水资源管理和水权制度建设方面走在了世界前列。

第一节　水资源管理体制

一、水资源管理体制概述

从国际上看，现代水管理制度建立在"河岸取水权"和"先占合理利用"两项原则基础上，由 1992 年在里约热内卢召开的联合国环境与发展会议上确定的"都柏林原则"为现代水权制度提供了发展方向，"都柏林原则"包括四项原则：①水是有限和脆弱的，且对生命和发展很重要的资源；②水的开发和管理应以参与的利益相关方为主，全面吸纳用户、规划者和决策者；③妇女应发挥主要作用；④水具有经济价值。此后，世界各国的水改革都参照了"都柏林原则"。[①]

澳大利亚水资源管理是以州政府作为权利主体的角度出发，采取流域和区域管理相配合，在联邦的统一协调指导下，多中心自主进行管理。州政府代表国家行使水资源所有权，地方政府结合流域管理而具体实施管理行为，民间团体和机构提供评估和科学决策建议，用水企业和个人通过协会和组织参与规划和政策制定，商业公司或企业受政府委托实施水资源的开发和供给。

同时，在法律框架下进行水权的制度革新，推动水权交易市场发展，有效配置水资源，利用社会资本投资水资源市场，完善水利工程设施，维护环境水资源良性可持续发展。

二、三级政府管理体制

其一，联邦跨州的机构"联邦政府理事会"（Council of Australian Governments，COAG）及对应流域的各州自然资源部部长组成的部长理事会是澳大利亚水资源最高协调机构，日常工作由农水环境部负责，包括对全国范围内水资源的研究和规划，制订全国的水资源管理办法和协议，制订全国饮用水的标准，对水资源的整体开发利用进行州际和跨流域协调，确定各州的水资源配

---

① 引自 www.fao.org/3/a-a0864e.pdf.

额，并提供政策指导，避免利益冲突，确保环境用水安全，其签署和发起的政策和协议适用于所有各级政府和各种市场主体。其二，各州政府代表国家行使水资源的所有权，是水资源的权属管理主体，制订各州的水法和相关政策、评价水资源、管理水资源、开发建设水利工程设施、供水和污水处理、保护水资源环境。其三，地方三级政府具体执行州政府的水政策，包括对水权进行登记确权、分配调整和取消额度、受理新水权申请和交易公示、监督水利工程设施、监督企业或公司经营水务、污水处理。

三、跨州的流域管理

流域管理是基于水是流动的这一自然属性而建立的，在一个以河流为骨干的集水区，将管理涉及的诸多外部因素拢在同一集水区，统一从水文管理的角度进行协调规划同一流域内互相依赖型的各区域利益，采集和分享同一集水区的数据和信息，充当不同区域利益冲突的仲裁平台，最后统一运营和开发水资源。

澳大利亚的流域管理是跨州和跨政府层级的，是由分工不同的三个组织将本流域的三级政府部门串联起来，组成一个既能协调也有执行力的管理体系。这三个组织包括：一是由联邦及各州的部长组成的自然资源管理部长理事会（NRMMC）；二是各地方政府专业部门组成的流域管理委员会；三是由独立第三方专业人士和利益相关团体代表组成的公共咨询委员会。其一，部长理事会是该流域的决策机构，决定流域内涉水事务的政策和方向；其二，流域管理委员会是执行机构，在理事会确定的框架内执行具体事务，对各州负责；其三，公共咨询委员会负责研究水资源和提供咨询评估意见，为部长理事会做出科学决策提供技术支持和判断依据。

澳大利亚联邦、州和地方三级政府在水资源管理上是纵向的，而流域管理则是横向的，二者之间的关系是纵横交叉的网状关系。具体运作规则是：在一个流域跨越几个州的情况下，各州政府在部长理事会的推动和协调下，通过公共咨询委员会的专业意见，作出科学决策，由流域管理委员会促成各州达成协议，并由流域管理委员会的各州及地方代表在自己的辖区内贯彻执行。这是一种在独立第三方科学评估的基础上，进行利益博弈而达成的一致协议，各州各地方都有相互妥协的地方，而不是行政命令指示，所以，各州及地方执行起来也不会违背协议精神而做出单方利己的行为来，较为全面地贯彻和落实奥斯特罗姆"多中心自主治理"的原则。

四、墨累—达令河流域的管理

墨累—达令河流域是澳大利亚最大的水系统，面积 106.15 万平方千米，位列世界第 21 大流域，超过了法国和德国的国土面积总和，由墨累河、达令河及数十条支流组成，从源头算起总长有 3 750 千米，横跨昆士兰州南部、维多利亚州北部、新南威尔士州大部、南澳州西部、首都领地等地区，该区域生产了澳大利亚 47% 的谷物和 93% 的棉花，也种植了优质多样的蔬菜水果，全国二分之一的耕地和四分之三的灌溉农田分布在该流域，是澳大利亚农业产值和投资回报率最高的地区。[①]

管理体制：①流域部长理事会由联邦政府和各州政府负责土地、水和环境的 12 名部长组成，是墨累—达令河流域的最高决策机构，其任务是制定政策和方向。②为了广泛听取意见和科学决策，由来自 4 个州、12 个地方流域机构和 4 个特殊利益群体的共 21 名代表组成了流域公共咨询委员会，其宗旨是广泛调动流域各阶层，积极参与水资源治理和为科学决策提供咨询研究及技术支持，反映社会的意见和要求，其中 4 个特殊利益群体分别是全国农民联合会、自然保护基金会、地方政府协会、工会理事会。③流域委员会是部长理事会的执行机构，由各州政府负责水土及环境的高级官员组成，每个州 2 名，委员会主席由部长理事会指派，通常是由中立的大学教授担任，委员会相当于各州政府针对流域共同事务设立的联合办事机构，独立于各州政府，职责由各州签署的流域水管理协议确定，具体职责为在流域部长理事会制定的框架内，分配水资源、实施管理策略。委员会下设办公室，处理日常事务，还有 20 多个特别工作组，均聘请来自大学、企业、社区的专家和学者，以便将最先进的技术和经验方法应用到流域管理中去。

---

① 引自 https：//www.waterfind.com.au/wp - content/uploads/2019/08/2018 - 19 - australian - water - markets - annual - report - 1.pdf.

第二节　水权制度

一、水权的由来

在水资源管理和利用方面，澳大利亚最初承袭的是英国的河岸取水权（Riparian Rights），即水是附着于土地的，要想多用水就要多拥有土地，但因澳大利亚大部分地区缺少河流并且气候干旱，随着农业种植面积扩张和城市工业发展及人口增长共同带来的用水压力，现代水权制度应运而生。19世纪末发生在人口聚居区域的干旱和引水冲突，促成了澳大利亚历史上第一个分水协议的签署。在1901年成立的澳大利亚联邦政府的协调下，墨累河流域的维多利亚州、南澳州、新南威尔士州达成了分享水资源的协议，河水连同取水的权利从州到城镇，从灌区到农户，被一层层分配下去，从此开始了澳大利亚水资源现代管理的进程。但早期的粗放利用和浅层次管理，使得土地盐碱化和内涝问题非常严重，同时环境隐患也在累积，直到20世纪90年代初，水资源的过度开发导致流域水量显著减少，随意排污滋生了大量蓝藻，由此造成了震动全国的水质危机。澳大利亚全国上下，从联邦到州郡、从协会到机构、从居民到农户都逐渐达成了科学合理用水的共识。恰逢美国教授奥斯特罗姆的多中心自主治理理论适时提供了水改革的方向，于是澳大利亚于20世纪90年代中期启动了"以控制水的需求、维护水的环境、市场化运营"为主要内容的水改革。首当其冲的就是以"水权"为核心的用水量控制系统的建立和交易市场化的完善；其次是对供水实行现代企业运营管理，提高服务水平，保证水质，同时改革水价体系，回馈水利工程及排污和水处理；最后是发动社会各阶层积极参与水资源管理，包括水资产基金的资本介入和环境水持有人的制度创新，实现澳大利亚水资源及环境的良性运行。

二、水权的概念

一般而言，水改革的一个关键点是引入正式且明确的水权概念，以便界定一系列与水有关的权利所适用的水量，以及设立与其对应的分配、登记、交易、核准、监督、执法以及水环境维护的制度安排。为了有效管理水资源，澳大利亚创设了现代水权法律概念，将水权从土地权分离出来，从而衍生出所有权和用益物权的功效，并通过水权交易市场将水权的不同属性权利进行市场定价和交易，来推动水资源按市场规律，朝经济效益最大化的方向流转，进而有效配置水资源。从法理上来看，要赋予水权类似于大陆法系中物权的所有权、使用权、收益权、处置权的属性，才能使现代水权在拥有、使用、租赁、抵押、交易等各种用途上互不干扰，充分发挥市场的作用，最终得以使水权在财产权的高度上，规制包括政府、运营商、农民、投资人等各参与主体的行为，形成有效的水资源管理体制。[①]

三、水权的管理

澳大利亚的水权在管理上采用"托伦斯登记制"，该制度由托伦斯爵士于 1858 年在澳大利亚首创，随后广泛传播到英美等其他国家，是在物权转移领域内的国家机关登记发证认定的制度。澳大利亚的这一法律制度创设对全世界的经济发展起到了极大地推动作用。"托伦斯登记制"主要内容是：其一，针对有关物权，不强制要求在政府部门登记，但一旦登记了，其后的每次转移都必须登记，否则不发生法律效力；其二，登记采取实质性审查，并经过社会公告程序，具有国家背书的排他的公信力；其三，负责登记的国家机关从登记费里提取准备金，用来赔偿错登给真正权利人造成的损失，从而保证登记即使错误也不容变更、不容推翻；其四，如设有抵押等他项权利，也须登记备案。

"托伦斯登记制"将包括水权在内的物权规制，有力地降低了交易成本，促进了经济高效和低成本发展。澳大利亚采用登记制管理水权的申请和交易，由各州和流域的水政部门负责监管，大量社会中介机构参与，使得水权的安全性和价值得到保障和提高，"托伦斯登记制"是形成资源有效配置的水市场的先决条件。[②]

---

① 引自《Exploring The Concept Of Water Tenure》. www. fao. org/3/a - i5435e. pdf.

② 引自《Water Rights Arrangements in Australia and Overseas》. www. pc. gov. au/research/completed/water - rights/water - rights. pdf.

第三节 水市场分类

一、市场功能

在水资源可持续利用和综合管理方面，"水市场"是实现水资源优化配置的重要手段，水权交易就是建构于水市场之上的。在奥斯特罗姆的"多中心自主治理"理论的指引下，水市场能在自愿参与和多元协调的基础上更好地分配水资源，从而实现三项功能：其一，用经济效益鼓励节水技术的发展与执行；其二，解决资源分配冲突，讲价格而不用讲道理；其三，谁的用水价值高，水资源就向谁流动，实现经济领域的效率最大化，进而达到资源有效配置。经过几十年的发展，澳大利亚的水市场日臻成熟，既有日常生活和生产涉及的供用水及供用水背后的水权交易，也有典型的农业灌溉的拥水权和配水权的交易，还有基金和政府背景组织的环境水持有者入场收购水权，平衡水生态环境，保护水资源。

二、初期水权

澳大利亚初期因为用水户数少，所有提交申请水权的，无论多少额度都予以批准，虽然用水会按实际用水量交水费，但用水额度的水权却是免费的。到了 20 世纪 80 年代，随着批准的水权日益增加，总数已超出所在流域的实际水量，水资源紧张，环境不堪重负，于是启动现代水权改革，不再受理新的水权申请，新增用水户只能通过水权交易从市场上获取，这无疑让早期申请到超出自己实际用水量的权属人，在过了几十年后，让拥有的超额拥水权成为可以出租、抵押、转卖、继承的意外财富，这引来不少社会群体的批评诟病，但想想澳大利亚最早建立殖民地时的拓荒占地运动，很多人通过先占原则获取了大量的土地，到现在也是其家族财富，就无可厚非了。

三、供水

澳大利亚供水的实际操作充分体现了市场化运作特色。在州一级，州政府委托水源公司寻找水源、建坝储水，进行水权分配和管理，向地方政府的供水公司或灌溉协会批发水权；在市郡一级，地方政府委托供水公司进行输水管网建设和管理，向水源公司购买水权，向用水户提供供水服务，收取水费，用以支付铺网、管理、排水和污水处理的成本费用。在这个细分领域，用户和供水公司实际进行的不是典型的水权交易，而是一种服务，用户向供水公司购买服务，在供水服务项下结算用水的产品价格，供水商收回管网铺设和储水的成本后略有盈余，其与消费者之间无水权交易的关系，而供水公司的水源却涉及蓄水池的水权交易。

四、居民用水

城市生活用水一般没有额度限制，只是通过阶梯水价对用水户的用水量进行控制，在干旱缺水期间，政府会发布节水等级警告，澳大利亚社会各阶层都有较强的节水意识，并自觉遵守用水指导。例如，在三级警告情况下，居民洗澡时间不能超过五分钟，大多数人都会自觉遵守。城市水价是由独立第三方委员会根据水权价格、供排水设施建设及污水处理等成本估算后，协商用水户和供水公司后，提议政府批准采用。供水公司通过收取水费，可以承担供水、污水处理、水源地保护、管网工程建设维护等职能。城市生活用水的水费分两部分，固定部分是在一定量以内无论是否使用都需缴纳的费用；超额部分是按超出的用水量计收高额费用。澳大利亚居民生活用水，针对别墅与公寓楼采取不同的收费方式，独栋别墅由供水公司按户安装水表计费，别墅房主需预存上一季度等额的钱，本季实际用水后计算出的费用多退少补。而公寓楼截然不同，由于供水公司没有给公寓楼里的每一个住户安装单独的水表，所以供水公司按公寓楼所在的区域、房子户型和面积综合计算出一个金额让用户缴纳，每季交一次，在一定额度阈值之内的用水量，无论用水多少，都只需要交一个固定的金额，如果用水量超出阈值，则需要补交额外的水费，有时超阈值的水费会翻倍，另外使用热水会涉及燃气费另行计缴。

五、农业用水

农业用水分基本用水和灌溉水两类。虽然农场是用水大户，但有灌溉水权的农场也仅占到全国农业土地面积的 5.4％（截至 2017 年），其余都是旱地农场，即主要靠自然降雨，所以没有水权的农场是大多数，但都有基本用水的权利。其一，农场的基本用水，包括个人生活用水和牲畜饮用水，这个不受水权限制，可以在农场范围内的河流湖泊汲水或挖井抽取地下水，也可以按照法律规定的规模和位置在农场土地上修建小型水库收集地表径流以蓄水，还可以申请行政许可通过技术手段从相邻的河流、湖泊和地下水层抽水，但以上三种取水方式都仅限于基本用水（人的生活用水和牲畜的饮用水），不能用来花园浇水和灌溉。另外针对原住民的土地附着的水资源，可以用于基本用水之外的工业生产、渔业、娱乐休闲和文化活动，原住民的这些用水也不受水权限制。其二，灌溉用水，农业灌溉是水资源利用占比最大的用水方式，需要水权。水权会因为所在流域水量是否稳定和充足而分为高、中、低三种保证水平，高水平水权（高保水）对应的河流流域水量充足，每年的额度都能足额使用，接近 100％，不会因为降水量的变化而要乘以公布的百分比系数来调整，所以价格较高。低水平的水权（低保水）经常被要求乘以系数，甚至在特定季节的系数为 0，使得价格大大降低。灌溉水的资源包括水渠、河流、溪流、湖泊、地下水、循环水、农场水库或水塔、市政的自来水等，其中水渠里的水来自附近的大型水库，是灌溉用水的第一大来源。灌溉还需要建设和配套相关设施和设备才能达到节水和高效的目的，包括喷淋滴灌设备、引水渠、水库、尾水收集系统、地下井及水泵、三相电及燃油系统、阀门及排水系统、用水计量设备等。墨累—达令河流域占澳大利亚整个灌溉用水的 70％以上。近年来灌溉用水量很大的作物——澳大利亚杏的种植面积增长迅猛，对水权交易的价格有较大影响。[①]

六、环境水回收

为了满足新的可持续转移的墨累—达令流域计划（DAWR，2018）有关规定，澳大利亚联邦政府通过一系列机制，恢复用于环境目的的水权，包括直接购买（回购）灌溉者的水权以及对农场内外的灌溉基础设施的投资。图 8－1 显示了 2007 年以来墨累—达令盆地（Murry－Darling Base，MDB）中的联邦水

[①] 引自《Water Monitoring Report 2016－2017》. www. accc. gov. au/system/files/ACCC％20Water％20Monitoring％20Report％ 202016－17_0. pdf

回收情况，截至 2018 年 6 月底，联邦恢复了大约 210 万立方米的环境水权。水回收计划有效地减少了可用于灌溉的水量，例如，2015 年，联邦水购买量减少了约 14％的灌溉用水，在 2012—2014 年，供应减少使 MDB 的配水权价格平均上涨了约 2.5 澳元/万立方米（图 8-1）。[①]

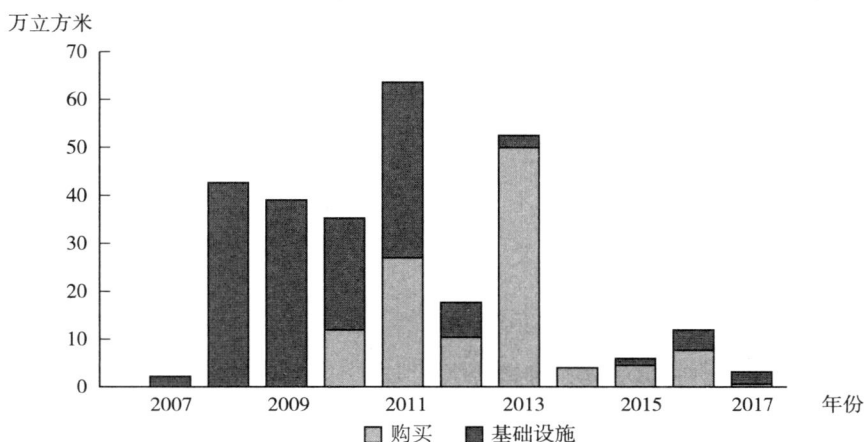

图 8-1　2007 年澳大利亚联邦政府作为环境水持有人回收水权的比率

资料来源：引自 www. agriculture. gov. au/abares/publications/insights/snapshot - of - australian - water - markets 网页上的《Snapshot of Australian water markets》。

第四节　水权交易

水权交易允许将水从较低价值用途重新分配到较高价值的用途。配水权交易有助于灌溉者适应和减缓短期的荣枯水季节的水量升降冲击，而拥水权交易有利于长期的价值结构调整。

一、交易情况

目前澳大利亚主要有三个水权交易市场，2017 年的水市场规模达 240 多亿澳元，以墨累—达令河盆地（MDB）交易市场最大，MDB 于 2017 年的拥

① 引自《Lessons from the water market》. data. daff. gov. au/data/warehouse/9aaw/2016/smdwm＿d9aawr20161202/smdbWaterAllocMarket_v1. 1. 0. pdf.

水权交易额占全国总额 97%，配水权交易占总额 77%，其中大都发生在墨累—达令河盆地南部（the Southern Connected Murray - Darling Basin，sMDB）的可控地表水部分，这主要是源于 sMDB 区域高度的水文连通性，从而允许水在河流系统之间和跨越州界之间进行交易。另外两个水市场（西澳州的西南部和昆士兰州的中北部）也都呈现交投两旺。三个水市场的高保水的水权（通常指拥水权）每百万升价格达 1 500 澳元以上。从图 8 - 2 的水权交易情况可以分析出，拥水权的交易量在 2013 年猛增后逐渐回落，交易量在过去的五年与价格呈负相关，价格升高则交易量下降，最高价格超过 1 700 澳元/百万升；而配水权从 2011—2019 年的八年间，价格和交易量的负相关并不明显，尤其最近的三年，价格从 70 澳元/百万升暴涨到 2019 的 350 澳元/百万升，水容量也远超拥水权，让很多投资水权的基金和机构赚的盆满钵满，也能从侧面说明市场对短期的应用性强的配水权有很强的需求，而不再执著于收购具有所有权属性的拥水权（图 8 - 2）。[①]

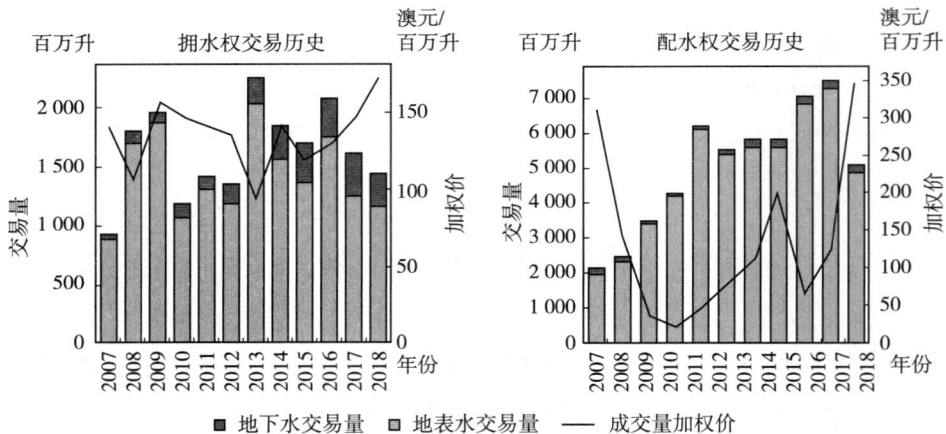

图 8 - 2 澳大利亚过去十年的拥水权（左图）和配水权（右图）的交易情况

资料来源：引自 http：//www.bom.gov.au/water-dashboards/#/water-markets/national/state/at。

　　大多数澳大利亚水市场都是高度本地化的，因为这涉及单个河流集水区内用户之间的贸易和交付。但由于墨累—达令河流域广阔，覆盖多个州和地区，其中高度的水文连通性允许水在河流系统之间和跨越州界之间进行交易。

---

　　① 引自《WATER MARKETS REPORT 2017 - 18 REVIEW AND 2018 - 19 OUTLOOK》. www.aither. com.au/wp-content/uploads/2019/03/Aither-Water-markets-report-2017-18-3.pdf.

二、交易的参与者

农业是澳大利亚水资源的主要消费者，约占所有消费用水提取的 70％，这种水主要用于灌溉，占澳大利亚农业产量的四分之一左右。根据当时的季节条件和商品价格，每个行业的州用水量各不相同，但棉花和灌溉牧场在历史上占了大部分用量。其他参与者包括城市供水公司、环境水管理者和投资者。维多利亚州政府的研究表明，非农业实体只占水市场的一小部分。[①] 水交易涉及水权的自愿转让。进入水市场的主要选择是通过水务经纪人和电子交易所，还有一些私人交易。根据州政府制定和执行的水交易规则，买方和卖方可以自由交易。联邦政府在 MDB 区域交易市场中发挥协调作用，以确保各州遵守墨累—达令河流域计划中的水交易规则。这些交易规则的一个关键组成部分是不同地点之间的交易水限制。这些限制旨在反映河流系统中输送水的物理限制（图 8 - 3）。

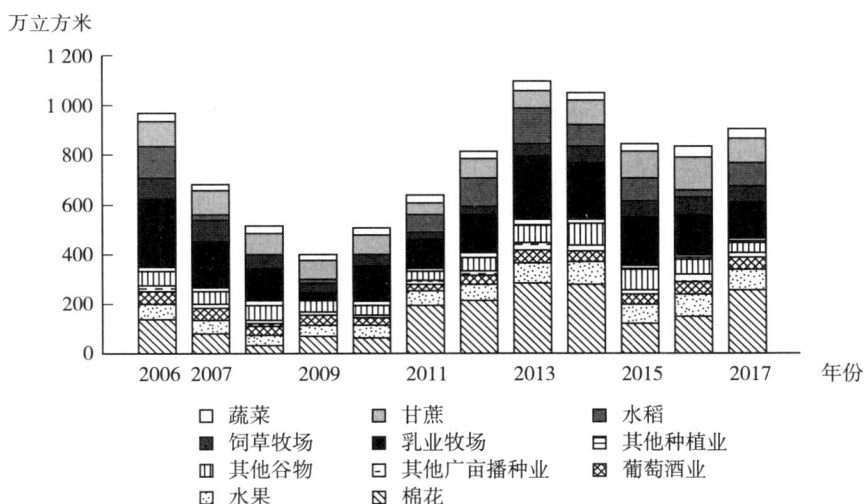

图 8 - 3 2006—2017 年澳大利亚灌溉用水总量和各细分行业用水量示意图

资料来源：引自 www. agriculture. gov. au/abares/publications/insights/snapshot - of - australian - water - markets 网页上的《Snapshot of Australian water markets》。

---

① 引自《WATER MARKET TRENDS》. www. waterregister. vic. gov. au/images/documents/Water％20Market％20Trends％20Report. pdf.

三、交易环节

交易环节包括：①交易双方达成协议向有关部门提出申请，并缴纳费用；②有关部门经实质性审查后（即是否对第三方和环境造成负面影响），做出是否同意的决定，并公示；③批准转让的水权，需要调整适当的水权形式，例如农户将自己的拥水权永久转让给供水机构，需要将水权证调整成相应的配水权。

四、交易中介

因为水权交易是比较专业的领域，所以在澳大利亚买卖水权大多委托中介机构通过电子交易所进行，买卖双方都不见面。澳大利亚水经纪商协会（Australian Water Brokers Association，AWBA）由水权交易所和一群水经纪商组成。AWBA 支持水权交易所和水经纪行业的发展，包括通过职业准则为它的成员建立信用档案。该 AWBA 大约有 25 名成员，其职业准则是适用于多个中介的。虽然 AWBA 鼓励水权交易使用经纪人，但经纪人是独立于水权交易所的。"水市场中介机构"是包括水的经纪人和水权交易所的总称。水经纪人进行了一些为他们的客户包括寻找交易伙伴的角色，在委托价格和水权交易规则内，建议他们的客户与贸易伙伴进行谈判，起草完成进行交易必需的文件。并非所有的券商都执行所有这些服务。例如，一些经纪人会找到一个贸易伙伴，并完成必要的文书工作，但关于价格不会提供建议。经纪人也会通过交流进行交易，即匹配买卖双方的信息通过交易平台进行操作，或者通过一个自动化的程序或公告板提交必要的文件给相关审批机关（IES）。许多经纪人曾经是房地产经纪人、证券经纪人以及工程和灌溉方面的专家，具有相关的中介经验，现代水权改革后能迅速转行进入水权交易的中介领域，配合政府和交易各方推动水权市场健康发展。[①]

澳大利亚跨州跨流域的水权交易目前还不发达，主要是因为各州在水定价政策、补贴、立法和管理、运输和基础设施条件、地下水和盐碱化条件等方面并不相同，这限制了交易量的提升。

---

① 引自 www. accc. gov. au《Water market intermediaries - industry developments and practices》。

第九章 CHAPTER 9
澳大利亚的农业科技创新与推广体系 ▶▶▶

在相对恶劣的自然条件下，澳大利亚农业生产率能够不断增长，很大程度上得益于科技创新和有效的技术推广体系。为确保开发更多的先进农业科技并有效推广，澳大利亚组建了多种类型的农业科研机构和推广组织，培养和吸引了大量高水平的农业专业技术人才，为农业科技从研发到投入使用能够顺利实施提供了保障。

第一节 农业科研机构及运行机制

一、农业科研机构

澳大利亚建有多层次、多领域和多部门的农业科技研究机构。根据隶属关系或设立单位可以将澳大利亚农业科研机构划分为政府部门、高校、专业协会和企业等多个类型。具体而言，隶属于政府的农业科研机构包括：①联邦层面的科研机构，如联邦科学与工业研究组织（Commonwealth Scientific and Industrial Research Organisation，CSIRO）；②政府部门层面，如自然资源环境管理部及其研究机构、联邦政府外交部国际农业研究中心（Australian Center for Internation Agricultural Research，ACIAR）等；③州政府层面，如州农业部（DPI）及其研究机构。高校科研机构包括设立在大学中的研究所/中心，如墨尔本大学、澳大利亚国立大学等都设有专门的农业科技研究中心。据统计，高校中的农业科研机构数量占澳大利亚农业科研机构数量的20%～25%。澳大利亚成立有多个农业领域的专业研究协会，比如谷物研究与发展协会、乳品研究与发展协会等，这些专门的农业协会往往也会针对本产业设立专业性的科研机构，如澳大利亚葡萄酒研究所，在产业技术创新和推广上发挥着重要作用。企业也是澳大利亚农业科技形成和供给的重要来源。企业由于自身科研投资有限，主要开展一些农业试验研究。

按照这些机构的拨款性质、规模以及行业地位，可以概括为三部分。

一是联邦政府组建的全国性科研机构。较为偏重于理论性较强的研究，比较重要的是澳大利亚联邦科学与工业研究组织和澳大利亚国际农业研究中心。澳大利亚联邦科学与工业研究组织是澳大利亚最大的国家级科研机构，其前身是于 1926 年成立的澳大利亚科学与工业顾问委员会（Advisory Council of Science and Industry）。CSIRO 是澳大利亚联邦政府的重要部门之一，总部设在堪培拉，地位相当于我国中科院和农科院组合的一个国家级研究机构，覆盖除国防和医学之外的所有主要研究领域。该组织现有研究人员 6 000 多人，共设有 23 个研究所，与农业科技有关的主要领域有动物医学、动物繁育、纺织、林业、种植业、热带农业、昆虫学、土壤学、水产学以及生态学类等，分布在各州的分支机构和试验站多达 70 多个，占全澳大利亚农业研究机构总数的近四分之一。澳大利亚国际农业研究中心是一家旨在帮助和鼓励澳大利亚农业科研人员利用澳方自己的技能来解决发展中国家农业问题的研究机构，总部也位于堪培拉，该中心根据 1982 年澳大利亚国际农业研究法案成立。

二是联邦政府农业部和各州农业局所属的科研所或试验站。主要研究和解决生产中存在的实际问题。2019 年 6 月 11 日，澳大利亚农业部（原澳大利亚农业与水利资源部（DAWR））发布 91 - 2019 号通知，当年 5 月联邦选举后，澳大利亚农业与水利资源部更名为澳大利亚农业部，同时变更部门标志。澳大利亚于 20 世纪 90 年代在全国各地建立了几十个由不同性质机构共同享用的联合研究中心（Cooperative Research Centres，CRCs）和农业生产系统资源单位（APSRU），这些联合研究中心的项目由联邦政府、州政府、企业联合资助，由不同的政府部门、科研机构、大学和企业研究机构共同承担，依托这些中心的大型设施和现代化仪器、设施等，密切联合、协作攻关，发挥人财物资源集成、功能互补和有效利用的优势，很有活力。

三是高等院校与科研机构。其科研工作多结合教学进行，侧重基础研究，并尽可能结合所在州的农牧生产实际。全国约有农业科研人员 3 000 人，其中大学约占 1/3，科学与产业研究组织约占 1/3，非农业系统占 1/3。澳大利亚与农业相关的大学有 38 所，多数为公立大学，几个著名的研究型大学如墨尔本大学、昆士兰大学、澳大利亚国立大学、西澳大学、南澳大学和阿德莱德大学等都设有农科、生命科学以及生物技术等方面的研究所，研究领域涉及农林水牧和环境科学等多个方面。高等院校的机构数占全澳大利亚农业研究机构的比例在 20%～25%。

二、农业研发体系

澳大利亚拥有较为完整的农业科研服务体系，涵盖从品种选育到疾病防治、检疫检测及产品保险等各方面。先进的农业科研网络结合健全的推广体系，对澳大利亚农业发展起到了不可估量的促进作用。农业科研机构的方向以国际市场为导向，注重各单位和部门之间的协同合作，形成了科学研究、农业生产、食品加工、市场营销为一体的农业科学研究网络。本节以国家第一产业研究、开发与推广（RD&E）框架的制定为例，介绍政府与各机构在农业研发方面的合作方式。

2009 年，澳大利亚第一产业部长理事会（Primary Industries Ministerial Council，PIMC），与联邦、州政府、农村研发公司（RDCs）、行业代表机构、CSIRO 和大学联合开发了国家第一产业研究、开发与推广（RD&E）框架，以鼓励加强合作，促进在国家研发投资方面的持续改进，提高国家研发与评估能力的效率。[①]

在国家初级产业研发与推广框架中，各个主体根据意向声明（Statement of Intent）明确了原则、角色、职能以及战略。第一产业部长理事会的作用是：①实施和审查政策和战略，以实现商定的促进第一产业可持续发展的国家研发方法；②积极与其他部门理事会和机构进行联络；③指导常务委员会的工作，审议常务委员会提出的事项。第一产业部长理事会成员由所有联邦/州/领地政府负责农业及相关部门的部长组成。第一产业常务委员会（Primary Industry Standing Committee，PISC）在国家初级产业研发与评估框架中的作用是：①确保成员之间的合作；②领导所属各委员会的工作；③PISC 将维持一个研发小组委员会，用于国家研发与评价框架；④监测国家研发与评估框架、部门和跨部门战略的制定和实施进度，并定期向第一产业部长理事会报告进展

---

① 引自 http：//www. agriculture. gov. au/ag‐farm‐food/innovation/national‐primary‐industries.

情况和框架审查情况。联邦/州/领地政府机构负责农业及相关部门的负责人均为 PISC 成员。PISC 研发小组委员会的主要职能是：①制定国家研发与评估框架的范围，供 PISC 和 PIMC 批准；②与各方合作，确定共同领导和支持角色；③界定、监督和监测部门和跨部门战略发展进程；④制定必要的协议，确保国家研发与评估框架有效运作；⑤促进合作和变革管理计划以及利益相关者的参与；⑥建立报告国家研发与评估框架实施情况的流程。PISC 研发小组委员会在制定广泛的沟通和其他计划方面发挥着作用，以促进向相关地区传播国家研究成果。PISC 研发小组委员会由来自所有 PISC 机构的代表、研发公司（RDC）和澳大利亚农业院长理事会的代表组成。

澳大利亚政府制定了国家研究优先事项和补充性农村研发优先事项，以指导和确保实现澳大利亚政府和第一产业的研发目标。澳大利亚联邦、州和领地政府与产业界（包括农村研究开发公司）和私营部门合作，对初级产业研发与评估进行了大量投资。在国家研发与推广框架以及相关部门战略的制定和实施的背景下，各个政府（包括州、领地和联邦）负责：①在相关政府有重大优先事项的地方发挥国家领导作用，政府高度优先资助该部门的研究，包括基础设施；②承担少量研究；③从其他司法管辖区或各方获取信息和资源，满足行业需求。

产业部门（代表第一产业的非研究机构，如产业委员会），既是农业研发的投资者也是受益者，并给相关行业研发与评估优先事项提供支持和帮助。产业部门将积极参与相关行业机构制定、实施部门和跨部门研发战略，包括资源位置和基础设施的战略讨论。

农村研究开发公司（RDCs）下设的 15 个农村研发公司建立了产业和政府之间的伙伴关系，以优先考虑、协调和整合产业和政府的需求，并负责协调初级产业研发的供应商的能力，补充它们所需的技能和资源，共同推进农业研发。RDCs 将在制定和实施相关产业部门战略方面发挥国家领导和战略支持作用。

大学部门是农业研发的主要贡献者，拥有支持国家研发与评估框架目标所需的知识、技能和资源。大学部门负责提供研究服务，获取信息和资源，以支持国家研发框架以及部门和跨部门研发战略的实施。它还负责提供高水平的教育和培训，以确保未来提供研发、评估及实施框架所需人力。[1]

----

① 引自 http://www.agriculture.gov.au/ag－farm－food/innovation/national－primary－industries/statement_of_intent.

三、资金安排

澳大利亚的农业科研开发资金主要由州政府承担（负责提供一半的经费），剩余部分由联邦政府（约四分之一）、高等院校（约 15％）和企业（剩余 10％）负担。据统计，澳大利亚联邦政府近年来用于农业领域的研究经费年均接近 9 亿澳元，占全澳科研总支出的 10％左右。其中，基础性研究经费约占 3％，战略性研究经费占 20％，应用型研究经费占 60％，剩余经费部分用于试验性研究。澳大利亚的农业研发资金投入取得了良好的经济效益，据估计年均回报率都高于 25％。以 2008 年为例，澳大利亚用于农业科研与推广的总投资为 14.95 亿澳元，政府投资占 76％，其中联邦政府占 48％，州政府及北领地政府占 28％；私营部门投资占 24％（表 9－1）。

表 9－1　澳大利亚农业研发资金来源

机构类型	资金（百万澳元）	比例（％）
联邦政府		
合作研究中心（CRC）	63	
联邦科学与产业研究机构（CSIRO）	193	
大学	118	
研发公司（RDCs）	218	
其他部门计划	114	
因研发税收优惠导致的税收损失	9	
澳大利亚政府合计	715	48
州和地区政府		
项目预算	348	
研发设施基建投资	47	
向其他科研基金管理机构及科研单位的资金转付	21	
州和地区政府合计	416	28
私营/产业机构		
向 RDC 支付的税费	248	
其他	116	
私营/产业机构合计	364	24
总计	1 495	100

资料来源：Productivity Commission estimates. [①]
注：2008—2009 财政年度，包括相关推广活动资金。

[①] 引自《Rural Research and Development Corporations - Inquiry report by chapters》. http：//www. pc. gov. au/inquiries/completed/rural - research/report.

目前 RDCs 的大部分资金倾向于应用研究，而基础研究资金则更多地向大学倾斜。在不断变化的同时，大学的重要作用仍然是提供教学和高质量、公开传播的基础研究。CSIRO 的研究范围介于基础端和应用端之间，更多地关注国家重大课题。

四、农村研发公司

农村研发公司（RDC）是通过澳大利亚政府与产业合作从事农村创新事务的一类公司，分为具有法定性质公司和产业自有公司两类，旨在分享农业研发的资金、设定战略方向以及分享创新成果。自 1989 年以来，RDC 一直在推动农业创新，它们允许澳大利亚联邦政府和私营企业或其他农业生产者共同投资于研究和开发（R&D）。政府目前已减少农业科研直接投资，而是通过战略政策和优惠措施，鼓励企业加大科研投资，企业逐渐成为研究开发和推广的主体。

澳大利亚目前有 15 个农村研发公司，其中，有 5 个是法定机构，由联邦所有，并根据立法设立，包括澳大利亚酒业公司，棉花研究和开发公司，渔业研究和开发公司，谷物研究和开发公司，农村产业研发公司。其余的是产业所有的非营利性公司（IOC），并且是特定产业活动的服务提供商，包括澳大利亚禽蛋有限公司、澳大利亚牲畜出口有限公司、澳大利亚肉类加工公司、澳大利亚猪肉有限公司、澳大利亚羊毛创新公司、澳大利亚乳业有限公司、澳大利亚林业及木制品公司、澳大利亚果树创新公司、澳大利亚肉类和活畜出口公司、澳大利亚糖业有限公司。农村研发公司主要任务是通过科技研究、开发，推广战略性和针对性的创新方法，为其产业提供切实可行的改进建议，提高产业生产力、盈利能力、可持续性，并改善社区建设。其中，农村产业研发公司服务于多个产业项目，如水稻和牧草种子研究。大多数农村研发公司除了产业研发服务外，还提供其他产业服务，主要是营销。

澳大利亚政府为农村研发提供的资金中有相当一部分是提供给农村研发公司的。这些公司代表初级生产者、加工商和政府委托进行农村研究。研究资金来源主要是产业自筹和政府资助。生产者主要通过法定和自愿上交税费来承担这项研究的费用，而政府的大部分资助是以企业投资 1∶1 的比例提供的——通常最高不超过一个行业总产值的 0.5%。RDC 资金来源还包括其他形式（如其他政府研发项目）的现金和实物补助。

研发公司的运行机制主要包括以下几部分：

管理职能。研发公司管理职能主要包括将国家的农业发展战略重点转化成为期五年的战略计划和为期一年的工作计划，并对阶段性工作成效进行评估和报告。政府及产业都有机会参与评估过程，将意见和建议反馈到下一步执行计划中。

成立董事会。研发公司是由董事会进行领导和管理的，董事会成员一般由独立的选拔委员提名，很大一部分来自于本产业的生产者。1989 年出台的《初级产业及能源与开发方案》规定，具有法定性质的研发公司董事会委员以及董事会主席均由联邦农业部长任命。具有产业自有性质的研发公司的董事会委员由其公司成员选举产生。两种类型的研发公司的执行经理都经过董事会任命。

确定研发重点。研发公司的基本职责之一是确定重点研发领域。成立研发公司的初衷是让公私联合投资的研发活动更好地满足产业需求，从而避免依靠研究人员单独确定研究重点方向。目前，产业界与政府联手通过不同渠道为研发公司确定重点方向提供意见，同时农村研发公司理事会也为研发公司之间的合作项目提供咨询。

评估和报告。研发公司需要接受绩效评估。对产业研发公司绩效的评估主要是根据公司的年度总结报告，其中包括本年度计划的执行情况，以及汇报工作是否达到了预期目标。具有法定性质的研发公司的年度报告要上交国会审议。产业自有的研发公司则根据公司与政府的协议向联邦农业部部长提交年度报告，并请专业的独立咨询机构对报告进行评审。

研发公司的合作。研发公司之间合作广泛。在研发资金的使用上，大约有80％的研发资金是通过不同研发公司联合投资科研开发项目而实现的。农村研发公司理事会负责协调不同研发公司之间的协议。除了研发公司之间的合作，研发公司与其他机构，如大学、政府下属的研究机构以及国外的农业研发机构也进行合作。

第二节　农业技术推广机构及运行机制

20 世纪 90 年代，澳大利亚的农业推广投入主要由各州财政承担，联邦政府通过"联邦推广拨款"对各州推广经费给予有限的补充。进入 21 世纪以后，澳大利亚联邦政府实施了独特的"研究开发组织"（RDCs）模式和"合作研究中心"（CRCs）模式，加强了联邦政府和农业企业对农业科研和推广的投入。

一、农技推广机构

澳大利亚积极进行农业技术推广，主要推广机构包括州政府所属机构、私营部门以及科研教育机构。提供农技推广的政府机构，主要是州农业部。部内设乡村事业发展总部，统管农技推广工作。各州划分为 6～7 个大区，大区又分为若干小区，小区设立乡村事业发展中心，负责该区域农技推广的机构为州农业部的派出机构，实行垂直管理。研究所把研究成果编成材料，由咨询站出售或免费发给农民。

为农业提供有偿技术服务的私营部门逐渐增多，在农业实践中发挥着越来越重要的农业技术推广作用。农资公司、银行和食品加工企业等私人机构为农民提供技术服务及经营方面的咨询，实行有偿服务。澳大利亚农业推广工作经过多年的发展，使相当大一部分的推广服务从公共部门转移到私有部门，并且这些变化还在继续。由于推广人员有全职和兼职之分，实际参与推广的人数应高于以上的数字，但尚未有一个准确的统计数字。

另外，科研和教育机构都有为推广服务的生产试验农场和推广性的示范工作。推广人员把生产中存在的问题及时反映到科研和教育机构，然后把研究和试验的成果在生产中推广，再把效果反馈给科研和教育机构。农技推广人员必须是大专院校毕业生，具有独立工作和帮助农民解决实际问题的能力，并以职前培训和在职培训两种方式对推广人员进行培训。澳大利亚的农民也参与农技推广工作，他们必须受过专业教育，有能力参与推广工作。

二、农技推广运行机制

在澳大利亚，政府对农业推广曾经起到主要作用，但随着农业改革开放的深入，州农业部已开始大规模退出农业推广领域，而将绝大部分农业推广工作推向市场，由私营部门完成。政府退出农业技术推广的原因是政府认为农业生产是商业生产活动，应该交由市场调节，农业技术推广服务相应地转变为谁受益谁付费，而不是依靠政府来买单。目前政府为农业提供有限的推广服务，主要集中在信息提供、技能培训，以及私营部门可能不愿意提供的服务领域，如生态环境保护。推广形式主要是对农民提供服务，而不是像以前为农民提供一对一的服务。此外，政府设立专门的基金，用于激励农民参与提高技术为目的的短期培训。

随着政府在农业技术推广领域的逐步退出，一些私营农业公司逐渐产生。私营咨询公司主要是以营利为目的，相对于政府提供的推广服务，私营部门的服务更为及时。而且，由于存在竞争，私营部门的服务虽然不是免费的，但也不会漫天要价。此外，农户长期与固定的服务人员打交道，也增加了社会交往的机会。但是，私营部门提供的服务也存在一些弊端。例如，有些机构为了增加利润而向农户隐瞒部门信息，诱导农户增加农业投入或者增加接受服务次数等。

澳大利亚的农业教育主要由中学、专科院校、涉农大学提供，并为农业科研技术提供不同层次的人才。中学的农业教育目的仅仅是通过与农业有关的课程对学生进行一般性的农业教育。专科层次的教育机构主要包括农学院和农业技术学校。农业技术学校注重传播农业相关的实用技术，注重培养学生生产实践的动手能力和操作能力。农学院主要分布在农业主产区，提供的课程多样，涉及不同农业产业，授课方式灵活，既可以参加全职学习，也可以参加讲座的方式对不同知识模块进行逐步学习，甚至可以让老师到自家农场授课。课程内容涉及农场管理、农业商务、土地保护等农业生产所需的实际能力。尽管澳大利亚没有设立专门的农业大学，但是很多综合性大学都设有农学院和专业课程，并设有本科、研究生、博士不同学位课程。澳大利亚很多农业技术推广人员和农业企业管理者都是各个涉农大学培养的农业技术型人才。对于高层次的农业科研人才的培养，除涉农大学培养研究生、博士生等高层次人才外，CSIRO 也承担了培养任务，如设置研究生奖学金。

三、政产学研有机衔接

澳大利亚政府十分重视农业职业教育和农民培训，联邦政府及各州均设有就业、教育和培训主管部门。澳大利亚的农业职业教育和农民培训由政府出资，紧密结合行业需求。各有关大学和职业院校承担培训任务，农民根据要求，定期接受一次培训。农民教育与培训的评价指标被纳入"全国能力标准"，保证从事农业生产经营的劳动者都能达到行业所需的知识技能要求。高素质的农民队伍，为澳大利亚保持农业生产的高效率和增强国际竞争力奠定了坚实基础。

澳大利亚联邦政府根据各州农业优势产业，由各州独自或联合牵头，围绕奶业、谷物、甘蔗、渔业等主导产业，成立了包括澳大利亚乳品局、国家谷物研究发展协会等15个科研性质的行业指导机构。这些机构均为公益性机构，经费来源主要包括两部分：一是提取相应产业的基金（比如奶农每卖1升牛奶，就会有0.02澳元计入研究经费），二是联邦政府按照提取收入的1∶1配备资金。经费主要用于相关产业的科研创新，目的是推动政府、企业、高校、科研机构等多方形成合力，实现政产学研深度融合。

在政府层面，政府通过对企业提供税收激励政策（研发创新投入超过2万澳元即可享受税收政策优惠）鼓励其与高校合作，对高校研发进行投资，协助开展科研成果转化工作。同时，在科研项目资金分配上，往往会向与企业合作（推广应用）比较好的高校或科研机构倾斜。

在企业层面，企业可以根据自身发展和市场需要，就急需的新技术、新产品向大学提出研究课题，提升自身核心竞争力，并享受政府给予的税收优惠政策。由于研究课题直接来自企业，或企业与大学共同研究，成果更适宜于企业应用，可以迅速地转化为生产力。

在高校层面，农业学校或开设农业类专业的高校对接市场需求，适时调整人才培养方案，为学校专业设置和课程改革提供重要的参考信息。如乐卓博大学（La Trobe University）对接农业产业，科学设置病虫害、作物科学、作物生产科学、动物生产科学、农业资源科学等学科。同时，通过与企业合作进行成果转化。高校既可以获得相应的科研经费，又可以把握产业发展前沿和产业发展中普遍存在的问题，更好地以产业发展需求为导向，提高自身基础研究和应用研究水平，实现高校与产业的互惠双赢。

在科研机构方面，澳大利亚国内不仅有联邦科学与工业研究组织（CSIRO），还有州层面相关科研机构。多数州政府层面的研究机构会建立相应的试验场、实验室或试验站，与农业相关的研究领域包括种植业、热带农业、水产业等，还会定期举办田间日活动（类似我国的田间学校），让广大农民参与技术试验应用。田间日活动由科研单位（主要是负责技术推广的部门）牵头组织，企业参与，以解决问题为导向，让农民参与其中，成为产学研有机衔接的重要载体。

第三节　农业科技创新体系的特点

一、私营部门广泛介入

澳大利亚农业科技创新体系由政府和社会力量共同参与，从科研立项、科技研发，到资金筹措、技术推广，都有私营部门或者个人的参与。澳大利亚农业科研立项重视与终端用户的衔接。农业研发重点的确定有农业产业人员的参与，以保证科研成果满足农业产业实践的需要，缩短科研成果的实用转化过程。农业科研以政府为主导，整合产业研究组织、大学、私营农业公司等资源，共同合作参与农业研发。澳大利亚农业研发采用公司联合投资的形式。政府在农业研发方面的经费逐年适当下降，政府鼓励生产者对农业研发上交一定税费，政府按照1∶1比例配套科研经费，共同投资农业研发公司。这一措施，有效拓展了农业科研经费来源，同时调动社会力量参与农业研发。在农业技术推广方面，私营部门也积极参与进来，成为农业技术推广体系的主体。政府资助的农业技术推广逐渐退出，形成了以农业咨询公司、专业组织和商业公司等多种私营部门并存的农业技术推广系统。

二、鼓励国际合作

澳大利亚鼓励国际合作，特别是与欧美发达农业国家的科研合作，很多国际大型的农业科研公司都在澳大利亚设立研究中心，与澳大利亚的大学和科研机构共同合作开展农业科学研究。良好的农业科研环境吸引着众多全球农业技术和粮食技术领导者（如思科公司和博世公司）将澳大利亚作为扩大创新的基地。思科公司通过在珀斯和悉尼建立创新中心投资于澳大利亚农业技术，这是思科公司全球网络中仅有的十个创新中心中的两个。利用澳大利亚强大的农业基础，思科澳大利亚公司目前正在开展新的农业技术创新。思科公司的农业决策平台系统（Farm Decision Platform）正在新南威尔士州和维多利亚州投入试用，为农民提供横跨不同地点的实时数据。该平台可在农场中提供远距离的安全链接，并且可支持任何第三方应用/传感器。行业合作伙伴可以在平台上托管它们的应用和传感器。思科公司的目的是与农业技术合作伙伴一道，将此解决方案推向全球。思科公司将投资澳大利亚农业科技的原因归结为：澳大利亚的相对规模、粮食和农业领域的丰富知识、解决问题的方法以及政府对合作的支持。这些要素有利于共同营造出一个促进创新发展的环境，技术提供商和使用者（生产厂家和农学家）携手合作共同打造实用的解决方案。此外，博世公司提出，该公司出于三个主要原因投资于澳大利亚，推动澳大利亚发展成为农业4.0时代的开发中心：其作为世界领先的农产品生产国的丰富历史，农业研究和科学实力的优势，以及食品和农业行业试用和采用新解决方案的意愿。博世公司一直以来对澳大利亚机构的投资以及与其合作强化了澳大利亚在新一轮农业技术革命中的实力。

三、重视人才激励

澳大利亚在农业科技方面领先的一个重要原因是重视对农村科技人才的激励。为确保农业科技能够持续创新和真正应用到农业生产过程中并产生实效，澳大利亚对农业科技人才的重视贯穿着从农业科技人才培养、引进、评价和激励的全过程。澳大利亚十分重视农业科技人才的培养，从政府到企业再到高校和科研机构，通过对农业科技研发的大量投入来锻炼和培养人才，推进农业领域"政产学研"的有机衔接。同时，澳大利亚还特别重视农业科技人才的引进，通过多种途径来吸引国际上的优秀人才为澳大利亚农业科技创新和应用贡献力量，常见的引进方式包括移民引进、邀请访学和科研合作等。对于各类人才，澳大利亚实施差异化的评价机制。对于政府性质的科研单位，科研人员评价主要由澳大利亚工业、创新与科学部主管，联邦科学与工业研究组织（CSIRO）具体实施，每3年评估一次，主要看经济效益和学术成果。针对高校的科研人才的评价则根据不同类型、不同领域有不同的评价体系，标准更加细化多样，方式也更加灵活。在人才激励方面，澳大利亚建立了包括职前教育激励、薪资激励和成果转化激励在内的多种激励政策，确保农业科技人才能够更好地从事农业技术研发和推广。

在澳大利亚，科研机构和高校由于较高的薪酬和完善的福利，对就业者具有较强的吸引力。这些单位也从多个方面激励人才创新工作。一是职前教育激励。在职工入职前，详细介绍本领域就业前景和发展前途，帮助科研人才认识自身，明确方向。同时，鼓励职前实习，帮助就业者优化职业生涯规划，激发从事科研工作的积极性。二是薪资绩效激励高。澳大利亚农业科技创新人才的薪资水平比较高，根据单位性质、职级情况，年薪有所不同，但总体上在当地属于收入较高的人群。三是成果转化支持力度大。研究人员取得的成果产权属于所在单位，当成果转化后，研发者可获得相应的收入（政府部门或政府所属的科研机构除外），但不同性质的单位分配制度有所不同。在大学，政府资助项目成果转化后，政府、大学、研发者按照1：1：1的比例分配收益；在私营企业，成果转化后的收益全部归研发者。另外，部分单位还允许科研人员利用一定比例的时间（墨尔本大学为20％）从事商业活动（比如咨询工作），但商业活动的成果或者产权属于单位，具体成果转化收益分配比例由单位和研发者协商决定。

第四节 国家及重大区域性研究计划

一、国家级科研平台与计划

澳大利亚联邦科学与工业研究组织（CSIRO）作为国家级的科学研究组织平台，其旗舰计划研究项目围绕人口、资源和环境等领域最为紧迫的科学问题而开展，项目包括可持续农业、气候适应、海洋资源开发、清洁能源等10个项目群。2010年2月起，作为现有研究项目的补充，联邦科工组织投入7 000万澳元实施农业可持续发展旗舰计划（CSIRO Sustainable Agriculture Flagship）。该计划主要有以下两大目标：一是计划在未来二十年内，农业总要素生产力TFP（Total Factor Productivity）的年均增长率至少要达到2％；二是到2030年实现单位粮食或温室气体排放减少50％，计划主要通过提高生产力、降低排放、将碳存储在土壤及植被中的措施。农业可持续发展期间计划的研究内容包括：温室气体管理及碳存储、现代农业生产及环境保护、生态体系及发展趋势、与"国际粮食与纤维安全"组织合作等。在启动该计划时，澳大利亚农业部曾强调："本计划在实施时要注重加强政府部门、农村技术研发组织和主要涉农机构与公司的合作，要探索和制定出科学、适用的政策方针。该研究计划的提出和落地，将有效增进对家畜甲烷排放、土壤碳吸收、生物炭的了解，并以此改进农场管理，为提高澳大利亚农业的生产力和自然资源与生态系统的管理水平做出贡献"。此外，澳大利亚国际农业研究中心（ACIAR）在全球八个国家拥有国家层面或区域办事处，包括：中国、印度、印度尼西亚、肯尼亚、巴布亚新几内亚、菲律宾、老挝和越南。

二、农业 4.0 倡议

澳大利亚政府高度重视对农业新技术的推广和介入，其贸易投资委员会设有专门的农业综合企业和粮食高级投资专员职位。2019 年 2 月 19 日，澳大利亚贸易、旅游和投资部长西蒙·伯明翰（Simon Birmingham）和澳大利亚农业和水资源部长戴维·利特尔普劳德（David Littleproud）发表联合声明，宣布澳大利亚政府发布一项新计划，即澳大利亚贸易投资委员会（Austrade）提出的澳大利亚农业 4.0 倡议（Australia for Agriculture 4.0）。该计划旨在让澳大利亚成为全球农业和粮食创新中心，为澳大利亚新兴农产品技术领域吸引更多投资，展示澳大利亚农业技术和粮食技术的雄厚实力，凸显其独一无二的技术进步、卓越的研究能力、强大的创新专长，以及政府强有力的支持和成熟的出口渠道。该计划将依托澳大利亚在农业创新方面良好的记录，促进农业技术和粮食技术领域的外国投资、出口与协作。澳贸委已开发出新的数字平台（www. austrade. gov. au/agriculture40），并在 evokeAG 上发布。evokeAG 是面向粮食和农业行业的一项新的农产品技术活动，该活动在澳大利亚墨尔本市举办，来自澳大利亚和海外的农民、创新人士和投资者齐聚一堂共同分享和探索下一代粮食和农业发展的新方向。evokeAG 展示了澳大利亚农业技术和粮食技术领域的实力与见解，并在投资者、出口商和研究合作伙伴与澳大利亚政府、私营部门以及相关领域的专家和利益相关方之间牵线搭桥。在为期一周的时间里，澳贸委接待了由 70 多名代表组成的国际参访团，前往澳大利亚首都领地、新南威尔士州、昆士兰州、塔斯马尼亚州和维多利亚州等地参观访问，代表们与澳大利亚顶尖的农业技术和粮食技术初创公司、成功的企业家，企业、研究机构和政府机构代表会面。

三、农业科技发展及趋势

澳大利亚政府及有关机构努力开辟高科技在农业中的应用领域，农业应用新技术发展很快，包括遥感技术、农用电子计算机系统和生物技术。例如，澳研制的 SATRAC 系统（卫星追踪天线系统），由高密度的卫星跟踪天线和与之相匹配的图像加工系统构成，可用于作物及草场旱情监测、防火监测、检查化肥需要量、测定含盐量等。电子计算机已广泛应用于农业生产和农场经营中。澳大利亚还利用生物技术培养了新的动植物品种，利用无性繁殖方法开发出快速育种技术。此外，澳大利亚还选育出了抗逆性强的作物，仅小麦品种就有 1 000 多个。生物防治也是澳大利亚科技工作者的重要研究领域，例如利用金龟子分解牛粪，利用寄生沼蝇消灭造成谷物减产的蜗牛，利用狼消灭破坏草原的兔子等。

在高新技术方面，澳大利亚较早就开始探索区块链在农业领域的应用，是农业区块链创新的领军者。在澳大利亚发布的《国家区块链路线图》中，澳政府将区块链最具前景的应用领域确定为：农业、教育业（证照审核）和金融业，期待提升区块链在上述三个领域的应用潜力。区块链技术具有通用性，能够节约企业资金并开启新的商业机遇，在多个行业应用前景广阔。结合自身特点与优势，农业领域的区块链应用能对农产品从生产到进入千家万户的全过程进行跟踪式监管。澳大利亚是农业生产和出口大国，加速区块链在这一领域的应用将会进一步提升澳大利亚农产品的声誉和产值。例如，葡萄酒行业的区块链解决方案能提高透明度和效率，促进数据共享，还能促进库存跟踪，加快供应链成员间自主交易，并通过原产地透明机制减少伪造和赝品。随同《国家区块链路线图》发布的还有 12 大行动计划，其中涉及农业科技的举措包括：进一步完善区块链在农业等三大行业中的应用前景分析；利用现有双边协议与其他国家合作开展区块链技术试点项目；与区块链提供商紧密合作，推动其参与商业研究与创新计划，解决区块链应用中存在的具体挑战等。

澳大利亚一个名为 AgriDigital 的区块链软件面向农民、买家、农用机械、合约、运输、发票、支付和库存管理于一体，为农业生产提供了全面的流程管理，加工处理了该国近 5% 的粮食产量。2017 年，AgriDigital 成功地在区块链上完成了世界首笔实物商品的实时结算，这也标志着农业科技改革的开端。澳大利亚农场主维尔罗克（David Whillock）作为区块链技术在农业场景应用上的首批使用者，通过区块链网络将 23 吨小麦卖给了肉制品加工厂 Fletcher International Exports，他认为，区块链系统快速、安全的支付方式能够保证资金的流动性，以更高效的方式进行业务管理，将有助于澳大利亚保持在农业科技领域领先者的地位。AgriDigital 的这笔结算采用了以太坊（Ethereum）私链，旨在提高交易速度，粮食购买和结算的过程由智能合约自动执行。本次试验证明了区块链技术处理大批次商品结算的能力。这种机制同时还解决了交易对手风险（指交易对手不履约的风险）。AgriDigital 目前正在考虑如何通过区块链技术为粮食购买方提供灵活的贷款选择。另外，分布式账簿还能确保所有权的不可更改性，因此食物的产地也能受到保障，这样在国际出口市场，造假现象就能避免。澳大利亚种植者和消费者之间存在着复杂的分销、物流和代理网络，供应链的风险和成本也得到了相应的提高。一直以来，全澳的农业生产者都深受破产问题的困扰，AgriDigital 的实践表明，区块链能够在一定程度上解决这一问题。

第十章 CHAPTER 10
澳大利亚的农业生态环境保护 ▶▶▶

澳大利亚拥有世界上最古老的树种，至少有 483 种稀有动物和 83 种濒危动物。澳大利亚因此被称为"世界活化石博物馆"、生物种类最丰富的国家之一，是全球 17 个超级生物多样性国家之一。

由于澳大利亚独特的地理位置以及原住民长期保持狩猎采集的生产方式，对自然环境的影响较小，以至于在殖民时代之前，这里是世界上"最原始"的一块大陆。欧洲殖民者定居澳大利亚后，开始清理土壤植被以用作住房和农业。20 世纪 20 年代农业机械的应用，使大面积原生植被清理，使澳大利亚的生物多样性遭受严重破坏，并导致了土壤盐碱化以及气候影响。20 世纪 60 年代，对环境的破坏引发了澳大利亚的一些环保主义者的关注和呼吁，之后，越来越多的民众开始关注环保问题。80 年代中期以来，澳大利亚政府不再鼓励清理土地植被。至 2009 年昆州全面禁止大规模土地清理后，原生植被清理在各州均受到了严格限制。此外，19 世纪 60 年代以来，由于兔子的引进和蔓延，对澳大利亚生态环境造成了严重的破坏，导致 19 世纪 90 年代和 20 世纪 40 年代暴发了两次大的旱灾，使农牧业大幅度减产。由于一些地方气候的多变和温差变化的剧烈，近年来在一些地区出现了土壤退化、严重盐碱化的趋势。历史的教训和现实，使澳大利亚政府越来越重视环境保护，包括水土的严格管控和有效治理。

澳大利亚联邦政府每五年都会发布一份《澳大利亚环境状况报告》，澳大利亚各州和一些地区也开展了自我环境状况审查。最近的一次国家评估于 2016 年进行，并在 2017 年发布。《2016 年环境状况报告》包含在 11 份关键主题报告中，不同的农业产业对环境构成了不同的风险，畜牧业与栖息地丧失息息相关，灌溉造成用水过度和水域污染，农业活动造成化学品和杀虫剂危害。在《澳大利亚 2010—2030 年生物多样性保护战略》中提到生物多样性面临的六大威胁[①]是：农业生产活动（造成栖息地丧失、恶化和零散化的主要因素）；入侵物种；自然资源的不可持续使用和管理；水生环境和水流的变化；火灾动态的变化；气候变化。上述威胁均与农业发展密切相关。[②]

报告显示，在过去的五年里，尽管许多农业活动已经改进，对环境的影响有所减轻，但仍有进一步改进的余地。报告强调：尽管栖息地开荒的总体速度有所改善，但在某些情况下（尤其是昆士兰州，包括影响大堡礁的流域），栖息地农业化一直在扩张。在新南威尔士州和昆士兰州，由于土地所有者的反对和政治压力，栖息地保护法律在实践中以失败而告终。

《2016 年澳大利亚环境状况报告：生物多样性》报告表明，澳大利亚的生物多样性正受到越来越多的威胁。总体而言，生物多样性一直在减少。为保护生物多样性，澳大利亚各级政府纷纷立法。目前，受各种形式保护的陆地超过国土面积的 17％，海洋区域超 36％。同时，保护生物多样性的一些措施也取得了成功，许多地方的实践表明，濒危物种成功恢复正常，入侵的物种得到根除或控制，物种栖息地质量或范围明显改善。然而，许多物种和保护区正遭受来自多方压力的影响。大多数地区认为濒危物种整体情况较差，数量也正在下降。入侵物种，特别是野生畜，对澳大利亚的生物多样性造成压力，而且在许多地区，栖息地的毁坏和退化仍在继续。

《2016 年澳大利亚环境状况报告：内陆水域》报告表明，《全国水资源计划》提案的关键部分已纳入国家法律和政策，制度安排也得到不断调整。《2007 年水资源法》在稳步实施，但也面临着巨大的社会和经济挑战；区域集水管理存在部分问题；农业活动造成的严重水源污染，对大堡礁的保护造成的影响还在持续中；大自流盆地可持续发展计划在控制开采浪费方面取得了实质性进展。

除了灌溉和农村社区出现严重的供水短缺问题外，环境也受到影响。

---

① 自然资源管理部部长理事会．澳大利亚 2010—2030 年生物多样性保护战略，堪培拉法案，2010．检索自：http：//www. environment. gov. au/biodiversity/strategy/index. html.

② Cresswell I D 和 Murphy H T（2017 年）．《2016 年澳大利亚环境状况报告：生物多样性》，提交给澳大利亚环境和能源部部长的独立报告以及 Argent RM（2016 年）．《2016 年澳大利亚环境状况报告：内陆水域》.

2011—2016 年，墨累—达令系统的生态过程和物种质量"非常差"，且呈现"一直在下降"的趋势。环境的长期恶化，进一步导致了生态系统功能的广泛丧失，并造成物种种群的减少。史无前例的干旱导致环境灾难，给农业用水户和农村社区带来了巨大压力。尽管《墨累—达令盆地计划》具有详细的实施要求，并且对每个流域州都有约束力，但计划措施的执行仍然存在问题。

第二节　农业环境保护政策与法律

出于历史教训，也有长远可持续发展的考虑，澳大利亚从联邦到州，都非常重视并致力于农业生态资源与环境保护工作。注重在提供健康、安全食品的同时，有效保护好生态环境，建立和恢复农业生态系统的生物多样性和良性循环，以实现农业的可持续发展。为此，政府采取了一系列有效措施。

一、平衡自然资源保护与农业发展

澳大利亚十分重视农业资源的利用与保护，从立法安排到农业布局再到具体技术措施都围绕着合理利用农业资源、保护农业环境进行。

一是对自然资源管理进行法制化安排。地方政府负责控制大多数农业基础设施的开发，但必须遵守州法律以防止给环境带来损害，如对国家环境存在重大风险时应遵守《国家环境保护与生物多样性保护法案》（EPBC）。针对农业化学品、生物制品和基因技术对环境的危害性，主要由三个国家技术监管机构依据《国家农业和兽药化学品登记计划》进行管理，管理范围包括农药、化学品、动物药品和转基因生物。此类机构可以授权，但使用条件、保障措施和标签，以及遵守情况由州农业、环境和人类健康机构监督。在景观管理方面，尤其是与生态系统连通性相关的管理，很大程度上采用的是非监管方法。其中包括建立和管理保护区以及为公共、私有和混合自然资源管理措施提供财政支持。州政府规定可以阻止破坏性行为，如禁止在河道中放牧牲畜等。但通常情况下，日常农业活动不受法律管制。地方性自然资源管理（NRM）机构在产业、政府和公民的行动方面起到了重要的协调作用[①]。

---

① Madden S. 整合自然资源管理与行业主导的可持续发展 . 澳大利亚农业部，2019.

　　二是水资源利用及有效节水资源方面的立法。传统意义上，各州负责管理农业用水。尽管各州的立法方式不尽相同，但通常都涉及牲畜和其他正常农业用水的基本权利，以及对灌溉用水量的行政控制。《全国水资源计划》是基础，各州需要制定水资源计划并执行。《澳大利亚水资源法》要求相关各州建立墨累—达令盆地管理制度。作为全国最重要的经济灌溉水源，该河流系统由北向南延伸，并向五个州供水。为满足《墨累—达令盆地规划》的要求，该河流系统中的各州均有义务实施新规定，确保河流系统的可持续流量。此类州计划涉及环境要素，而此类要素被应用于每个河流系统的规定中。由于气候变化使水资源可用性成为更大的问题，目前正在考虑修订相关法律。在农业用水方面，澳大利亚规定灌区内的农户对灌溉和畜牧用水拥有的使用权与其拥有的土地面积相挂钩。同时，在灌区内建设和完善用水信息计量监测系统。例如，在新南威尔士州部分重点监控的农业灌区内，地表水用水计量设施普及率达94%，地下水用水计量设施普及率达34%。

　　三是联邦和各州协同保护生物多样性。①栖息地的保护。澳大利亚大量保护区归属联邦、州或地方政府管辖。联邦国家公园通常都很广阔且具有标志性，但州立国家公园和其他形式的遗产保护也很重要。地方政府公园相对较小，通常主要用于娱乐和社交活动。地方政府也可根据当地土地使用开发法规，划出环境保护区，并委托开展其他形式的环境保护。私有保护区正逐渐增加，其包括特定的私有保护区或私有土地上小块区域，"原住民保护区"日益重要，但涉及法律、社会和管理方面的复杂性问题[①]，对破坏性原生植被的法律控制措施通过州法律执行。主要法律依据为《国家环境保护和生物多样性保护法案》（EPBC）以及各州、地方政府的原生植被和发展控制法[②]。保护区的治理涉及三个层面的法律，即政府、私有保护协议和原住居民合法权利。私有保护的资金也可涉及州发展控制法中的法律补偿、碳和其他金融信贷，以及联邦、州和地方法律中对支出的税收处理。②控制入侵物种方面。入侵物种的管理在全国范围内进行协调，并通过国家、州和地方生物安全法规和计划予以实施。联邦政府负责对新物种引进的边境管制。一旦某物种进入澳大利亚，每个州可

---

　　① Craig，D.，Leuzinger，M. D.，Souza，L. R. de，& Campanha，P. 社会公正和保护区管理［R］. 在生物多样性大国实现生物多样性保护，2020：88 - 104.

　　② 环境与通信参考委员会介绍了该系统的结构和运作情况. 澳大利亚濒危物种和生态群落保护的有效性. 2013.

借助其自有生物安全法律和程序，控制危害在当地的存在和传播。应急响应（例如在害虫或其他有害生物入侵的早期阶段）通常由联邦/州联合发起，但随着有害物种变得越来越明确，责任逐渐转移到州和公民身上。

二、建立农业可持续发展基金

澳大利亚建立了保护生态环境用途的公共基金，各级政府可以从中获得资金支持。例如，为了恢复和保护生态环境、减少地方政府在事权和财权上的相互推诿，1997 年澳大利亚环境部和农牧业部共同成立了预算总额为 15 亿澳元的自然遗产保护信托基金。该基金通过对项目提供资金帮助，带动了其他资金的投入，促进了联邦和州两级政府在自然资源管理、环境保护和农业可持续发展相关政策的协调和统一。在农业方面，该基金近年来的最重要贡献是改善了澳大利亚农业主产区——墨累—达令盆地主要河流的生态系统和水体质量。在这个区域，信托基金提供了 1.63 亿澳元，以鼓励农民使用生物防治、天然农药、低氮低磷化肥等环境友好型技术，同时为农民从事生态恢复的投工投劳支付报酬。经过多年的努力，盆地内土地盐碱化趋势得到遏制，河流局部蓝藻暴发事件大大减少，墨累—达令流域河岸生态系统基本恢复。

三、开展农业生态补偿

澳大利亚向潜在排放污染物或破坏生态的农业生产者征收一定的税收，用来补偿其对生态环境的破坏。例如，澳大利亚针对畜牧业的温室气体排放向畜牧业生产者征收一定的税费。近年来，政府还探索实施"押金—返还"制度，实现对生态的补偿。例如规模化畜禽养殖企业生产之前必须交纳一定的押金，保证将其畜禽粪便转化为有机肥，并合理施用到田间。这样，企业在某一地区生产，就必须租用一定面积的耕地来消纳粪肥。而且，押金是否返还给企业必须通过验收来决定，通常是将土壤质量同邻近未遭破坏的相似区域进行比较。如果企业未能通过验收，那么保证金就会被罚没，充实到农业可持续发展基金中。为了避免加重企业负担，澳大利亚政府并不要求用现金支付保证金，而是通过银行或其他经认可的财政机构采用全额担保的方式来实现。

四、建立农业生态产权交易市场

由于大面积垦荒和过度放牧,澳大利亚的森林草原面积一度萎缩。为解决这个问题,澳大利亚政府探索开展市场化的生态产权交易。如新南威尔士州就在碳汇产权交易方面取得了十分明显的成效,该州建立了世界上最早的碳汇市场。在这个市场上,二氧化碳排放较多的造纸、钢铁等企业既可花钱购买其他企业的指标,也可以购买森林、草原等农业资源所有者的碳汇产权。配合碳汇市场,该州通过立法赋予碳汇产权法律地位,对超标碳排放者加重处罚力度。澳大利亚联邦政府将新南威尔士州的经验推广至全国,国会于 2011 年通过《碳信用(碳农业倡议)法》,规定农民和其他土地经营者可以通过保护森林、草原甚至合理耕种农作物而获取碳汇信用额度,其他碳排放者可以通过市场从农民手中购买碳排放额度。这样,农业的生态价值就通过市场化的产权交易方式得以实现。

五、发展生物能源产业促进温室气体减排

为了应对气候变化,减少温室气体排放,澳大利亚政府通过制定税收减免和生物燃料配额制消费等政策,大力推进生物能源发展。澳大利亚生物能源主要以非粮农作物和畜禽废弃物、林产品及废弃木材,以及藻类、水黄皮、短期轮作的灌木桉树等新型能源作物为原料,生物能源的种类主要包括生物燃料、燃气、生物发电等。澳大利亚政府明确规定,消费者使用含有燃料乙醇的汽油,每升免税 36 澳分。新南威尔士州要求所有的交通燃料中必须加入 6% 的生物乙醇燃料。目前生物燃料已经占整个澳大利亚交通运输燃料的 0.5%,通过对废弃木材等生物质热化学转化产生的生物电已接近澳大利亚年电力消费的 1%。尽管比例不是很高,但澳大利亚各级农业部门都对生物质产能特别是新型能源作物的规模化持乐观态度。例如,藻类每年可生产 3.96 亿升生物柴油,水黄皮每年可生产 0.9 亿升生物柴油,二者相加可以替代 4.2 亿升化学柴油,约占目前澳大利亚化学柴油使用量的 23%。生长周期较短的灌木桉树每年可以生产 4.3 亿升乙醇,可折合 2.9 亿升汽油,占目前澳大利亚汽油年使用量的 15%,或者可用于生产 20.2 亿千瓦时电能,约占目前该国年发电量的 9%。与玉米、甘蔗等传统生物质能源原料不同,新型能源作物可以种植在比较贫瘠

的土地上甚至污水当中，在带来经济效益的同时，也可以稳定生态系统。例如，水黄皮可以种植在沿海的盐碱地上，藻类可以直接在污水中生长，二者都可以清洁土壤和水质，提高土壤质量。灌木桉树可以种植在沙漠邻近地区，既可以防风固沙，又能够改造局部小气候，甚至能够改造沙漠。在管理体制上，气候变化对农村的影响主要是通过计划和方案、自愿行为准则和行业计划予以解决。其中许多是出于对未来干旱、火灾和洪水以及气候变化的其他后果的考虑。对能源生产（主要是风能和太阳能发电厂）可能引发的当地环境问题，通常在土地使用审批环节予以处理。

六、完善政府治理机制

澳大利亚在农业环境保护方面取得的成效，很大程度上在于不断完善政府治理机制。1996 年，澳大利亚将初级产业与能源部调整为农渔林业部并赋予农渔林业部资源管理的职能。这在很大程度上保护和改进了农业可持续发展的自然资源基础。改革后的农业管理体制有两个主要特点：一是注意形成农业生产、加工、销售一体化的管理体制，避免管理职能的交叉、分散、重叠，从体制上确保农业的竞争力；二是强化农产品的质量管理，建立可追溯体系和法规，加强过程监控，从制度上确保农业安全。近年来，加强对农民的生产经营销售服务，减少政府对农业的干预，大力保护生态环境和生物安全，实现农业可持续发展，成为澳大利亚农业部门关注的焦点。联邦政府有权执行国际公约，如《生物多样性公约》（1993 年）、《保护野生动物迁徙物种公约》（1991年）、《植物保护公约》（1997 年）和相关协议、《国际重要湿地特别是水禽栖息地拉姆萨尔公约》（1971 年）等。联邦有权就一系列与农业相关的问题（例如税收、贸易和商业、检疫、外国公司、对外事务）进行立法，澳大利亚各州也可以将此类权力委托给联邦政府。各州有权制定针对生物多样性和其他环境问题的管制法律。澳大利亚在治理农业环境问题方面，法律安排呈现出复杂"多中心"的现象。一些政府监管机构采纳了基于民法原则的概念，例如要求农业从业者遵守并承担"环境注意义务"[①] 或"共同责任"。并且，由于澳大

---

① Martin，P.，& Taylor，N. 生物安全的环境管理职责：问题与挑战［J］。环境与规划法杂志，2018，6（35）：743－762.

利亚农产品一向以安全、卫生、环保为宣传点，国内外的购买商和消费者往往也会提出生态品牌环境方面的要求，行业标准和自愿性准则非常必要且作用突出，但多中心体制中，法规之间需协调的问题较多，且监测和评估也存在差距。

七、社会广泛参与

在澳大利亚，农业可持续发展离不开公众的广泛参与。目前，澳大利亚全国有 4 000 多个"土地保护小组"和 2 000 多个"海岸保护小组"，其最重要的职能之一就是促进农业资源的节约利用和环境友好型农业技术的采纳。只要想为环境资源保护贡献一份力量，居住在社区中的任何人都可以成为资源保护小组的组员。社会力量的广泛参与，为农业可持续发展提供了一种自下而上的动力。澳大利亚未制定农业温室气体排放控制法律，一些农民和其他土地管理人员就使用自愿碳信用额度来资助环境管理活动。在自愿计划中，法律控制措施用于限制环境信用额度营销中的误导性声明。

第三节 面临的问题

澳大利亚在环境保护与农业发展方面面临的问题是巨大而复杂的，主要的农业生产活动[1]面临系统性压力，同时需要防范可能造成的进一步重大损害。虽然有许多农民和志愿者为保护或修复环境做出了巨大的努力，但气候变化的影响、国际贸易和商品市场的经济压力、不断变化的技术和商业模式、可用于环境保护的资源限制以及各种因素的相互作用都会对环境造成危害。比如在控制放牧、种植和灌溉农业对环境的影响方面，需要对经常造成损害的农业生产活动进行监管。然而，澳大利亚农产品出口利润通常很低，且市场和气候条件不稳定，在一些情况下，限制性监管会提高生产成本，生产商甚至认为对农民不公平。除了限制农业活动外，监管还可能涉及繁复的行政程序。一些利益团体对可持续发展农业的认识还不一致，并且在商业利益与保护生态环境相冲突

---

① Martin，P. 气候变化、复杂性、农业和被挑战的监督［M］//气候变化和农业法律的研究，Cheltenham UK：Edward Elgar Publishing，2017：74 - 102.

时，往往会选择前者。在广大乡村生态环境保护监管成本很高，并且如果生态环境保护影响农业生产或增加了生产成本，农民会非常抵制。

　　虽然联邦和各州政府对保护和改善农业生态环境做了一系列法律制度安排，但政策和法律存在不少问题，成为制约和影响农业环境保护的因素。这主要表现在：澳大利亚当前的法律制度较为零散——以国家、州和地方政府划分，仅在澳大利亚联邦层级就有超过 70 项处理环境问题的法律，在州层面也有很多法律；在空间上按公共和私有土地使用权以及私有产权划分；法律框架通常是针对特定问题而逐步构成的，没有单一的农业环境法渊源，法规和政策之间的系统性不够。在执行层面，联邦、州、地区和地方各层面存在多个执法机构，力量分散。由于法律安排零散、执行力不足，影响了法律实施的效果。专家们呼吁，零散的法律会造成资源浪费，并给社会以不明确的预期，需要对现行环境法律制度进行重大改革。比如，制定统一的国家/州环境法，同时还应考虑包括保护区、原住民的利益、农村自然资源的管理与发展、入侵物种影响、河流管理等问题，建立系统的法律框架，设立独立的机构来监督环境法的执行。

第十一章 CHAPTER 11
澳大利亚的食品安全监管 ▶▶▶

　　澳大利亚食品以品质优良在世界上享有盛名。澳大利亚"舌尖上的安全"是建立在完善的法律法规制度和严格的管理执行体制基础之上的。本章将介绍澳大利亚食品安全监管体系，重点剖析食品安全监管的发展历程、法律法规政策、政府各部门的分工协作、具体监管与执行、处罚力度，以及食品安全教育以及对完善我国食品安全工作的启示。

第一节　食品安全监管发展概况

　　1901年，澳大利亚摆脱英国的殖民统治，各州掀起了立法热潮。在食品安全监管方面，维多利亚州于1905年率先颁布《维多利亚纯粹食品法》（The Victoria Pure Food Act 1905）。① 此法被认为是澳大利亚历史上第一部比较全面的食品法。在随后的几年里（1908—1911年），新南威尔士、南澳、西澳等州也纷纷效仿，制定各自的食品安全法来规范辖区内食品安全问题。② 此外，1953年，国家卫生与医学协会（National Health and Medical Research Council）设立食品添加剂委员会（Food Additives Committee），负责监管全国食品添加剂的使用情况。③各州食品安全法的实施及全国食品添加剂委员会的成立有效保障了澳大利亚成立初期的食品安全。

　　然而，由于1901年的宪法将食品安全监管划归为各州管辖，澳大利亚一

---

①③　Parliament of Australia Department of the Parliamentary Library. Food Regulation in Australia：A Chronology［R］. 2001：3.

②　Parliament of Australia Department of the Parliamentary Library. Food Regulation in Australia：A Chronology［R］. 2001：10 - 11.

度出现食品标准政出多门、政令不一的情况，严重制约了州与州之间的食品贸易。为改变这一状况，澳大利亚自 1980 年开始，开展了一系列由联邦为主导的食品安全标准化运动。1980 年，《模范食品法》（The Model Food Act）在全国卫生部长会议上通过。此法初步规范了澳大利亚境内食品的准备、销售、卫生、标签以及具体执行措施等问题。1986 年，联邦及各州共同签署《全国食品标准协议》（National Food Standards Agreement），同时成立全国食品标准委员会（National Foods Standards Council）。1991 年，联邦议会正式颁布《全国食品管理局法案》（National Food Authority Act），建立国家食品管理局，统一全国的食品标准。

接下来的几年里，澳大利亚发起的食品标准化运动进一步扩大到新西兰。澳新两国决定建立统一的食品管理制度并制定统一的食品安全标准。经过多年的努力，《澳新食品标准法典》（Australia New Zealand Food Standards Code）于 2000 年颁布实施。自《法典》实施以来，澳新食品标准局积极关注人类健康发展新趋势，在科学理论和实践基础上，不断完善《澳新食品标准法典》，为食品行业发展和人身健康起到了积极作用。

第二节　食品安全监管体系

一、食品安全监管法律法规制度

澳大利亚有着一整套着眼当前、立足长远的法律法规制度规范食品安全的方方面面。各级政府在食品安全监管方面分工明确，职责清晰。完善的法律体系及公正高效的执法机制为食品安全提供了保障。

一方面，澳大利亚拥有完善的法律法规制度。澳大利亚联邦议会于 1991 通过《澳新食品标准法》（Food Standards Australia New Zealand Act 1991）。此法经过多次修订一直沿用至今，是澳大利亚食品安全法中的一部基本法。《澳新食品标准条例》（Food Standards Australia New Zealand Regulations 1994）于 1994 年正式颁布，配合《标准法》（1991）实施。澳新食品标准法及配套条例的颁布促进了澳大利亚、新西兰两国在食品安全监管方面的协作，两国建立统一的食品标准，保障公共卫生安全，保护人身健康。依据法律规定，澳新设立食品安全监管机构，同时设定监管机构的职能、执行人员、财政、具体的监管措施及程序等。

在上述法律法规的基础上，澳新共同颁布《澳新食品标准法典》（Australia New Zealand Food Standards Code）规范澳大利亚及新西兰两国的食品安全标准。该法典主要分为四个部分。第一部分简单介绍法典的基本框架以及适用于所有食品的通用标准。法典规定，所有食品必须贴有标签；标签上需提供食品成分、日期、使用及储存指南、营养、健康以及警告声明等重要信息。法典对新资源食品（Novel Food）、转基因食品、辐照食品（Irradiation of Food）严格控制，规定上述三种食品只有申报、审查并批准后方可上市。法典对食品中的配料、色素、添加剂、维生素和矿物质等的使用有着严格的规定。此外，法典加强对食品中微生物、污染物及残留物的管理，规定所有食品不得超过指定标准。法典的第二部分分类详述了各类食品特有的行业安全标准，包括谷物、水果、蔬菜、果酱、肉、蛋、鱼、食用油、奶制品、非酒精饮料、酒精饮料、糖和蜂蜜、醋、盐、奶粉及其他食品等。第三部分主要规范食品安全标准的解释与适用，包括食品安全计划，食品安全的具体操作、食品企业的生产设施与设备要求等。第四部分对初级农产品的生产做出了特别安全规定，加强对鸡肉、海产品、肉制品、奶制品、鸡蛋、豆芽、葡萄酒等产品生产过程中的质量监控。《澳新食品标准法典》具有法律效力。任何生产不符合法典标准的食品都属于违法行为，将受到行政、民事甚至刑事处罚。

为保证进口食品符合澳大利亚食品标准以及公共卫生和安全要求，澳大利亚先后颁布了《进口食品管理法》（Imported Food Control Act 1992）和《进口食品管理条例》（Imported Food Control Regulations 2019）来规范进口食品的检验检疫等内容。

在澳大利亚，尽管统一的食品标准由联邦议会制定，具体负责监督和执行的却是各州地方政府。因此，各州在遵守联邦宪法以及其他联邦法律法规的基础上，依据各自的实际情况，制定相应的食品法案及执行条例。各州现行的食品安全方面的法律法规包括，首都领地的《2001 食品法》（Food Act 2001）和《2002 食品条例》〔Food Regulations 2002〕，新南威尔士州的《2003 食品法》（Food Act 2003）和《2015 食品条例》（Food Regulation 2015），北领地的《2004 食品法》（Food Act 2004），昆士兰州的《2006 食品法》（Food Act 2006）、《2006 食品条例》（Food Regulation 2006）、《2000 食品安全生产法》〔Food Production（Safety）Act 2000〕、《2014 食品安全生产法条例》〔Food Production

（Safety）Regulation 2014），南澳的《2001 食品法》（Food Act 2001），塔斯马尼亚州的《2003 食品法》（Food Act 2003）和《2012 食品条例》（Food Regulations 2012），维多利亚州的《1984 食品法》（Food Act 1984），以及西澳的《2008 食品法》（Food Act 2008）和《2009 食品条例》（Food Regulations 2009）。

澳大利亚完善的法律法规体系为其食品安全监管提供强有力的法律保障。其立法主要有以下特点：

其一，对食品安全标准的立法详细具体。澳大利亚食品安全法律法规不仅规范了所有食品的通用标准，例如食品标签等要求，也对关系民生的重要食品例如谷物、水果、蔬菜、鱼、肉等进行单独、具体的规范，确保居民在食品安全方面的需求得到最大程度的保障。

其二，对食品标准的规范定期调整更新。澳新食品标准局会根据科学的发展和人类健康的新趋势，定期审核食品安全标准并及时更新检验监督标准。

其三，对新兴食品的监管持严谨保守的态度，对新资源食品、转基因食品、辐照食品等严格控制。只有确保消费者食用此类食品不会影响到身体安全健康方可审批销售。

其四，食品标准的制定和修订基于专业人士提供的技术意见。在此基础上确定的草案发布到澳新食品标准局的网站，征求联邦政府农业部、州及地方食品监管部门、法律部门、相关生产企业、行业组织、消费者及其他公众等的意见。[①] 收到提交的相关意见后，由起草者对草案进行必要的修改。之后，政府将修改后的新版本再次发布到澳新食品标准局网站。经过反复修改后的最终草案必须通过联邦卫生部长以及各州卫生部长委员会的审核批准后方可实施。[②] 由于澳大利亚对食品标准的制定和修改采取非常谨慎的态度，出台的新标准相对比较成熟。[③]

澳大利亚联邦、州（领地）和地方政府构建了分工明确的食品安全监管体制。[④] 联邦政府在州政府的协助下制定全国统一的食品标准和召回制度。联邦政府监管国际食品贸易以及进口食品的检验检疫。而各州各领地及地方政府负责各自辖区内的食品安全监管及执行。各级政府分工明确，在各自的管辖范围

---

① 林淑英．澳大利亚食品安全监管之我见［OL］．南方网，2014 - 08 - 06，http：//fds. southcn. com/xxsl/content/2014 - 08/06/content_105988720. htm.

②③ 林淑英．澳大利亚食品安全监管之我见［OL］．南方网，2014 - 08 - 06，http：//fds. southcn. com/xxsl/content/2014 - 08/06/content_105988720. htm.

④ 仇华磊，等．澳大利亚食品安全管理机构简介［J］．食品安全质量检测学报，2015（7）.

内认真落实联邦政府统一的执行程序。与此同时，各州之间以及州和联邦政府之间又协同合作，共同保障全国的食品安全。

其中，食品召回制度充分印证了各级政府在食品安全监管方面的高效协作。在澳大利亚，食品召回由国家、州和地方立法共同管理。如果出现食品安全问题，生产商、销售商以及各级政府合作启动召回机制。据联邦法律规定，召回机制一共分为八个步骤。①生产商或销售商在发现问题产品后需立即联系当地州（领地）相关执法部门。②生产商或销售商启动预先制定并由州政府批准的问题食品召回计划，对不合格或不安全食品予以召回。① 州政府相关部门协助问题产品的召回。③生产商或销售商通知澳新食品标准局（联邦）被召回食品的基本信息、召回原因、在哪个州（领地）生产、在哪个州（领地）或国家销售。④生产商或销售商填写澳新食品标准局详细的《食品召回报告》。澳新食品标准局依据此召回报告追踪涉事食品在全国的区域分布，并迅速通知联邦政府以及各州（各领地）相关食品监控部门。⑤生产商或销售商以邮件、传真或其他快速电子途径通知消费者，并确保消费者收到食品召回信息。⑥食品生产商或销售商以新闻、媒体发布、广播公告等形式通知公众。⑦在州政府相关部门的监督下，生产商或销售商对召回产品进行处理。⑧生产商或销售商向政府提交召回处理报告并正式结案。② 在召回制度中，各级政府分工明确、职责清晰。在食品安全问题发生后能够在最短的时间内进行处理，避免安全风险的进一步扩散。

二、从农场到餐桌的食品安全监管模式

从食品的生产到运输、流通、消费，任何一个环节出现问题都可能诱发安全风险。为确保居民能吃上安全健康的食品，澳大利亚采取全方位无缝监管模式。澳大利亚是世界上公认的没有主要牲畜传染疾病的国家。③ 其牛肉以优

---

① 联邦政府的《食品行业召回协议》（Food Industry Recall Protocol）要求所有食品制造商、进口商、批发商及供应商等必须制定书面的食品召回计划，以确保可以迅速及时把不安全食品从食品供应链中召回。

② Food Standards Australia New Zealand，How to Recall Food ［OL］. https：//www. foodstandards. gov. au/industry/foodrecalls/conduct/Pages/HowToRecallFood. aspx.

③ Australian Government Australian Trade and Investment Commission. 从草原到餐桌全程可追溯：在澳大利亚造假牛肉比登天还难！［OL］. https：//www. austrade. gov. au/local－sites/china/news－and－events/news/mla－2019.

质、美味闻名全球。以下以牛肉为例，详细介绍澳大利亚是如何实现从农场到餐桌的无缝安全监管。

澳大利亚要求农民将所有牛只信息输入到国家牲畜鉴别系统（National Livestock Identification System，NLIS）。也就是说，每头牛从出生开始就必须佩戴政府规定的无线 NLIS 设备，例如电子耳标或胃标等。这个永久性的电子身份证明记录牛从出生到屠宰场的全部过程。NLIS 系统在食品安全监管方面主要有两大优势：其一，有效提高牲畜的疾病预防。在出现牛传染病的情况下，可立即追踪发病牲畜或涉事农场并进行必要的隔离治疗，以防止大规模的传播。其二，在食品安全方面，NLIS 系统的全程可追溯性大大降低了食品安全风险系数，从根本上保证了牛肉及牛副产品的安全性。

在饲养过程中，澳大利亚采用牲畜生产保证系统（The Livestock Production Assurance，LPA）。LPA 系统下，农场必须做好以下几点：其一，通过农场风险评估。其二，进行安全有效的牲畜管理，禁止虐待牲畜。其三，用作饲料的农作物、牧草等的处理和储藏必须符合 LPA 标准。其四，牲畜的运输、交易也必须符合 LPA 的规定。此外，为确保食品安全，农场主必须如实填写《国家供应商申报书》及运单，记录饲养牲畜化学药品的使用情况、放牧历史以及辅助饲料的使用情况等。最重要的是，农场主对此申报内容承担全部的法律责任。万一日后发生食品安全问题，追责溯源有依据。

在屠宰加工方面，澳大利亚所有的屠宰厂、肉类加工厂必须登记注册，并遵照法律法规进行经营。工厂必须书面记录食品质量安全情况，并严格执行全国统一的《人类食用肉及肉制品的卫生加工与运输标准》（Australian Standard for the Hygienic Production and Transportation of Meat and Meat Products for Human Consumption）。此外，肉类运输车辆也必须符合上述标准。据澳大利亚贸易投资委员会介绍，"胴体或部位肉从一个工厂运到另一个工厂，必须配有澳大利亚农业部颁发和监管的正式肉类运输证书，标明工厂信息、产品梳理、市场资格，还要包括在运输工具使用的任何安全封条信息。"各级州政府也对肉类销售场所进行监管。例如，新南威尔士州食品管理局规定，为确保肉类销售的卫生与安全，在其辖区内的肉类零售场所必须符合《新南威尔士州肉类零售场所的建造与卫生作业标准》（NSW Standard for Construction and Hygienic Operation of Retail Meat Premises）。

在食品安全审查方面，各州对其辖区内注册的所有食品企业，包括屠宰场和肉类加工厂等，进行定期检查和不定期抽查。各州在食品安全审查方面有类似的规定。以新南威尔士州为例，其食品管理局规定了以下几个审查内容。①食品企业的安全方案及其遵守情况；②食品处理上是否存在重大安全隐患，以及企业是否制定有效的安全风险应对措施；③所有产品是否有充分的说明；④是否存在工作指导和流程；⑤是否存有检查记录；⑥是否指定了主管人和工人负责特定工作；⑦是否制定了安全生产流程，包括卫生、化学物品存放、害虫防治、培训、产品召回、内部审查和客户投诉处理等流程。审查员审查后对每个项目给出相应的评级，例如"严重""重大""轻微"等，对于不合格项目出具《整改要求》。食品企业必须采取及时有效的纠正措施，降低食品安全风险，否则将面临罚款、停业整顿、吊销执照等处罚。

从以上法律法规制度可以看出，澳大利亚的牛肉必须在饲养、屠宰、加工、运输、销售等各个环节都符合政府标准并通过层层检验的情况下才能最终到达消费者手中。如果出现危害人身健康的食品安全问题，政府按照各个环节的详细记录，追踪问题食品的源头及流向，及时启动召回机制，降低食品安全风险。

三、严厉的处罚制度

澳大利亚在食品安全方面成绩斐然的主要原因，除严格监管以外，还规定了严厉处罚措施。

（一）严厉的经济惩罚

澳大利亚对违反法律、法规或食品安全标准的企业施以经济制裁，其惩罚力度之大，足以使违法违规行为得不偿失。例如，2017年，悉尼 Bill's Chicken 鸡肉厂对生肉处理不当，把肉放在生锈和腐蚀的手推车和长椅上，厂房内也出现不清洁的器材和餐具等。新南威尔士州食品局以十二项罪名控告 Bill's Chicken，该鸡肉厂承认指控，遭法院罚款4万澳元（约20万元人民币，其中包括专业费用6 000澳元）。[①] 2019年，悉尼餐厅 Australia Yummy Pty Ltd 旗

---

① NSW Government Food Authority. Chicken Processor Falls Foul of Food Safety Laws [R]. 3 July 2017，https：//www. foodauthority. nsw. gov. au/news/departmental - media - releases/chicken - processor - foul - food - safety - laws.

下饺子馆也因食品卫生安全问题被罚款 10 万多澳元（约 50 万元人民币，其中包括专业费用 3 万澳元），并勒令停业整顿。^① 此外，如果违法行为人存在主观故意，且违法行为造成严重后果的，则可能面临刑事处罚。^② 例如，2018 年的"草莓藏针"事件，嫌犯以食品污染罪及致使经济损失罪遭控，面临最高十年的刑期。^③ 截至 2020 年 10 月为止，该案仍在审理之中。^④

（二）公开点名耻辱榜

除了经济制裁和刑事责任以外，违规食品企业也会被州政府公布在政府网站的"公开点名耻辱榜"（Name and Shame）上一年，以示惩戒。^⑤ 其中，违规企业的名称、地址、处罚原因、处罚结果等详细信息都会公布于众。公众可随时登录政府网站查阅相关信息。此外，澳大利亚的新闻媒体也非常热衷于曝光违规食品企业（包括餐饮企业等）。澳大利亚的"耻辱榜"的发布是食品企业的噩梦。一方面，消费者可能对其产品丧失信心；另一方面，出于对食品安全问题的考量，消费者也可能选择抵制其产品。对小型企业来说，违规一次所带来的打击甚至是致命的。在严格的处罚制度之下，很少澳大利亚食品企业敢冒险以身试法。

第三节　农业职业培训及食品安全教育

食品安全，人人有责。只有引导更多的社会力量参与，多渠道多层次全方位实施监管，食品安全才会有更好的保障。澳大利亚政府高度重视农业职业培训和食品安全教育，主要体现在以下几个方面。

---

① NSW Government Food Authority，Dumpling Business Fined for Food Safety Breaches［R］. 28 June 2019，https：//www. foodauthority. nsw. gov. au/news/departmental - media - releases/dumpling - business - food - safety - breaches.

② NSW Food Authority，NSW Food Authority Compliance and Enforcement Policy［R］.（NSW/FA/CP032/1412），pp. 16 - 17，https：//www. foodauthority. nsw. gov. au/sites/default/files/_ Documents/industry/compliance_enforcement_policy. pdf.

③④ Robyn Wuth. Qld Strawberry Accused to Stand Trial［R］. 4 September 2020，https：//www. canberratimes. com. au/story/6910748/qld - strawberry - accused - to - stand - trial/.

⑤ 例如，新南威尔士州食品局有专门的网页公开违反食品安全规定的企业名单，处罚原因以及处罚额度等。参见 NSW Government Food Authority，"Register of Penalty Notices"，https：//www. foodauthority. nsw. gov. au/offences/penalty - notices.

一、农业职业教育

在农业培训方面澳大利亚政府推行两个级别的教育体系，包括农业职业培训和高等农业教育。一般来说，农业职业培训由职业技术教育学院（Technical and Further Education）和政府承认的继续教育机构来提供。学员只有在培训完成且考核过关之后获得相应级别的培训证书。高等农业教育则是由大学及相关科研机构等提供。2020年新冠肺炎在全球暴发后，澳大利亚政府加强农业职业培训，尤其是高等农业教育培训，确保本国长期的粮食安全及食品安全。2020年6月，联邦教育部长在全国新闻记者俱乐部（the National Press Club）上宣布学费改革。政府希望通过减少学费的方式来鼓励学生就读未来有前景的学科。其中，农业的重要性被再次肯定。农学学费大幅度下调，实现了62％的削减。

二、对食品从业者的培训

为减少食源性疾病，保证食品安全，澳大利亚政府加强对食品从业者的培训。依据法律规定，所有食品企业，包括餐饮业、咖啡厅等，必须设有至少一名全职的食品安全管理员，负责本企业的食品安全管理工作，并对安全事故承担责任。食品安全管理员必须在州政府认可的机构定期培训，取得相关资质持证上岗。培训的具体内容包括工作场所卫生程序、如何安全地处理食品（例如鸡蛋处理和食品过敏管理）和准备食品、储藏方法、食品卫生标准和食品卫生程序、清洁和消毒处理、监督和控制食品安全风险等。食品安全监督员证书的有效期为5年。证书过期后食品安全监督员必须再次参加培训并重新获得专业认证。

三、全民食品安全教育

政府高度重视对广大民众的食品安全教育。例如，为更有针对性地加强对民众的食品安全教育，澳新食品标准局于2013年做过一系列的问卷调查和电话采访了解百姓对食品安全的认识。① 在此基础上，澳新食品标准局开发出一系列消费者感兴趣的食品安全主题，利用网络平台对消费者进行食品安全教育。在澳新食品标准局的网站上，针对消费者的食品安全教育主要分为以下几大板块：食品添加剂、食物中的化学物质、食品安全、转基因食物、食品标签、营养。此外，各州政府也借助各地农展会等社区参与平台，以寓教于乐的方式对公众进行食品安全教育。例如，新南威尔士州在一年一度的悉尼皇家复活节（Sydney Royal Easter Show）设立生物安全与食品安全展台（DPI Biosecurity & Food Safety stand），提升消费者对食品安全的认识，鼓励更多的民众加入到食品安全的社会监管中。②

---

① Food Standards Australia and New Zealand. Consumers' Awareness, Attitudes and Behaviours towards Food Fortification in Australia and New Zealand – Survey ［R］. 2013，https：//www. foodstandards. gov. au/publications/Pages/Consumers – awareness – attitudes. aspx.

② Profruit. Families Delve into Stories about Food and Farmers at the Royal Easter Show ［R］. http：//profruit. com. au/2017/01/26/families – delve – into – stories – about – food – and – farmers – at – the – royal – easter – show/.

第十二章 CHAPTER 12
中国与澳大利亚农业贸易与投资 ▶▶▶

澳大利亚地广人稀，农业资源丰富，与中国经济结构和资源禀赋状况具有较强的互补性，具有开展双边农产品贸易的基础。随着中国加入世界贸易组织，逐步下调农产品关税，自澳大利亚农产品进口快速增长。特别是，两国于2015年签署并实施了双边自贸协定，相互进一步扩大市场开放，为两国农产品贸易发展注入了强劲动力。

第一节　中国与澳大利亚农业合作

目前，中国是澳大利亚第一大贸易伙伴、第一大出口市场、第一大进口来源国、第一大农产品出口市场、第一大服务贸易出口目的地、第一大旅游收入来源国、第一大留学生来源国。

在农业领域，中国与澳大利亚建立了中澳农业联委会、中澳奶业对话会等交流合作机制。

中澳农业联委会。1984年，两国农业部签署了《中澳农业合作协定》，建立了中澳农业联委会，为双方农业合作与交流提供了稳定而通畅的平台。2010年3月，时任中国农业部副部长牛盾与来访的澳大利亚农渔林业部副部长共同主持中澳农业联委会第10次会议。2013年4月，时任农业部部长韩长赋访问澳大利亚，与澳农渔林业部部长共同主持中澳农业联委会第11次会议，并签署了《中华人民共和国农业部和澳大利亚农渔林业部关于修订〈中澳农业合作协定〉下的农业合作活动的谅解备忘录》。2015年11月，澳大利亚农业与水利部部长访华，与农业部部长韩长赋共同出席中澳农业联委会第12次会议，并签署了《中澳两国农业部门关于拓展合作领域的联合合作框架》。2017 年 3 月，在李克强总理访问澳大利亚期间，中澳双方共同签署了《中华人民共和国农业部与澳大利亚农业与水利部关于实施农业合作项目的行动计划（2017—2019 年）》。2017 年 9 月 12 日，农业部副部长于康震与澳大利亚副总理助理部长在澳大利亚堪培拉共同主持召开中澳农业联委会第 13 次会议。

中澳奶业对话会。2004 年 11 月，两国农业部在澳大利亚墨尔本签署了《中澳奶业对话谅解备忘录》，决定建立中澳奶业对话会机制，轮流在两国召开奶业对话会，定期交流奶业发展、乳制品管理等方面的经验与技术。2018 年 11 月，举办了第八届中澳奶业对话会。

渔业合作。目前，中国与澳大利亚没有直接的双边渔业合作机制。中国与澳大利亚同为中西部太平洋渔业委员会（WCPFC）和南极海洋生物资源养护委员会的成员，并共同推进成立了南太平洋区域渔业管理组织。但是由于中国为捕鱼大国，澳为渔业资源丰富国家，倾向于推动采取严格的渔业管理措施和限制政策，中国与澳大利亚在渔业领域各自利益不同，还未建立稳定的双边渔业交流与合作机制。2017 年 8 月，双方渔业部门在浙江宁波举行了渔业管理合作双边会谈，就中澳双方国内渔业管理安排、渔业科学研究、区域渔业管理组织框架下的有关问题进行了深入讨论。2017 年签署了《中华人民共和国农业部与澳大利亚农业与水利部关于实施农业合作项目的行动计划（2017—2019 年）》，双方在牛肉行业研究和培训、渔业管理、果蝇蝗虫监测与防控技术、农产品价格波动分析、外商农业投资、农业全要素生产等六个领域开展联合研究。

2017 年 9 月，农业部副部长于康震率团访澳并出席中澳农业合作联委会。2018 年 9 月，第二次中澳渔业管理合作会谈在澳大利亚举行，中国农业农村部渔业渔政管理局同澳农业与水利部可持续司草签中澳渔业合作谅解备忘录，澳方建议在澳方农业与水利部部长访华时正式签署。

在平台建设方面，先后与澳大利亚国际农业研究中心（ACIAR）、澳大利亚联邦科工组织（CSIRO）、悉尼大学等 10 多个研究机构开展合作，共建中澳可持续农业生态系统联合实验室、中澳小麦改良联合实验室、先进热作材料国际研究中心等，拟筹建中澳联合兽医流行病学研究与培训中心、国际联合纳米生物材料实验室。

第二节　中国与澳大利亚农产品贸易

一、总体规模

在中国加入 WTO 之前，中国与澳大利亚农产品贸易总体保持在较小规模。1993—2000 年，自澳大利亚农产品进口额在 10 亿美元上下徘徊，对澳大利亚出口额不足 1 亿美元。尽管双边农产品贸易绝对额不高，但由于该时期中国农产品总体贸易规模较小，澳大利亚所占地位仍举足轻重。20 世纪 90 年代初，澳大利亚曾为中国最大的农产品进口来源国。

随着农产品市场开放程度的提高，以及国内消费需求的增长，中国加入 WTO 后农产品贸易持续快速增长，为澳大利亚等农产品出口大国提供了巨大的市场机遇。2001—2019 年，中国自澳大利亚进口农产品金额由 13.6 亿美元增至 111.4 亿美元，年均增长 12.4%，比同期中国农产品进口总体增速低 2.8 个百分点。2019 年澳大利亚在中国农产品进口来源国中的排名居第三位，仅次于巴西和美国。随着加入 WTO 后外贸环境的改善，中国外向型农业发展水平不断提高，蔬菜、水果、水产品、茶叶等劳动密集型优势农产品出口快速发展，对澳大利亚农产品出口也相应增长。2001—2019 年，中国农产品对澳大利亚出口额由 1.1 亿美元增至 10.4 亿美元，年均增长 13.3%，比同期中国农产品出口总体增速快 4 个百分点。然而，由于对澳大利亚农产品出口额基数较小，澳大利亚尚未成为中国农产品主要出口国。2019 年澳大利亚在中国农产品出口国中居第 17 位。

2020 年 1—7 月，中国与澳大利亚农产品贸易额 67.14 亿美元，同比下降6.78%。其中，中国自澳大利亚进口农产品 61.33 亿美元，同比下降 7.53%，向澳大利亚出口农产品 5.81 亿美元，同比增长 1.9%，贸易逆差 55.52 亿美元，同比减少 8.42%。2020 年 1—7 月，中国自澳大利亚进口前三大农产品是牛产品（12.72 亿美元，同比增加 19.05%）、羊毛（7.96 亿美元，同比下降38.1%）、乳品（4.62 亿美元，同比增加 10.59%）。中国向澳大利亚出口三大农产品是水产品（1.25 亿美元，同比增加 22.55%）、蔬菜（0.78 亿美元，同比增加 18.81%）和饮品（0.5 亿美元，同比增加 30.89%）。

总体看，中国在对澳大利亚农产品贸易中持续处于逆差地位，且逆差呈扩大态势。由 2001 年的 12.5 亿美元增至 2019 年的 101 亿美元。2019 年，澳大利亚占中国农产品贸易逆差的 14%（表 12 - 1）。

表 12 - 1　中国与澳大利亚农产品贸易情况

单位：亿美元

年份	自澳大利亚进口额	对澳大利亚出口额	贸易逆差
1993	6.4	0.4	6.0
1994	10.0	0.4	9.6
1995	7.7	0.6	7.2
1996	14.5	0.6	13.9
1997	10.6	0.7	9.8
1998	6.8	0.8	6.1
1999	8.8	0.8	7.9
2000	13.7	0.9	12.8
2001	13.6	1.1	12.5
2002	14.5	1.4	13.1
2003	12.3	1.9	10.3
2004	24.3	2.4	21.9
2005	24.0	2.8	21.2
2006	23.2	3.7	19.6
2007	26.1	4.1	22.0
2008	29.3	5.8	23.5
2009	24.9	5.7	19.2
2010	39.3	6.9	32.5
2011	64.4	9.1	55.3
2012	74.1	9.1	65.0
2013	86.0	10.1	75.9
2014	81.6	10.3	71.4
2015	80.6	9.7	70.9
2016	67.1	9.9	57.2
2017	89.5	10.1	79.5
2018	104.5	10.3	94.1
2019	111.4	10.4	101.0

二、产品结构

传统上，中国自澳大利亚进口的农产品高度集中于羊毛、生皮、小麦、大麦、食糖等少数几种产品，主要是用作加工原料。1993 年，上述 5 类产品合计占中国自澳大利亚农产品进口额的 89.1%。随着中国农产品在 WTO 框架下及中澳自贸协定项下开放水平的提高，加之国内经济发展和人们消费结构的升级，中国自澳大利亚进口农产品种类日益丰富。除了传统的加工原料类产品，居民直接消费产品的进口也迅速增加，如乳品、牛羊肉、葡萄酒、水果坚果、水产品等。总体来看，畜产品是中国自澳大利亚进口的最大项。2019 年，中国自澳大利亚进口畜产品金额 58.1 亿美元，占自澳大利亚农产品进口额的 52.2%。畜产品中进口最多的是牛产品，主要是牛肉，另有部分屠宰肉牛以及少量的牛杂碎和种牛（表 12-2）。

表 12-2 中国自澳大利亚进口主要农产品及进口额

单位：亿美元

年份	农产品	羊毛	生皮	小麦	大麦	食糖	棉花	乳品	牛产品	羊产品	葡萄酒	水果	坚果	水产品
1993	6.4	3.5	0.2	0.9	0.8	0.3	0.0	0.0	0.0	0.0	0.0	0.0	0.0	0.1
1994	10.0	3.2	0.3	2.0	1.5	1.6	0.7	0.1	0.0	0.0	0.0	0.0	0.0	0.1
1995	7.7	3.6	0.5	0.8	0.3	1.2	0.0	0.1	0.0	0.0	0.0	0.0	0.0	0.1
1996	14.5	3.9	0.5	5.4	2.0	0.9	0.7	0.1	0.0	0.0	0.0	0.0	0.0	0.1
1997	10.6	3.4	0.5	0.5	2.6	0.4	1.9	0.1	0.1	0.0	0.0	0.0	0.0	0.1
1998	6.8	2.7	0.6	0.4	1.3	0.1	0.5	0.1	0.1	0.0	0.0	0.0	0.0	0.1
1999	8.8	3.3	0.5	0.2	1.9	0.1	0.1	0.2	0.1	0.0	0.0	0.0	0.0	0.1
2000	13.7	6.2	1.1	0.2	1.6	0.1	0.2	0.3	0.1	0.0	0.0	0.0	0.0	0.2
2001	13.6	6.4	1.6	0.1	2.1	0.5	0.3	0.4	0.1	0.1	0.0	0.0	0.0	0.2
2002	14.5	6.8	1.4	0.1	2.3	0.7	0.2	0.6	0.2	0.1	0.0	0.0	0.0	0.1
2003	12.3	5.9	1.8	0.0	1.3	0.1	0.4	0.5	0.6	0.2	0.0	0.0	0.0	0.2
2004	24.3	9.0	2.8	3.6	2.4	0.3	1.8	0.5	1.3	0.2	0.1	0.0	0.1	0.2
2005	24.0	10.1	2.8	2.0	2.3	0.6	2.8	0.5	0.7	0.2	0.1	0.0	0.0	0.3
2006	23.2	10.0	2.6	0.6	3.1	0.3	3.2	0.5	0.6	0.2	0.3	0.0	0.0	0.2
2007	26.1	14.2	3.3	0.1	1.4	0.0	1.7	0.8	0.4	0.3	0.5	0.0	0.0	0.2
2008	29.3	13.1	3.8	0.1	3.3	0.0	1.3	1.3	0.4	0.4	0.6	0.0	0.0	0.2
2009	24.9	10.7	2.7	0.8	2.0	0.0	1.5	0.7	0.8	0.5	1.0	0.0	0.0	0.2

（续）

年份	农产品	羊毛	生皮	小麦	大麦	食糖	棉花	乳品	牛产品	羊产品	葡萄酒	水果	坚果	水产品
2010	39.3	14.3	4.3	1.9	3.0	0.3	4.2	1.3	1.9	0.7	1.5	0.0	0.1	0.5
2011	64.4	21.1	6.3	2.0	4.2	0.1	15.5	1.3	2.1	1.1	2.2	0.0	0.2	1.0
2012	74.1	19.1	6.5	6.7	6.2	0.2	19.1	1.4	3.2	1.5	2.3	0.3	0.2	0.5
2013	86.0	19.0	8.0	2.1	5.9	0.4	17.6	2.3	9.2	3.8	2.4	0.5	0.3	0.5
2014	81.6	15.3	8.4	4.5	11.2	0.7	10.8	3.7	9.4	4.1	2.6	0.8	0.3	0.7
2015	80.6	15.7	6.7	3.6	12.5	1.2	4.7	4.1	10.6	2.4	4.5	1.2	0.4	0.8
2016	67.1	16.3	5.0	3.3	7.0	0.7	3.8	4.6	7.5	1.9	5.7	2.0	0.6	0.9
2017	89.5	20.3	5.0	4.2	12.8	0.7	5.0	5.6	8.0	3.3	7.3	2.8	0.6	3.1
2018	104.5	22.8	4.1	1.4	10.2	0.5	9.0	6.0	12.4	4.8	7.8	3.4	1.4	6.8
2019	111.4	17.7	2.8	0.6	6.6	0.6	8.2	7.8	20.6	7.9	8.7	3.8	4.1	7.8

中国对澳大利亚农产品出口较为分散。出口额相对较大的有水产品、蔬菜、水果和坚果，另有少量茶以及面食、烈性酒、食糖、可可制品、混合调味品等加工食品。近年来，水产品出口额保持在3亿美元左右，蔬菜和水果出口额在1亿美元上下徘徊，其他产品出口额仅几千万美元（表12-3）。

表 12-3　澳大利亚自中国进口主要农产品及进口额

单位：亿美元

年份	农产品	水产品	蔬菜	水果	坚果	茶	面食	烈性酒	食糖	可可制品	混合调味品
1993	0.4	0.0	0.1	0.0	0.1	0.0	0.0	0.0	0.0	0.0	0.0
1994	0.4	0.1	0.1	0.0	0.0	0.0	0.0	0.0	0.0	0.0	0.0
1995	0.6	0.0	0.1	0.0	0.1	0.0	0.0	0.0	0.0	0.0	0.0
1996	0.6	0.1	0.1	0.0	0.1	0.0	0.1		0.0	0.0	0.0
1997	0.7	0.0	0.1	0.1	0.1	0.0	0.1		0.0	0.0	0.0
1998	0.8	0.0	0.1	0.1	0.1	0.0	0.1		0.0	0.0	0.0
1999	0.8	0.1	0.2	0.1	0.0	0.0	0.1	0.0	0.0	0.0	0.0
2000	0.9	0.1	0.2	0.1	0.0	0.0	0.1				
2001	1.1	0.1	0.2	0.2	0.0	0.0	0.1				
2002	1.4	0.2	0.2	0.2	0.1	0.0	0.1	0.0			
2003	1.9	0.5	0.2	0.2	0.1	0.0	0.1				
2004	2.4	0.6	0.3	0.4	0.1	0.0	0.1		0.1		
2005	2.8	0.7	0.4	0.4	0.1	0.0	0.1		0.1		
2006	3.7	1.1	0.5	0.5	0.2	0.0	0.2		0.1		0.0
2007	4.1	1.0	0.6	0.6	0.1	0.0	0.2		0.1		0.0

（续）

年份	农产品	水产品	蔬菜	水果	坚果	茶	面食	烈性酒	食糖	可可制品	混合调味品
2008	5.8	1.1	0.8	0.8	0.2	0.0	0.3	0.0	0.3	0.1	0.1
2009	5.7	1.2	0.8	0.6	0.2	0.0	0.3	0.0	0.4	0.1	0.1
2010	6.9	1.7	0.9	0.7	0.3	0.1	0.3	0.0	0.4	0.1	0.1
2011	9.1	2.4	1.1	1.1	0.3	0.2	0.3	0.0	0.4	0.2	0.1
2012	9.1	2.5	1.0	1.0	0.3	0.2	0.3	0.1	0.4	0.2	0.1
2013	10.1	3.0	1.0	1.0	0.4	0.2	0.3	0.1	0.5	0.2	0.1
2014	10.3	3.3	0.9	1.0	0.5	0.2	0.3	0.1	0.5	0.1	0.1
2015	9.7	2.7	1.0	0.8	0.5	0.2	0.3	0.1	0.5	0.1	0.1
2016	9.9	3.2	1.2	0.7	0.4	0.2	0.3	0.1	0.4	0.1	0.2
2017	10.1	3.1	1.1	0.6	0.4	0.2	0.4	0.1	0.4	0.3	0.2
2018	10.3	2.8	1.1	0.7	0.4	0.2	0.4	0.2	0.4	0.3	0.2
2019	10.4	2.8	1.2	0.8	0.4	0.0	0.4	0.3	0.5	0.3	0.2

三、未来发展展望

2015 年 6 月，中国与澳大利亚正式签署双边自由贸易协定，相互对对方产品减免关税，并于当年 12 月开始实施。随着自贸协定项下对澳减免关税产品范围的扩大和降税幅度的提高，以及国内农产品消费需求的升级，预计中国自澳农产品进口仍将呈增长态势。澳农业劳动力稀缺，在蔬菜、茶叶等劳动密集型产品生产上缺乏优势，相关产品售价较高，对中国产品有需求，澳在自贸协定项下对中国全面取消关税有助于增强中国农产品在澳市场的竞争优势。然而，澳检验检疫措施十分严格，且市场容量有限，对中国农产品输澳构成限制。总体看，中国在对澳农产品贸易中仍将处于逆差地位。

第三节 《中澳自贸协定》中的涉农条款

《中澳自贸协定》（ChAFTA）谈判于 2005 年 4 月正式启动，历经 10 年至 2015 年 6 月 17 日签署，2015 年 12 月 20 日生效。该协定议题广泛，贸易投资自由化整体水平较高。除了包括货物贸易、服务贸易、投资等传统议题，还包括知识产权、电子商务、透明度等新兴议题。其中，与中澳农业贸易投资合作关系密切的主要有货物贸易、投资、服务贸易等领域。

一、货物贸易领域

《中澳自贸协定》在货物贸易领域达到了很高的自由化水平。澳大利亚承诺在协定生效 5 年内对全部中国原产货物实行零关税；中国承诺在经过最长 15 年过渡期后将 96.8％的产品对澳取消关税，其中 95％的产品在 5 年内完成降税。具体到农产品领域，中国承诺对澳 1 375 个税号的农产品最长在 12 年内逐步取消关税，约占农产品品类的 93.7％，澳方则承诺对中方 1 061 个税号的农产品 3 年内关税全部降为零，占澳农产品品类的 100％。双方各类农产品降税情况如表 12 - 4、表 12 - 5。

中方将大米、小麦、玉米、棉花、油菜籽、食用植物油（豆油、菜籽油、花生油、棕榈油、葵花油和棉籽油）、食糖等采取例外不降税处理；羊毛对澳设国别配额，基期配额量 3 万吨，年增 5％，8 年后最终配额量 4.4 万吨，配额内零关税，配额外不降税；牛肉 10 年降税至零，实施为期 17 年的数量触发的特殊保障机制，触发量内进口适用当年《中澳自贸协定》进口税率，超触发量进口适用 WTO 进口税率，协定生效后首年即基期的触发量为 17 万吨，年增约 3％，最终触发量 24.8 万吨；全脂奶粉 12 年降税至零，实施为期 15 年的数量触发的特殊保障机制，触发量内进口适用当年《中澳自贸协定》进口税率，超触发量进口适用 WTO 进口税率，协定生效后基期触发量为 1.75 万吨，年增 5％，最终触发量 3.4 万吨；上述相关税目牛肉和全脂奶粉特殊保障措施实施结束前，双方货物贸易委员会将进行审议，如审议结论是适用农产品特殊保障措施的产品自澳大利亚的进口对中国相关国内产业没有造成严重损害，则农产品特殊保障措施不再实施；如确定产生了严重损害，则 6 年后再次进行上述审议，此后如需要，每 6 年再次进行审议。对于其他农产品，中方或在协定生效时对澳立即取消关税，或经一定过渡期取消关税。澳方农产品降税方式相对简单，99.4％的农产品在协定生效时对华取消关税，仅个别税目要经过渡期取消关税（表 12 - 4 和表 12 - 5）。

表 12 - 4　中方农产品降税模式

关税处理方式	税目数	占农产品税目比例（%）	主要产品
继续零关税	118	8.0	种用活畜禽、种植用种子、鱼虾蟹苗、啤酒等
立即零关税	93	6.3	冻虾、牡蛎、干豆、大麦、燕麦、香料、水产制品、饲料
3年内降税为零（自生效时起分3次每年等比例削减至零）	1	0.1	生马皮
5年内降税为零	1 101	75.1	活动物、猪肉、鲜冷冻鱼、乳清、乳酱、婴幼儿奶粉、蔬果及制品、果糖、巧克力、葡萄酒、亚麻
6年内降税为零	2	0.1	山羊皮
8年内降税为零	18	1.2	牛杂碎、橙汁、生羊皮、生牛皮
9年内降税为零	16	1.1	羊肉、柑橘属水果
10年内降税为零	15	1.0	熏牛肉、鲜奶、酸奶、黄油、奶酪
12年内降税为零	3	0.2	奶粉
10年内降税为零实施特保措施	6	0.4	牛肉
12年内降税为零实施特保措施	2	0.1	全脂奶粉
增设国别配额	6	0.4	羊毛
例外处理，不参与降税	86	5.9	粮棉油糖、油菜籽、烟草、鲨鱼翅
合计	1 467	100	

表 12 - 5　澳方农产品降税模式

类别	税目数	占农产品税目比例（%）	主要产品
维持零关税	834	78.6	活动物、鲜冷冻肉、水产品、蔬果及蔬果制品、粮食及粮食制品、肉制品、酒、棉花
立即零关税	221	20.8	黄油、奶酪、鲜冷蘑菇、干蘑菇、木薯、葡萄、草莓、马铃薯粉、熏牛肉、面食
3年内降税为零（自生效时起分3次每年等比例消减至零）	6	0.6	花生、菠萝罐头、梨罐头、杏罐头、桃罐头
合计	1 061	100	

二、投资领域

双方在平等互利的基础上，构建自贸协定项下全面的投资规则框架，为双方投资者创造更加自由、便利、透明、公平和安全的投资环境。

澳方以负面清单方式对中国开放投资，大幅降低中方赴澳投资审查门槛，但在涉农投资领域仍保留诸多限制。澳方承诺放宽对中方私营企业在澳投资的监管审查，将投资免审标准从 2.48 亿澳元调整为 10.78 亿澳元，但对于中国国有企业的投资限制严格，不论投资规模大小一律进行审查。在涉农投资领域，澳方明确将中方私营企业所有累计超过 1 500 万澳元的农业用地投资或超过 5 300 万澳元的农产品加工业投资保留进行审查的权利。从国际比较看，澳方在澳大利亚—美国、澳大利亚—新西兰自贸协定项下承诺对来自美国、新西兰的农业用地投资和农产品加工投资的免审标准均为 10.94 亿澳元，优于对中方企业的待遇。

自协议生效之日起，中澳双方同意相互给予投资最惠国待遇，未来双方给予其他经贸伙伴的优惠待遇将同时给予对方。但中方未来给予香港、澳门和台湾地区投资者的优惠待遇将作为例外，澳方不得要求享受该等优惠待遇。为保护双方投资者的合法权益，协定中纳入投资者—东道国争端解决机制（IS-DS)，对争端解决的程序与实体规则等问题做出了详细、明确的规定，为解决与投资相关的争端建立了有效的机制。在投资上与东道国发生争端的情况下，该机制将为投资者提供充分的权利救济途径和有力的制度保障。对于中国赴澳投资企业而言，当与澳方发生争端时，该机制将起到"定心丸"的作用。此外，协定中纳入了投资章节未来工作机制，双方将对协定生效后的执行效果进行评估。中方承诺未来将按照准入前国民待遇加负面清单的模式与澳方进行谈判，进一步扩大双方投资市场准入，提升双方投资的自由化和便利化水平。

三、服务贸易与自然人移动

除了货物贸易和投资领域，服务贸易与自然人移动的领域也有一些有助于中澳农业投资合作的内容。一是澳方以负面清单方式开放服务部门，除少数领域外，给予中方全面最惠国待遇；二是澳方专门针对中方投资项下工程和技术人员赴澳设立新的便利机制，对签证申请和工作许可办理开通"绿色通道"，有助于缓解中方在澳企业劳动力短缺和高用工成本等压力。三是澳方单方面为中国青年赴澳提供每年 5 000 人的假日工作签证，并给予中国特色职业人员（中医、汉语教师、中餐厨师和武术教练）每年共 1 800 人的入境配额，这为中国农业人才或农业转移就业人员赴澳开展合作提供了机遇。

第四节　农业领域外商投资审查

一、外商投资法律框架

澳大利亚从 20 世纪 70 年代以来，对外国投资从开放逐渐转变到有所限制。1975 年澳大利亚颁布了《外国收购与接管法》（FATA），并在此基础上逐步建立了以"FATA"为核心的对外资审查的法律体系。

新冠肺炎疫情发生以来，澳大利亚政府对外商投资政策先后进行了两次重大调整。

（1）疫情期间临时外资审查框架调整。2020 年 3 月 29 日，澳大利亚国库部长弗莱登伯格公布"外资审查框架调整"政策声明，宣布自当天澳大利亚东部时间晚上 10 点半（北京时间晚上 7 点半）开始实施新的外资审查政策，以应对新冠肺炎疫情蔓延的影响，维护澳大利亚国家利益。根据声明，外资审查政策调整主要是两项内容：一是所有外资收购建议不论其金额多少均需要获得澳大利亚政府审批，原有根据自贸协定享有的审批金额门槛一律取消；二是为保障澳大利亚外国投资审查委员会（FIRB）有充足的时间完成审批程序，所有现存和将来的收购申请审批时间都从 30 天延长为 6 个月，澳大利亚政府将优先审批那些有利于保护澳大利亚本国企业和就业的申请。

（2）2020 年澳大利亚对涉及外国投资的主要法律法规作了修订。

①《外资收购与接管法》（1975 年）（Foreign Acquisitions and Takeovers Act 1975，FATA），修订为《外国投资改革（保护澳大利亚国家安全）法》（2020 年）。②《外国收购和接管费征收法案》（Foreign Acquisitions and Takeovers Fees Imposition Act 2015），修订为《2020 年外国收购和接管费用征收修正法》。③《外国收购和接管条例》（2015 年），修订为《2020 年外国投

资改革（保护澳大利亚国家安全）条例》。④《外国收购和接管费征收条例》（2015 年），修订为《2020 年外国收购与接管费征收条例》。⑤修订《1975 年外国收购与接管法》，2021 年 1 月 1 日起正式生效，取代新冠肺炎疫情期间外资审查临时政策。法案对澳大利亚外资制度改革的核心是创设国家安全审查制度。为此，法案提出一系列新的概念和行为规范，赋予国库部长广泛的权力，并规定了严厉的民事和刑事罚则，确保澳大利亚国家安全得到充分维护。

另外，2017 年根据《水资源和农用地外国所有权登记法》（2015 年）第 35（1）条制定《2017 年外资水或农业用地所有权登记条例》。

这些法律法规构成澳大利亚农业领域外商投资法律制度的基础框架。

二、外商投资审查委员会

澳大利亚于 1976 年成立了外国投资审查委员会（Foreign Investment Review Board，FIRB），职责包括：①审查在澳大利亚的拟议外国投资，这些投资须遵守澳大利亚相关法律和政策，并就这些审查向国库部长负责；②向国库部提供政策和法案的实施建议；③在澳大利亚国内外促进对澳大利亚外国投资法律和政策的认识和理解；④就法律和政策向外国人及其代表或代理人提供指导；⑤监控并确保外国投资遵守澳洲的法律；⑥向国库部提供有关政策和相关事项的建议。①

FIRB 属于专家审查委员会，提供专业意见，提交国库部长决定。FIRB 初期的审查标准是要求外国投资者证明，如果外国投资获得成功，它将为澳大利亚人提供工作机会和带来净经济利益，证明投资的积极影响。在 1986 年引入了国家利益评估，侧重考量对国家利益是否存在任何潜在的负面影响，这个价值取向一直延续到现在。

"国家利益"的标准虽在立法中未予以规定，但 FIRB 会定期发布"外国投资政策"②，其中将"国家利益"细化，2019 年的政策对"国家利益"的具体内容在针对所有外国投资人时包括：①国家安全，即投资在多大程度上影响了澳大利亚保护其战略和安全利益的能力；②竞争，即提议的投资在多大程度

① 引自 http：//www.firb.gov.au/about-firb.
② 引自《AUSTRALIA'S FOREIGN INVESTMENT POLICY - 1 January 2019》.

上可能导致投资者控制澳大利亚产品的生产、服务的提供和市场价格，以及对相关产业全球结构的影响，特别是集中度是否可能导致对竞争性市场结果产生扭曲；③其他政府政策，包括所申请的投资对澳大利亚税收的影响，或者对包括环境在内的其他政府目标的影响；④对经济和社会的影响，即投资可能对总体经济的影响，包括任何重组澳大利亚企业和澳大利亚人参与企业的计划（如对员工、债权人或其他利益相关者）的影响；⑤投资者的性质，即投资者的商业运作在多大程度上是透明并受到充分透明管制和监督的（如投资者的公司治理实践），若投资人是基金管理者或者主权财富基金，则应明确基金投资政策的运作及其在澳大利亚企业行使投票权的情形。

"国家利益"在针对外国政府背景投资人时，一是，着重考虑该投资是否具有商业性质还是单纯的政治战略性质：①相关外国政府投资者的公司治理安排；②如外国政府投资者并非外国政府独资，外国政府投资者中非政府利益的规模、性质和构成；③外国政府投资实体开展公平商业经营的程度。二是，要评估外国政府背景投资是否与澳大利亚国家利益冲突：①投资项目中外部合伙人或股东的存在；②无关联的所有者权益的份额；③投资项目的公司治理安排；④在非商业性交易中保护澳方权益的持续安排；⑤目标公司是否计划、或继续在澳交所或其他知名证券交易所上市。此外也要考虑该投资的规模、重要性和潜在影响。①

在农业方面，澳大利亚政府于 2012 年 1 月 18 日发布《农业领域外国投资政策声明》（Policy Statement on Foreign Investment in Agriculture），详细介绍了审查农业领域收购议案时需要考虑的因素，具体包括以下方面：农业资源（包括水资源）的质量及可用性，土地获取及使用，农业生产力与生产率，澳大利亚面向国内和贸易伙伴保持可靠农产品供应的能力，生物多样性，社区的就业与繁荣。②

三、农业投资需要满足的条件

来自外国的农业投资需要满足以下两个条件，才能提交申请：①符合外国

---

① 引自 www. allens. com. au/pubs/pdf/Doing‑business‑and‑investing‑in‑Australia‑chinese. pdf.
② https：//www. aph. gov. au/About_Parliament/Parliamentary_Departments/Parliamentary_Library/pubs/rp/rp1314/ForeignInvest.

人的主体资格要求。外国政府、国有企业或外国主权基金；非澳大利亚常住居民的自然人（一年内少于183天）；外国人或外国公司持股为20%以上（包括两个以上外国人或公司持股合计40%以上）的澳大利亚公司或信托管理人；在澳大利亚设立的有限合伙但普通合伙人是外国人、或者外国人（包括外国政府）单一持有澳大利亚有限合伙20%的以上权益、或者两个以上外国人合计持有超过有限合伙40%的权益。②投资收购金额阈值和股权占比。涉及农业用地，中国投资者累计买地金额达到1 500万澳元以上；涉及农业综合企业，中国投资者金额达到5 500万澳元以及股权超过10%；如果投资者是中国政府或国有企业，不论投资金额多少，均需要经外国投资人审查委员会（FIRB）审批。

值得注意的是，2020年法律修改了外国政府投资者的定义，外国政府拥有40%以上但持股率低于20%的实体将不再是外国政府投资者（FGI）。如果FGI没有管理权或对实体或其任何基础资产的投资或运营决策没有影响力或控制权，则也不被视为FGI。前提是外国政府不得获取非金融敏感信息，也不能影响个人投资决策或投资实体。这项让步旨在减少对FGI的私人管理投资基金的外国投资审查委员会审查要求，为外国政府投资者提供优惠。

四、投资农业土地的规定

外国资本购买澳大利亚的土地是比较敏感的领域，FIRB在农地上的规定和要求较多，需要投资人认真研究。

第一，在农业土地的定义上，FIRB规定：农业土地是用于、或可合理地利用于、或部分地用于初级生产业务的土地。包括时常被水覆盖的土地（例如农场里的水坝或溪流），但不包括与水下养殖动植物有关的土地（例如牡蛎养殖场）。农用地包括地上的建筑物，但与初级生产经营没有直接联系的建筑物不属于农业用地（例如农场所有的位于城市中心的行政办公楼）。

第二，"初级生产活动"的定义为栽培植物、饲养并销售动物或其身体产品、捕捞鱼类和其他海洋动物、种植砍伐林木。①在任何物理环境中培育或繁殖植物、真菌或其产品或部分（包括种子、孢子、球茎和类似物）；②饲养动物以便出售或出售其身体产品（包括自然生长）；③用原料生产乳制品；④直接采集或捕捉鱼类、海龟、儒艮、贝类、甲壳类（例如蟹和龙虾）或水生软体动物；⑤采珠或养殖珍珠或珍珠壳；⑥在拟砍伐的种植园或森林中种植或照料树木；

⑦在种植园或森林中砍伐树木；⑧将砍伐的树木运至加工的地方或储存起来。

第三，"可合理地利用于初级生产业务"要准确理解，因为现实中的农地状况多种多样，如何判断所购买的土地属于可用于农业生产导致必须申请审批？FIRB解释了一些：一是要关注该块土地的位置是否远离物流交通和基本农田设施，无法支撑农业生产；二是关注土地大小是否超过一公顷，小于一公顷不会被判断成可用于农业生产；三是要关注相关土地的当地市政规划，例如农村中的居住区被政府规划不允许用于农业生产用途，或者用于太阳能和风力发电，或者用于矿业勘探和尾矿堆积，或者用于水下养殖，或者用于户外娱乐和旅游、教育，那就可以判断投资购买的不属于农业土地；四要关注相关土地的历史情况，例如经历过环境污染和严重自然灾害、或长期极端气候条件、或丧失了相关的农田基础设施，可以判断再无法进行农业生产；五是购买的土地上面已存在的租约或许可证规定不允许进行农业生产。

第四，买卖农用地程序的公开透明度是FIRB关注的重点，具体体现在交易过程的时间表和规模、感兴趣各方的数目、澳大利亚买家的参与进程以及澳大利亚买家是否有机会投标该土地或拥有土地的公司。针对这一点，建议中国投资者配合卖家为出售土地进行公开营销广告，使用澳大利亚投标者可以合理进入的渠道（例如，在广泛使用的房地产上市网站或大型区域、全国性报纸上登广告），并保证在买卖达成协议日期之前的六个月内，在市场上、广告上宣传最少30天，同时确保澳大利亚买家在仍可出售的情况下，对该土地有平等的投标或出价机会。当然，如果该农地原来就是外国人持有再出让的或者原来外国人持股超过50%再由中国投资人增持的就不需要做这样的安排了。另外，中国投资人连同或以澳大利亚本土投资人为主一起投资购买农用地，或者以澳大利亚证券交易有限公司（ASX）上市公司为主体购买，以保证澳大利亚本地投资人能通过在市场上买入股票而进入该交易，这些方式都能降低FIRB对外资控制农地的焦虑，具体操作方案要参照相关规定，可委托专业机构进行投资组合的设计安排，避免被FIRB否决，造成前期投入的损失和整个投资计划的搁浅。

2020年《外国投资改革（保护澳大利亚国家安全）法》附表3修订了FATA，引入新的外国所有权登记册，扩大了需要登记和通知的外国投资者更广泛的利益和义务。其中第7A部分规定了新的澳大利亚资产外国所有权登记制度：一是《外国拥有水权登记册》和《农业用地外国所有权登记册》合并为新的《澳大利亚资产外国所有权登记册》（Foreign Ownership of Australian

Assets）；二是外国人有义务根据 FATA 第 7A 部分 - 3 节 - A 项发出"登记通知"，明确他们对澳大利亚水、土地、实体或企业的所有权。

扩大外国所有权登记包括：①澳大利亚土地；②水权和合同水权；③需要外国投资批准的企业收购。值得注意的是，除了 FATA 第 12（1）（c）款所提及的农业用地租赁或许可证产生的权益外，以上所有权的收购和处置都需要登记通知。登记册应记录上述向 FIRB 通报的所有收购，包括从 2021 年 1 月 1 日起发生的，在澳大利亚土地上取得的合法利益和在发生相关可登记事件后 30 天内采取的应通知的国家安全行动。除此之外，外国投资者在相关资产权益发生变化或停止时，也需要更新登记册。

过去 5 年，外国拥有澳大利亚农业土地的水平保持相对稳定。表 12 - 6、表 12 - 7）显示了从 2016 年 6 月 30 日到 2020 年 6 月 30 日每年外资农业用地的比例。

表 12 - 6　澳大利亚农业用地外资水平——5 年比较[①]

单位：百万公顷

年份	澳农业用地总量	外资农业用地总量	外资农业用地占比（％）
2016	384.558	52.147	13.6
2017	371.078	50.515	13.6
2018	393.797	52.602	13.4
2019	378.082	52.126	13.8
2020	383.801	53.026	13.8

表 12 - 7　外资持有的农业用地按土地用途划分的面积[②]

单位：百万公顷

类别	截至 2018 年 6 月 30 日	截至 2019 年 6 月 30 日	截至 2020 年 6 月 30 日	2019—2020 年变化（％）
畜牧业	45.192	44.608	45.311	1.6
未报告的	3.189	3.189	3.161	－0.9
农作物	1.675	1.779	1.936	8.8
林业	1.383	1.374	1.408	2.5
非农业	0.746	0.734	0.771	5

---

① 引自 https：//firb. gov. au/sites/firb. gov. au/files/2020 - 12/AgriculturalLand2019 - 20. pdf 《Register of foreign ownership of agricultural land - Report of registrations as at 30 June 2020》。

② 引自《Register of foreign ownership of agricultural land - Report of registrations as at 30 June 2020》。https：//firb. gov. au/sites/firb. gov. au/files/2020 - 12/AgriculturalLand2019 - 20. pdf.

（续）

类别	截至 2018 年 6 月 30 日	截至 2019 年 6 月 30 日	截至 2020 年 6 月 30 日	2019—2020 年变化（%）
园艺业	0.306	0.302	0.294	−2.6
其他农业	0.105	0.140	0.146	4.3

五、投资农业企业的规定

FIRB 在投资农业企业的审查上，先要确定外国资本购买的企业是否属于农业企业，然后再考量该笔对农企的投资是否达到审查的股权和金额阈值。

在确定是否属于农业企业的范围上，澳大利亚采取了标准产业分类准则（Australian and New Zealand Standard Industrial Classification，ANZSIC），包含 A 类及其他类。其中，A 类包括：以种植农作物、饲养动物、种植和采伐木材、从农场或者其自然栖息地捕捞鱼类和其他动物为主的部门。该部门区分了两项基本活动：生产和对生产的支助服务。生产活动包括园艺、畜牧生产和水产养殖、林业和伐木以及渔业、狩猎和诱捕。其他类包括：肉类加工、家禽加工、海鲜加工、牛奶和奶油加工、奶酪等乳制品制造、果蔬加工、油脂制造、粮食产品制造、糖制造。

在确定是否属于农业企业的资产和业绩的占比上：①衡量目标公司或其子公司的涉农资产是否超过该公司资产总额的 25%；②在最近一个财政年度内（澳大利亚通常是跨年的 6 月 30 日为截止日），目标公司及其附属公司在涉农生产经营中的收益（在经审计的利息及税前）超过该公司总收益的 25%。如有混合资产或混合收益情况出现，FIRB 会根据相关外国投资人可收获的比例进行分摊计算（表 12 - 8）。

表 12 - 8　FIRB 对外国投资澳大利亚农业申请审批收费情况

收购澳大利亚农业企业的股权和资产	收购金额在 0.1 亿澳元以下，缴费 2 000 澳元	收购金额在 0.1 亿～10 亿澳元，缴费 25 700 澳元	收购金额在 10 亿澳元以上，缴费 103 400 澳元
收购农业用地	收购金额在 0.02 亿澳元以下，缴费 2 000 澳元	收购金额在 0.02 亿～0.1 亿澳元，缴费 25 700 澳元	收购金额在 0.1 亿澳元以上，缴费 103 400 澳元

资料来源：引自 https://cdn.tspace.gov.au/uploads/sites/79/2017/06/30GN_PT_Fees_Business_July_2018.pdf 网页上的内容（访问时间 2021 年 4 月 13 日）。

注：因为涉及外国政府 0 门槛的收购行为，所以收购金额没有与触发申请的金额挂钩。

在投资金额和股权占比的触发 FIRB 的审查标准上：①中国投资人投资或并购澳大利亚农业企业的金额超过 5 500 万澳元，满足触发阈值，该金额为协议成交价；②投资或收购农业企业的股权超过 10％，或不足 10％，但实际控制该农业企业也满足触发阈值（包括之前存在的业务合作关系、派驻董事等酌情考虑因素）。这两个条件按规定都满足后才需要申报，但仔细考量第二条中的实际控制条款就能看清楚，所谓实际控制条款已经将超过股权 10％ 的要求虚化了，所以，在实际操作中，只要投资金额超过 5 500 万澳元，最好向 FIRB 申报，不要因为未达到股权 10％ 而疏忽，因为事后被查出需要申报 FIRB 而没有提请，是要承担刑事责任的。

第十三章 CHAPTER 13
澳大利亚农业发展经验及启示 ▶▶▶

作为一个自然条件并不十分优越，劳动力较为短缺的国家，澳大利亚农业成绩斐然。在其发展中，有不少有价值的经验，也有教训，这些经验教训对中国农业现代化发展有一定的启示。

第一节　农业发展经验

一、重视法律制度的完善和落实

首先，澳大利亚重视加强农业相关法律法规的制定。虽然澳大利亚没有统一的农业基本法，但涉及农业各领域，都有相应的法律制度调整。尤其注意行业标准、技术性规范对法律法规的补充，形成了覆盖广泛、内容丰富的多层级法律规范相配套的法律法规体系，使农业产业发展和农民权益得到了有力的保障。比如，在食品安全方面，在联邦法律法规的基础上，各州依据实际情况，制定相关的食品法案及执行条例，并且对食品安全标准规定得详细具体，不仅规范了所有食品的通用标准，例如食品标签等要求，还对关系民生的重要食品例如谷物、水果、蔬菜、鱼、肉等进行单独、具体的规范。对食品标准的规范采取尊重科学、与时俱进的态度，根据科学技术的发展和人体健康要求的新趋势，定期审核食品安全标准并及时更新检验监督标准，确保民众在食品安全方面的需求得到最大程度的保障。同时，适应国际市场的变化和挑战与时俱进推进改革。随着国内外经济形势的变化不断调整改进，比如为提升农业竞争力，适时修改管制法律，大力推进改革，为澳大利亚农业国际竞争力的提升提供了强有力的制度保障。

二、重视农业科技创新与推广

澳大利亚农业生产效率高，其中一个非常重要的原因在于重视农业科技创新。一是联邦政府和各州政府对农业科研及国际合作非常重视。作为国家和产业发展的根本，澳联邦政府对于农业科技的投入力度大。在 20 世纪 90 年代中期，澳大利亚在农业研究领域的投资强度就已达 5.08％，其中仅来自政府部门的投资达 3.54％，非政府组织的投资为 1.54％。二是形成了以研究项目为中心和纽带，通过实行澳大利亚联邦科学与工业研究组织（CSIRO）、大学、州农业部、其他政府部门以及产业界、私人企业研究机构之间的密切联合协作，加快了农业科研成果的转化。三是科研路线明确。澳联邦政府部门非常注重科研、教育培训、推广、产业化的整体协调和商业应用，实行与企业、外贸、个体农场联合开发一体化科技发展战略。四是科研项目的纵深配置比例较为科学合理。通过基础研究、高新技术研究和应用研究的有机结合，充分保证了科研的上、中、下游生产技术的配套性和连贯性，因此，其研究开发成果的市场针对性较强，科技成果实际转化率较高。

三、重视农业标准化体系建设

澳大利亚政府把质量视为其农产品在国际市场上竞争的重要法宝。为了提高农产品的质量，澳大利亚建立了完善的农业标准体系，包括产品品种、质量等级、生产技术规程、运输储存等方面的标准。这些标准具有很强的针对性和可操作性，各项技术指标都力求量化，使其有利于准确的检验和测试。并且，为有利于出口，这些标准还与国际接轨，对标先进国家进口水平。澳大利亚通过标准规范来指导农业生产的做法，确保了农产品质量安全，促进了农业的规模化和产业化，极大提高了其农产品在国际市场上的竞争力，使澳大利亚农业在国内需求不足的情况下，走出了一条外向型的现代化发展道路。

四、重视面向农民的教育培训

澳大利亚非常重视对农民的教育培训，这使农业劳动者的综合素质不断提高，农业生产效率处于世界先进水平。澳大利亚的农业教育主要包括高等农业教育、中等农业教育和农业职业培训三类。三类教育层次分明、学制灵活、结构合理，对不同需求的农业人员进行有针对性的培训，在教学上也特别注重理论与实践、科研与生产的有机结合，重视培养学员的业务能力。在培训机构上，除国立、州立农学院通过职前培训和在职培训，对农机推广人员和农业从业者进行培训外，政府还会利用市场机制，根据农业发展需要，委托各类院校和培训机构对农民进行多种形式和内容的培训，切实提高农业技术水平。此外，澳大利亚还特别重视农业远程教育，政府投入了相当多的资源进行基础设施建设，使远程农业教育得以利用现代通信技术手段，取得了非常好的培训效果。

五、重视社会化服务

社会化服务是市场经济的一个显著特征。澳大利亚作为一个发达的市场经济国家，其社会化服务组织非常健全，不仅有政府在市场、科技、教育等许多方面对农业发展提供强有力的服务，而且全国的各级协会、行业组织以及社团等也为农业发展提供涉及产前、产中、产后方方面面的服务。近年来，由私营部门提供的农业服务越来越多，政府往往与不同农业组织或机构进行合作，组建涉及广泛的服务网络，共同提供多层次的农业服务，以宣传普及政策法规、农业信息，推广技术成果和提供教育培训。完善的社会化服务为农民提供方便快捷的服务，这对农业生产效率的提高有极大作用。

六、重视农业的可持续发展

可持续发展是澳大利亚农业发展的核心。鉴于澳大利亚农业生产的规模化、多样性，以及自然条件变化引发的波动性，农民必须维持高水准的土地和动植物管理能力才能确保农业生产的可持续发展。为此，澳大利亚将可持续农业实践和监管措施贯穿到土地、水资源管理、动物福利、植物保护、安全和营养食品生产等诸多农业领域。在严格的管控措施下，澳大利亚减轻了农业对环境的不利影响，推动了农业可持续发展。

第二节　农业发展启示

一、强化法治保障，夯实制度基础

　　法治是制度之治最基本最稳定最可靠的保障。发展现代农业需要运用法治思维和法治方式解决发展中面临的深层次问题，更好地发挥法治对现代农业发展的引领、规范、保障作用。进一步完善农业农村领域法律体系，强化技术标准和技术规范，提升行业监管和执法能力，强化农业生产经营秩序的法治保障，营造公平、透明、可预期的法治环境。要坚持改革创新，重大改革要于法有据，充分发挥市场在资源配置中的决定性作用，更好地发挥政府作用，确保粮食安全和重要农产品供给，提高农业效益，增加农民收入，提升中国农业的国际竞争力。

二、强化农业科技创新与推广，提高农业核心竞争力

　　农业科技创新是推动传统农业向现代农业转变的强大动力。农业农村现代化的关键在于科技进步，其核心就是借助科技力量提高农业劳动生产率、土地产出率率、资源利用率和绿色发展水平。通过对澳大利亚农业科技创新与推广实践的分析，结合中国实际，加快农业农村现代化，应加大科技创新和推广应用力度，充分发挥科技在全面实施乡村振兴战略、加快农业农村现代化中的支撑作用。一是应进一步创新科研体制，加强产学研合作，促进技术产业化，提高科技推广效率。政府部门应充分发挥协调者、引导者和监督者的角色功能，以体制机制创新为抓手，为农业科技创新提供保障。二是要加大农业科技投入力度，逐步建立多元化的农业科技投入机制，促进农业科技成果向现实生产力的快速转化，使农业科技能够切实发挥其应有作用，以提升生产效率为基础目标，不断推动农业生产的科技化和专业化水平。三是要加强农业科技人才的培养，发挥科技人才在现代农业发展中的关键性作用。这既包括加快对农业科研人才的培养，也包括对基层农业科技推广人员的培训，以便将创新与推广相结合，让科技助力现代农业发展。

三、健全和完善农产品质量安全标准体系，提高农产品市场竞争力

农业标准化是现代农业的重要基石。澳大利亚农业发展的实践表明，农业标准化是提升农产品质量安全水平、增强农产品市场竞争力的重要保证。

健全和完善农产品质量安全标准体系可从以下几方面着手：一是围绕安全种植、健康养殖、绿色流通、合理加工，构建科学、先进、适用的农产品质量安全标准体系和标准实施推广体系。二要围绕农业综合标准化示范、良好农业操作规范试点、公益性农产品批发市场建设、跨区域农产品流通基础设施提升等，大力开展以建立现代农业生产体系为目标的标准化示范推广工作，建设涵盖农产品生产、加工、流通各环节的各类标准化示范项目，组织农业标准化技术机构、行业协会、产业联盟，构建农业标准化区域服务与推广平台，建立现代农业标准化示范和推广体系。三是推动以农产品为主线、以全程质量控制为核心的现代农业全产业链标准化试点工作。要结合农产品基地建设、农业综合开发、技术推广和产业化经营，创建现代农业全产业链标准化示范基地和农业标准化示范区，在全国范围内稳步推广农业生产标准化体系。

四、加强农民教育和培训，提高农业生产效率

农业现代化水平与劳动者的素质有着极为密切的关系，中国农业现代化的发展离不开对农民进行有效的教育和培训。总体来看，中国当前的农业劳动者文化素质还比较低，亟需通过多种方式和手段加强对农民的教育和培训，提高农民的文化素质和技术水平，为中国农业现代化发展打好人力资本基础。

一是要加大对农民教育培训的财政支持力度，各级政府应当采取措施，加强农业职业教育和继续教育，组织开展农业技能培训、返乡就业创业培训，切实提高农民的技术水平。二是要引导社会力量进入农业教育和培训体系，多渠道、多途径、多方面筹措农业培训资金，充分利用高校、研究机构的技术力量提高农民技术水平，形成政府、高校、科研机构、协会、企业共

同服务于农业教育和培训的良好局面。三是要重视对农业从业者的基础教育，提高他们的文化素质水平，打造一支高素质农业从业人员队伍，培养高素质农民。

五、完善农业社会化服务体系，衔接小农户与现代农业

通过社会化服务组织，将小农户与现代农业衔接起来，以改变传统小农规模效益低、农产品质量不稳定、市场议价能力弱、农业技术水平低等诸多问题，推进农业现代化发展。

一是要重点扶持一批农民专业合作组织，通过资金投入，继续创建、扶持、培育一批能够围绕农业社会化服务体系建设开展活动的多形式、多层次、多类型的农民专业合作经济组织，逐步增强其经营服务能力，带动农民实现规模化、产业化、标准化、品牌化经营，进而提高农民的组织化和市场化程度。二是要提升农业社会化服务能力和水平，构建公益性服务与经营性服务相融合、专项服务与综合服务相协调的新型农业社会化服务体系，同时充分发挥财政资金的导向作用，引导龙头企业、农民专业合作社和专业化服务组织面向小农户提供农业生产社会化服务。

六、加强生态环境保护，促进农业绿色发展

生态文明是一种理念、一种文化，是人类社会发展的方向。农业是生态文明建设的重要载体。澳大利亚农业发展实践深刻揭示了生态环境保护、绿色可持续发展的重要性。立足新发展阶段，加强生态环境保护，促进农业绿色发展。

一是要优化农业绿色发展政策设计，加强产地环境保护，支持农作物秸秆就地还田，深入推进畜禽粪污资源化利用，完善废旧农膜和农药包装废弃物回收处理体系，大力推进种养结合型循环农业试点，加快发展农牧配套、种养结合的生态循环农业。二是要完善质量监管体系，将新型经营主体纳入国家农产品质量安全追溯体系，鼓励新型经营主体建立农业生产投入产出记录档案，逐步实现农业生产信息源头可追溯、流向可跟踪、信息可查询、责任可追究。三是要充分发挥农业产业化龙头企业、农民专业合作社、社会化服务组织在促进

农业向绿色发展过程中的示范带动作用，鼓励家庭农场参与农业绿色生产，推进新型经营主体标准化生产。四是要加快农业绿色生产技术研发推广，开发缓释、长效、生物、改土、调酸、抗逆等新型肥料，鼓励生物防治，培育一批有自主知识产权的抗旱节水、抗病节药新品种，通过政策引导、培训指导等，促进绿色生产技术的应用。

参考文献

$\mathcal{References}$

澳大利亚中国总商会.2015.中资企业在澳大利亚［M］.北京：中国人民大学出版社.

陈百明，2006.澳大利亚的农业资源与区域布局［J］.中国农业资源与区划，27（4）：55－58.

程凌，郭秀山，等.2010.羊的生产与经营［M］.2版.北京：中国农业出版社.

仇华磊，刘环，张锡全，等.2015.澳大利亚食品安全管理机构简介［J］.收藏（7）.

大卫·沃克（DAVID WALKER）.2009.澳大利亚与亚洲［M］.张勇先，等，译.北京：中国人民大学出版社.

林淑英.2014.澳大利亚食品安全监管之我见［OL］.南方网.［2014－08－06］.http：//fds.southcn.com/xxsl/content/2014－08/06/content_105988720.htm.

马朝旭.2014.赴澳大利亚投资指南［M］.北京：中国商业出版社.

沈幼伦.2013.澳大利亚标准化立法构建食品安全网［OL］.［2013－08－13］.http：//finance.sina.com.cn/world/20130813/063416426261.shtml.

周章跃.全球化中的大国农业：澳大利要农业［M］.北京：中国农业出版社.

Craik W，Palmer D，Sheldrake R.2017.Priorities for Australia's Biosecurity System－An Independent Review of the Capacity of the National Biosecurity System and its Underpinning Intergovernmental Agreement［R］.Commonwealth of Australia：Canberra，ACT.

Dufty N，Jackson T.2018.Information and communication technology use in Australian agriculture［R］.Australian Bureau of Agricultural and Resource Economics and Sciences.

East L B C S.2010.Submission to the Productivity Commission Inquiry into Rural Research and Development Corporations［J］.Australan Government（24）.

Higgins A J，McFallan S，McKeown A，et al.2017.TraNSIT：Unlocking options for efficient logistics infrastructure in Australian agriculture［R］.

Martin P，Hine D W.2018.Using behavioural science to improve Australia's environmental regulation［J］.The Rangeland Journal，39（6）：551－561.

Prado J A，Puszka H，Forman A，et al.2018.Trends and values of 'Land for Wildlife' programs for private land conservation［J］.Ecological Management & Restoration，19（2）：136－146.

191

本书引用的法律法规和报告

ACT Food Regulations 2002.

Adelaide Dolphin Sanctuary Act 2005.

Adelaide Dolphin Sanctuary Regulations 2005.

AFMA Levy Arrangements Guide 2018－2019.

Agribusiness Research and Forecast Report 2019.

Assessing Environmental Regulatory Arrangements for Aquaculture.

Australia New Zealand Food Standards Code.

Australian and New Zealand Standard Industrial Classification（ANZSIC）2006.

Australian fisheries and aquaculture statistics 2017.

Australian Government Accredited Veterinarians（AAVs）.

Australian Government Federal Register of Legislation.

Australian Meat and Live－stock Industry（Conditions on live－stock export licences）.

Australian Meat and Live－stock Industry Regulations 1998.

Australian Standards for the Export of Livestock.

Australian Water Markets Annual Report 2018－2019.

Beyond Markets and States：Polycentric Governance of Complex Economic Systems.

Commonwealth Fisheries Harvest Strategy Policy and Guidelines.

Competition and Consumer（Industry Code—Port Terminal Access〈Bulk Wheat〉）Regulation 2014.

Domestic Compliance.

Environment Protection and Biodiversity Conservation Act 1999.

Exploring The Concept Of Water Tenure.

Fisheries（Administration）Regulations 1992.

Fisheries Administration Act 1991.

Fisheries Agreements（Payments）Act 1991.

Fisheries Legislation（Consequential Provisions）Act 1991.

Fisheries Levy Act 1984.

Fisheries Management（General）Regulations 2017.

Fisheries Management Act 1991.

Fisheries Management Act 1991.

Fisheries Management Act 2007.

Fisheries Management Regulations 1991.

Fishery and Aquaculture Country Profiles－Australia.

Fishing Levy Act 1991.

Food Act 1984 (Victoria).

Food Act 2008 (Western Australia).

Food Production (Safety) Act 2000 (Queensland).

Food Production (Safety) Regulation 2014 (Queensland).

Food Regulations 2009 (Western Australia).

Food Regulations 2012 (Tasmania).

Food Standards Australia New Zealand Act 1991.

Food Standards Australia New Zealand Act 1991.

Food Standards Australia New Zealand Regulations 1994.

Foreign Acquisitions and Takeovers Regulation 2015.

Foreign Fishing Licences Levy Act 1991.

Great Barrier Reef Marine Park Act 1975.

Guidelines for the ecologically sustainable management of fisheries.

Imported Food Control Act 1992.

Income Tax Assessment Act 1997.

Lessons from the water market.

Marine Parks Act 2007.

Maritime Powers Act 2013.

Morden Water Rights – Theory and Practice.

National Compliance and Enforcement Policy – 2017.

National Food Authority Act 1991 (superseded version), No. 118 of 1991.

New South Wales Food Act 2003.

Satellite monitoring of fishing boats.

Some Features of Finance in the Agriculture，Forestry and Fishing Industry.

South Australia Food Act.

Statutory Fishing Rights Charge Act 1991.

The Northern Territory Food Act 2004.

Torres Strait Fisheries Act 1984.

Treasury Laws Amendment (Accelerated Depreciation for Small Business Entities) Act 2018.

Water In Australia 2017 – 2018.

Water Monitoring Report 2016 – 2017.

Water Rights Arrangements in Australia and Overseas.

Wheat Export Marketing Amendment Act 2012.

图书在版编目（CIP）数据

澳大利亚农业 / 杨东霞主编. —北京：中国农业
出版社，2021.12
（当代世界农业丛书）
ISBN 978-7-109-28911-6

Ⅰ. ①澳…　Ⅱ. ①杨…　Ⅲ. ①农业经济发展—研究—
澳大利亚　Ⅳ. ①F361.13

中国版本图书馆 CIP 数据核字（2021）第 227156 号

澳大利亚农业
AODALIYA NONGYE

中国农业出版社出版
地址：北京市朝阳区麦子店街 18 号楼
邮编：100125
出版人：陈邦勋
策划统筹：胡乐鸣　苑　荣　赵　刚　徐　晖　张丽四　闫保荣
责任编辑：赵　刚
版式设计：王　晨　　责任校对：沙凯霖
印刷：北京通州皇家印刷厂
版次：2021 年 12 月第 1 版
印次：2021 年 12 月北京第 1 次印刷
发行：新华书店北京发行所
开本：787mm×1092mm　1/16
印张：13.25
字数：205 千字
定价：78.00 元